·多层次资本市场系列课题丛书‖丛书总编：贺　强

# 中国科创板

## 理论与实践

STAR

发展历程 / 制度简析 / 资本运作 / 未来展望

CHINA
STAR
MARKET

THEORY
AND
PRACTICE


王汀汀　季仙华◎主编

张　宾　滕冠楠◎副主编



中国经济出版社
CHINA ECONOMIC PUBLISHING HOUSE
北京

**图书在版编目（CIP）数据**

中国科创板：理论与实践 / 王汀汀，季仙华主编
. --北京：中国经济出版社，2020. 5
ISBN 978 - 7 - 5136 - 6159 - 1

Ⅰ. ①中… Ⅱ. ①王… ②季… Ⅲ. ①创业板市场 - 上市公司 - 研究 - 中国 Ⅳ. ①F279. 246

**中国版本图书馆 CIP 数据核字（2020）第 073651 号**

责任编辑　贺　静
责任印制　巢新强
封面设计　华子设计

**出版发行**　中国经济出版社
**印 刷 者**　北京科信印刷有限公司
**经 销 者**　各地新华书店
**开　　本**　710mm × 1000mm　1/16
**印　　张**　19. 75
**字　　数**　245 千字
**版　　次**　2020 年 5 月第 1 版
**印　　次**　2020 年 5 月第 1 次
**定　　价**　69. 00 元
**广告经营许可证**　京西工商广字第 8179 号

**中国经济出版社** **网址** www. economyph. com **社址** 北京市东城区安定门外大街 58 号 **邮编** 100011
本版图书如存在印装质量问题，请与本社销售中心联系调换（联系电话：010 - 57512564）

## 《中国科创板：理论与实践》
## 编委会


**主　编**　王汀汀　季仙华

**副主编**　张　宾　滕冠楠

**参　编**　贺　强　胡传雨　阮志朋

闻　艺　周静柔　关　媛

冯　源　孟玟伊　李恒城

范馨月　步建霖

PREFACE

# 序

我国改革开放已经取得了一系列伟大成果，目前正处在新旧动能转换的关键时期。转方式、调结构是需要动力来推动的，其最根本的动力就是新的技术进步与科技创新。因此，大力扶持科技创新型企业发展是一项非常重要的举措，而科技创新型企业在发展的初期不可能通过间接融资方式从商业银行得到贷款支持，只有通过资本市场直接融资才能有力地扶持科技创新型企业发展。

2018 年 11 月 5 日，中国国家主席习近平在首届中国国际进口博览会开幕式上宣布设立科创板，并试行注册制。

在改革开放的关键时期推出科创板，具有十分重要的战略意义，科创板的推出不仅极大地推动了我国科技创新型企业发展，而且为我国资本市场深化改革与创新起到了巨大的示范作用。2019 年 1 月 30 日，中国证监会发布《关于在上海证券交易所设立科创板并试点注册制的实施意见》。2019 年 6 月 13 日，在上海陆家嘴论坛上，中国证券监督管理委员会主席易会满主持了科创板开板仪式，科创板英文名称为“SSE STAR MARKET”（Sci – Tech Innovation Board），预示着未来科创板犹如一颗冉冉升起的闪亮新星。2019 年 7 月 22 日上午 9 点 30 分，我国首批 25 只科创板股票正式开始在上交所交易，这也标志着科创板正式起航开市。从宣布设立科创板起短短 259 天，科创板从发起、制度设计、推出到落地成为现实。

在上海证券交易所设立科创板并试点注册制，意义重大，有利于拉动资本市场改革、推动经济高质量发展。科创板建设的重点是全力做好三方面的内容：一是扶持科技创新型企业发展，深化资本市场创新与改革，进行注册制试点；二是落实好以信息披露为核心的注册制改革，注册制的核心意义是把选择权交给市场；三是完善法治，加大监管执法强度，制定透明、严格、可预期的法律和制度，全面提高违法成本。

科创板是独立于现有主板市场的新设板块，并在该板块内进行注册制试点。科创板是专为科技型和创新型中小企业服务的板块，属于场外交易市场，重点是面向尚未进入成熟期但具有成长潜力，并满足相关规范性及科技型、创新型特点的中小企业。设立科创板和试点注册制是提升服务科技创新企业能力、强化市场功能、增强市场包容性的一项资本市场重大改革措施。通过发行、交易、退市、投资者适当性、证券公司资本约束等新制度，并引入中长期资金等配套措施，增量试点、循序渐进，新增资金与试点进展匹配同步，力争在科创板实现投融资平衡、一级市场和二级市场平衡、公司新老股东利益平衡，促进现有市场形成良好预期。科创板自推出以来，运行平稳，交易正常。随着科创板的诞生，未来资本市场发展将继续昂首前行，并不断开创经济和科学发展的新局面，在建设中国特色社会主义的伟大征程上大步前进，谱写中华民族发展史和人类发展的光辉篇章！

作为与中国资本市场一起成长起来的学者，我是改革开放的见证者和亲历者。近30年来，我始终关心和支持我国资本市场的发展，并积极推动我国资本市场的多项改革。我于1985年开始研究股份制，至今已有34年，见证了中国资本市场诞生、成长、改革、发展的过程。在我连续三届担任政协委员期间，曾向全国政协提交提案84件，其中关于资本市场的政协提案42件，有许多政策建议都得到了落实。我多次提出资本市场发展的政策建议，强调资本市场发展要提高违法违约成本，建立完善的交易制度，确保资本市场健康、有序发展。

由我牵头的中央财经大学证券期货研究所团队长期关注中国多层次资本市场的发展。中央财经大学证券期货研究所在全国著名的金融专家刘光第教授的倡导下，成立于1994年4月，是中国最早从事证券期货研究的高级研究机构。研究所始终坚持以理论与实践相结合，以扎实、务实的学风对我国的证券市场进行全面、系统的研究，取得了大量的研究成果。这些研究不仅引起社会上的极大反响，得到广大专家学者的认同，也得到过中央领导的高度重视。

金秋十月，是个收获的季节。本书截稿时正值祖国七十周年大庆之际，举国欢庆，此时也正是我校建校70周年、中财人的欢聚时刻。为庆祝祖国七十华诞、中央财经大学70岁生日，以及资本市场新星起航——科创板诞生，中央财经大学证券期货研究所特别推出多层次资本市场系列丛书中的重要专著《中国科创板：理论与实践》。

《中国科创板：理论与实践》这部书共分为七部分。本书立足于多层次资本市场服务实体经济的出发点，探讨科创板在我国资本市场发展、经济结构转型以及金融供给侧结构性改革中的作用，基于纵向比较和横向比较，分析科创板市场的定位、特点和前景。第一部分“资本市场新星启航”，比较详细地梳理了科创板成立的背景和成形过程；第二部分“科创板上市制度”，对比了科创板与国内外同类市场在上市制度上存在的差异；第三部分“科创板发行与承销制度”，详细解读了科创板IPO发行与承销机制方面的规则；第四部分“科创板交易制度”，梳理了科创板二级市场交易制度以及异常交易监管规则；第五部分“科创板投资指南”，分析了科创板的投资途径、战略，以及如何理性认识科创板的投资风险；第六部分“科创板企业上市与资本运作”，从企业和投资者的角度，分析了资本市场参与者在科创板推出后的市场机会；第七部分“科创板展望”，描绘了科创板的发展前景，并结合科创板发展中可能存在的风险，提出相应的对策及政策建议。

资本市场的发展是一项长期艰巨的任务，不是一个人、一家机构能独立完成的事业，需要大家精诚合作、共同努力。欢迎广大读者对书中的不足之处提出批评和建议，让我们能够不断进步、做得更好，我们也会努力将更多、更高水平的研究成果奉献给广大读者！

本书的出版得到了中央财经大学证券期货研究所团队的大力支持，研究所成员投入了大量的时间和精力，在此表示衷心的感谢！

最后，祝福伟大的祖国繁荣昌盛，经济蓬勃发展，人民生活幸福安康！

贺　强

全国政协委员

中央财经大学金融学院教授

中央财经大学证券期货研究所所长

2019 年 10 月 1 日

于北京

CONTENTS

# 目录


**第一章　资本市场新星启航　/1**

第一节　科创板的发起缘由　/3

一、科创板设立的背景和意义　/3

二、科创板设立的必要性　/11

三、科创板的定位和特点　/19

第二节　科创板发展蓝图　/29

一、助力科创企业产业结构升级　/30

二、成为资本市场改革的试验田　/33

三、支持建设上海国际金融中心　/35

第三节　科创板的发展历程　/39

一、上交所战略新兴板的尝试　/39

二、市场调研与制度规则的制定　/41

三、科创板开板　/43

**第二章　科创板上市制度简析　/47**

第一节　市场化的注册制　/49

一、主要的发行审核制度介绍　/49

二、我国发行审核体制改革的历史进程 /51
三、科创板在注册制方面的探索 /54
第二节 科创板的持续监管 /68
一、严格信息披露 /68
二、持续督导 /70
第三节 退市制度 /76
一、我国退市制度历史沿革 /76
二、主板退市制度 /79
三、科创板从严退市 /87

**第三章 科创板发行与承销制度分析 /93**

第一节 科创板发行与承销相关规定 /96
第二节 科创板 IPO 定价 /100
一、询 价 /100
二、定 价 /104
第三节 科创板 IPO 配售 /112
一、网下申购 /112
二、网上申购 /114
三、回拨机制 /117
四、向战略投资者配售 /121
五、超额配售选择权 /127
第四节 科创板发行承销制度与国内外市场的对比 /131
一、科创板与 A 股其他板块的对比 /131
二、科创板与港股和纳斯达克的对比 /140

**第四章 科创板交易制度分析** /143

第一节 科创板交易机制 /146

一、交易主体 /146

二、交易方式 /147

第二节 股票异常交易实时监控 /153

一、无价格涨跌幅限制时 /153

二、有价格涨跌幅限制时 /154

第三节 融资融券业务 /161

一、融资融券标的范围 /163

二、证券公司与投资者之间的融资融券业务 /163

三、中证金融公司与证券公司之间的转融通业务 /166

四、科创板转融通证券出借和转融券业务 /168

第四节 科创板交易制度与国内外市场的对比 /171

一、科创板与 A 股其他板块交易制度对比 /171

二、科创板与港股和纳斯达克的对比 /173

三、科创板与国内主板融资融券制度对比 /176

**第五章 科创板投资指南** /179

第一节 科创板投资渠道 /182

一、个人投资者门槛 /182

二、投资者交易方式 /184

三、个人投资者投资渠道 /184

四、机构投资者网下申购 /190

五、战略投资者参与配售 /192

第二节 科创板投资策略 /196
一、资本市场新板块推出后的走势 /196
二、关注行业景气度 /199
三、观察公司成长性 /200
四、科学、合理估值定价 /200
五、多角度防控风险 /209
第三节 理性认识科创板的风险 /211
一、科创板投资风险 /211
二、如何客观理解风险揭示书 /212

**第六章 科创板企业上市与资本运作 /219**
第一节 科创板带来的机会 /222
一、上市进程加快 /224
二、上市标准多元化 /224
三、发行定价市场化 /225
四、允许红筹架构企业上市 /227
五、允许表决权差异 /228
第二节 科创板上市的要求 /231
一、科技创新能力突出 /231
二、具有较强成长性 /234
第三节 科创板上市的准备 /237
一、成立上市工作小组 /237
二、选聘中介机构 /239
三、股份制改造 /248

四、讲好企业科创故事 /251
五、科创板上市实例——微芯生物 /253
第四节 科创板上市的价值 /256
一、丰富融资渠道，优化融资结构 /256
二、利用资本市场平台，实现资源整合 /259
三、规范企业运营，吸引优秀人才 /263
四、利用价格发现功能，合理评估企业价值 /265
五、改善资本结构，提高抗风险度 /267

**第七章 科创板展望：创见未来，任重道远 /269**
第一节 科创板对资本市场的影响 /271
一、短期内对市场流动性影响有限 /271
二、助推 A 股市场“三化”改革 /273
三、为市场注入优质成长企业，淘汰壳资源、绩差股 /275
四、改变券商的盈利模式，引领新估值体系的建立 /276
第二节 科创板对产业与经济发展的影响 /278
一、加速我国“硬科技”相关产业突破 /278
二、弥补 A 股市场现有板块不足，提高资本市场效率 /279
三、推动新经济发展 /281
第三节 科创板与多层次资本市场的未来 /283
一、科创板将进一步完善多层次资本市场 /283
二、科创板携手多层次资本市场服务实体经济 /286
第四节 科创板发展中可能面临的困难和风险 /289
一、上市公司的技术研发与经营管理风险 /290

二、IPO 定价制度相关风险 /291
三、保荐制度相关风险 /292
四、退市制度相关风险 /293

参考文献 /295
索 引 /299

# 第一章

# 资本市场新星启航

## 第一节 科创板的发起缘由

### 一、科创板设立的背景和意义

从时代背景来看，中美贸易摩擦常态化，大国竞争加剧，科技封锁首当其冲，设立科创板有利于引领中国科技创新，承接“中国制造2025”强调的重点领域；从社会经济发展来看，当前中国已进入科技创新驱动经济增长的新时代，全要素生产率亟待提升，设立科创板有利于引导资金向优质科创企业集聚，为我国经济转型升级提供源动力；从金融供给侧结构性改革来看，设立科创板有利于抬升股权融资比例撬动全社会“宽信用”，“倒逼”金融机构专业化、头部化发展，提高资金配置效率，增强金融服务实体经济的能力。

#### （一）应对中美贸易摩擦，引领中国科技创新

中美贸易摩擦起因于美方认为在与中国的贸易中存在巨额逆差，为此要扭转这一局面。2017年至今，中美贸易摩擦不断升级，美国对华相继启动“232”和“301”调查案，明确提高关税加强贸易保护以削减逆差，企图打断中国制造业升级进程。其中，前者以危害“国家安全”为

由向中国的钢材和铝材征收25%和10%的关税，后者则针对高新技术产业收取惩罚性关税。

中美贸易摩擦的本质是对未来高科技产业的争夺，是美国对中国高端制造业发展的遏制。中国制造业体量巨大，但长期处于制造业价值链中低水平，部分领域尚未实现自主可控，受制于人。自中美贸易摩擦发生以来，科技封锁力度日益加剧，美国对缩减贸易逆差的诉求也逐渐转移到对封锁技术制高点的诉求上。美国于2018年11月曾计划实施技术出口管制方案，将在人工智能、芯片、量子计算、机器人、脸部识别和声纹技术等14类新技术领域实施技术出口管制出台方案，涉及的领域基本为战略性新兴产业，与“中国制造2025”的十大重点领域高度重合。十大领域具体包括：新一代信息技术、高档数控机床和机器人、航空航天装备、海洋工程装备及高技术船舶、先进轨道交通装备、节能与新能源汽车、电力装备、新材料、生物医药及高性能医疗器械、农业机械装备。从表1-1中可以发现，首批25家登陆科创板企业的科创主题明细均属于“中国制造2025”十大领域，其中新一代信息技术领域有13家，占比为52%，位列第一；新材料领域紧随其后，共有5家，占比为20%；生物医药及高性能医疗器械领域、高档数控机床和机器人领域和先进轨道交通装备各有2家，航空航天装备领域有1家。

从中短期来看，在中美贸易摩擦常态化的时代背景下，设立科创板有利于推动科技创新，应对科技封锁，实现“中国制造2025”的目标。为科技创新企业“量身定制”的科创板，设立了5套上市标准，用“包容”姿态拥抱处于不同成长阶段、拥有不同股权架构的科创企业，通过打通直接融资渠道，为拥有引领性、突破性核心技术的企业助跑，改变了以往依靠大基金对科技产业扶持的固有模式，转向依靠多层次资本市场推动模式，助力中国科技创新提速。

表1-1　首批25家科创板企业科创主题划分

| 证券简称 | 科创主题明细 | “中国制造2025”十大领域 |
| --- | --- | --- |
| 新光光电 | 电子核心产业 | 新一代信息技术 |
| 中微公司 | 电子核心产业 | 新一代信息技术 |
| 安集科技 | 电子核心产业 | 新一代信息技术 |
| 福光股份 | 电子核心产业 | 新一代信息技术 |
| 光峰科技 | 电子核心产业 | 新一代信息技术 |
| 容百科技 | 电子核心产业 | 新一代信息技术 |
| 澜起科技 | 电子核心产业 | 新一代信息技术 |
| 杭可科技 | 电子核心产业 | 新一代信息技术 |
| 睿创微纳 | 电子核心产业 | 新一代信息技术 |
| 华兴源创 | 电子核心产业 | 新一代信息技术 |
| 乐鑫科技 | 新兴软件和新型信息技术服务 | 新一代信息技术 |
| 中国通号 | 下一代信息网络产业 | 新一代信息技术 |
| 虹软科技 | 人工智能 | 新一代信息技术 |
| 嘉元科技 | 先进有色金属材料 | 新材料 |
| 西部超导 | 先进有色金属材料 | 新材料 |
| 沃尔德 | 前沿新材料 | 新材料 |
| 铂力特 | 前沿新材料 | 新材料 |
| 方邦股份 | 先进石化化工新材料 | 新材料 |
| 心脉医疗 | 生物医学工程产业 | 生物医药及高性能医疗器械 |
| 南微医学 | 生物医学工程产业 | 生物医药及高性能医疗器械 |
| 瀚川智能 | 智能制造装备产业 | 高档数控机床和机器人 |
| 天准科技 | 智能制造装备产业 | 高档数控机床和机器人 |
| 交控科技 | 轨道交通装备产业 | 先进轨道交通装备 |
| 天宜上佳 | 轨道交通装备产业 | 先进轨道交通装备 |
| 航天宏图 | 卫星及应用产业 | 航空航天装备 |

资料来源：Wind资讯。

从长期来看，设立科创板是落实创新驱动和科技强国战略、推动高质量发展、支持上海国际金融中心和科技创新中心建设的重大改革举措，是完善资本市场基础制度、激发市场活力和保护投资者合法权益的重要安排。三次工业革命的历史充分证明，科技创新离不开金融市场的桥梁作用，科技与金融相结合是实现创新驱动的重要途径。科创板的设立定位明确，即“面向世界科技前沿、面向经济主战场、面向国家重大需求，符合国家战略，拥有关键核心技术，科技创新能力突出，主要依靠核心技术开展生产经营，具有稳定的商业模式，市场认可度高，社会形象良好，具有较强成长性”。

（二）加快培育新动能，促进中国经济转型升级

21 世纪以来，中国的经济发展依靠的仍旧是粗放型的增长方式，主要通过持续不断的要素投入，如增加投资、扩大厂房、增加劳动投入等方式增加产出，科技发展的贡献率相对较低。全要素生产率（Total Factor Productivity，TFP）是指“生产活动在一定时间内的效率”，该指标可以用来衡量一国经济高质量发展水平。从图 1－1 中不难发现，1970 年以来中国的 TFP 相对水平呈现出不断下降的趋势，1970 年中国 TFP 为美国的 50%。在 2009 年“四万亿”计划之后，我国经济“基建＋地产”的增长模式导致了严重的产能过剩，催生了许多占据要素资源的低效企业，造成中国 TFP 增速的显著下滑，2014 年中国 TFP 仅为美国的 40%。2015—2017 年，中国 TFP 相比美国继续下降，两国之间的差距进一步拉大。

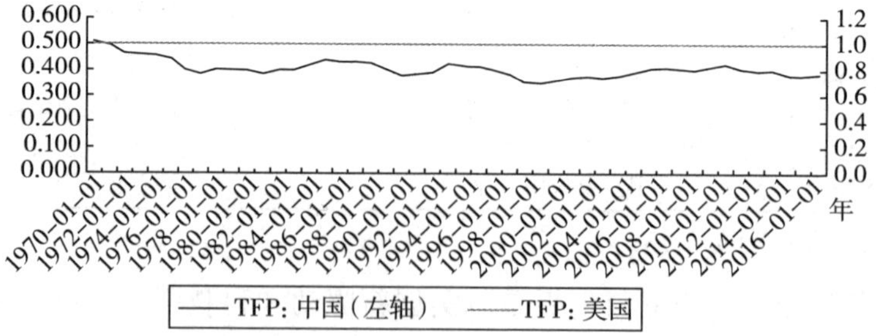


**图 1－1　中国与美国相对 TFP 变化情况（以美国为 1）**

资料来源：联邦储备经济数据库。

纵观全球，高效的资本市场已经成为培育科技创新的“土壤”。对比当前中美市场市值前十名的公司和所属行业，可以发现，美国前十大市值公司中，有6家公司属于互联网行业，2家属于金融行业，1家属于能源行业，1家属于医疗行业。此前，我国一批经济增长中最具代表性及最具创新实力的企业却缺席了A股市场，A股前十大市值公司中7家公司属于金融行业，其次为能源2家和消费1家，没有1家科技公司进入A股市值前十，在一定程度上反映出我国科技创新对经济增长的贡献相对较低，创新活力相较美国仍有较大差距（见表1－2）。

**表1－2　美股、A股市值前十公司及行业分布**

| 美股市值前十的公司 | 所属行业 | A股市值前十的公司 | 所属行业 |
|---|---|---|---|
| 微软公司 | 互联网 | 工商银行 | 金融 |
| 苹果公司 | 互联网 | 中国平安 | 金融 |
| 亚马逊 | 互联网 | 贵州茅台 | 消费 |
| 谷歌 | 互联网 | 建设银行 | 金融 |
| FACEBOOK | 互联网 | 农业银行 | 金融 |
| 阿里巴巴 | 互联网 | 中国石油 | 能源 |
| 壳牌石油 | 能源 | 中国银行 | 金融 |
| VISA | 金融 | 招商银行 | 金融 |
| 摩根大通 | 金融 | 中国人寿 | 金融 |
| 强生公司 | 医疗 | 中国石化 | 能源 |

资料来源：Wind资讯。

长期来看，我国将面临人口红利、外贸红利、改革红利消失，以及债务扩张走到尽头与严重的房价泡沫现象，其中后两者意味着不可再大规模搞基建与房地产刺激。我国当前处于结构调整、新旧动能切换的关键时期，旧动能已经不可再继续依赖，未来中国经济的持续增长必须借助科技创新，由粗放向集约转型。科创板的推出正可以发挥出示范效应，为优质的科创企业提供资金，建立声誉，使真正具备发展潜力的科创企业能够得到充分的资金支持，为我国经济转型升级提供源动力，具体体现在以下两点：

第一，科创板用制度创新使资本市场更开放、国际化，避免优质创企“绕道”海外上市。Wind 数据显示，中概股中 44.55% 属于硬科技行业，排名前三的行业依次为软件（20%）、材料（6%）、生物医药（4%）。科创板用国际化的制度供给“补短板”。首先，注册制相比核准制上市效率大大提升；其次，科创板上市门槛包容负盈利、同股不同权、VIE 等条件，并鼓励红筹企业回归。作为增量改革的“试验田”，科创板未来估计会将经验推广至主板、中小板以及创业板，进一步提升中国资本市场的成熟度。

第二，科创板将金融资源向新经济、战略新兴产业聚拢，满足“独角兽”企业融资需求，优化资本结构。首先，在科创周期下，独角兽企业的增长速度较快，急需从二级市场融资。近两年，我国“独角兽”新增数量超过 50 家，2018 年估值增长超过 150% 的企业高达 11 家。其次，在全球价值链重塑的情况下，中国要做大做强全球竞争力高的科技型企业的迫切性大幅提高。未来科创板将孕育更多的科技创新型企业，将有助于优化我国资本市场结构、促进中国经济转型升级。

### （三）顺应经济新常态，深化金融供给侧改革

2019 年是我国纾解内忧外患、走向高质量发展的关键一年。从全球经济宏观形势来看，全球经济增长承压，而技术革新和新需求逐步酝酿，2019 年主要经济体增长动能减弱，全球经济进入平抑回落的过渡期，全球制造业 PMI 呈下行趋势，我国经济增速进一步承压。

在此背景下，2019 年全国两会正视当前我国经济的下行压力，国内政策转向“稳增长”、加强“逆周期调节”。在过去 3 年多的实体供给侧改革中，“三去一降”带来了一定的“改革阵痛”，但“破”而后“立”也意味着 2019 年我国结构性转型将进一步提速。2019 年 2 月，中共中央政治

局就完善金融服务、防范金融风险举行第十三次集体学习。习近平总书记在主持学习时强调，要深化金融供给侧结构性改革，增强金融服务实体经济能力。“金融供给侧改革”的核心是构建资本市场优胜劣汰的机制，加大直接融资的力度，从而实现资源的优化配置，为未来中国经济在“高质量发展”主线下的“新经济”领域提供重要支持。由此可见，在经济转型的过程中，科创板及注册制是金融供给侧改革的重要战略组成部分，也是实现实体经济振兴的核心推手和经济增量改革的“排头兵”，具体体现在以下两点：

第一，抬升股权融资比例，推进全社会“宽信用”进程。

社会融资结构不合理是金融供给侧改革的重要立足点。从社会融资结构来看：我国一直以来最主要的融资方式是间接融资，间接融资占社会融资规模的比重一直在 70% 以上。虽然近十年来银行信贷规模占比从 2005 年的 89% 下降到了 2017 年的 70%，直接融资（股权 + 债券 + 信托贷款 + 委托贷款 + 承兑汇票）的占比从 2005 年的 11% 上升到 2017 年的 30%，但是导致直接融资占比上升的主要原因是过去十年企业债以及非标融资快速发展，股权融资占比一直在 4% 左右徘徊。从资金投向来看，我国信贷资源过度集中于国企、政府项目、地产领域，易造成“大水漫灌”，在目前不良率控制下，中小微民企银行贷款“宽信用”渠道受阻，2017 年开启“去杠杆”以来，小微企业贷款增速大幅回落，2018 年 3 季度增速仅 10%。

先“破”后“立”，科创板开辟优质民企直融渠道，以此撬动全社会“宽信用”。中小微民企多数具备轻资产企业特征，缺乏符合银行信贷要求的抵押物，且过去影子银行、P2P、非标、股权质押等融资滋长过程中不良风险较大，自上而下监管“去杠杆”释放风险后，亟须寻找全新渠道打开“宽信用”。科创板定位于服务高质量民企媒介，资金需求方是早期负盈利、同股不同权硬科技民企，供给方不再是单一银行，而是多元社会资金（未来保险、养老金、社保、银行理财等长线资金占比加大），长远意图主要在于形成“鲇鱼效应”用股权融资（创投等）拉动新经济融资，实现产业升级与转型，最终在提升质量（引导增加科技含量、强风险控制）的同时疏通全社会“宽信用”（见图1－2）。

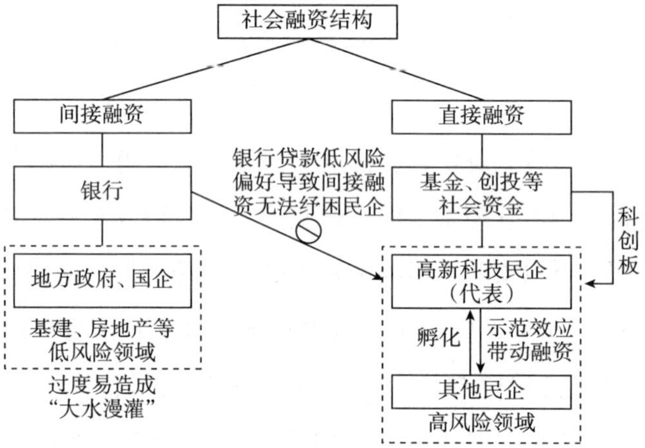


**图1－2　科创板打开全社会“宽信用”示意图**

资料来源：根据公开资料整理。

第二，促使金融机构头部化与专业化，优化社会资金配置效率。

科创板服务对象具备成立时间短、研发高投入带来不确定性、盈利性低（甚至非盈利）等特征，导致对保荐、投资等金融机构参与者风险识别、投研定价等专业能力要求变高，加上制度创新，优胜劣汰，从而加速集中度提升。

从券商来看，注册制、券商跟投等制度创新考验保荐、投研定价、风控等全方位实力，加快头部券商向全球化大投行转型。Wind数据显示，2018年IPO业务收入前十占比从2017年的58.14%上升至67.58%，募集资金前十占比从2017年的58.07%大幅上升至78.28%。科创板注册制的实施将使券商保荐业务牌照优势减弱，询价定价的专业能力要求提升。作为价格发现者，券商在科创板上可以通过子公司跟投，在发行人经营早期战略投资，分享公司成长空间，获得超额回报。这将倒逼保荐人强化保荐责任，提高研究、定价能力。

从基金与信托看，机构定价、网下配售占比提升等制度创新考验定价、投研实力。科创板发行定价完全由向 7 类机构投资者（券商、公募、私募、险资等）询价决定，考验投研定价能力。另外，网下配售占比提升，回拨后网下配售占比在 70% ~80%，可以强化网下机构投资者报价约束，引导各类投资者理性参与（见图 1 -3）。

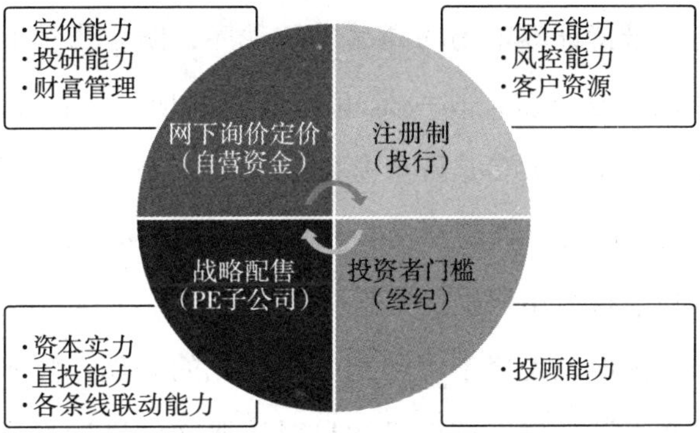


**图 1 -3　科创板制度四大创新内容**

资料来源：根据公开资料整理。

## 二、科创板设立的必要性

目前，我国股权多层次资本市场呈现出主板、创业板、中小板、新三板、区域性场外市场及券商柜台场外市场“金字塔”结构。在多层次资本市场中，创业板和新三板仍局限于传统的金融体系，现阶段二者均不能完全满足市场尤其是科技创新型企业的融资需求。鉴于中国资本市场存量规模已很大，若直接在原有板块上进行监管制度和运行机制重大改革，很容易对现有市场产生较大影响，不利于市场稳定运行。因此，决策层从“增量改革”思路出发，建立科创板作为改革试验田，除试点注册制外，在新市场中还可探索发行、上市、交易、中介责任、监管等环节的配套制度改革创新。“试验田”的思路，是先探索出一条成功路径，取得经验以后，再向全市场推广，改造存量市场，从而切实解决资本市场长期存在的老大难问题。

（一）注册制成为大势所趋

在传统核准制下，拟发行股票公司要充分公开企业的真实情况，并且必须符合必要的法律法规。这种制度的优势在于双重审核较为严格，发行的股票质量高；维持证券市场的高品质和秩序，防止劣绩股进入，保护投资者权益。其缺点也较多，其一是审查程序烦琐，牺牲了证券市场的效率；其二是允许上市的大多是资金基础雄厚的大企业，不利于新兴企业的发展；其三是监管机构审查使众多投资者产生依赖心理，削弱了其自主判断的能力，容易忽视股市风险。

众所周知，注册制是资本市场充分市场化的表现，注册制最重要的特征是：在注册制下证券发行审核机构只对注册文件进行形式审查，不进行实质判断。注册制将充分尊重投资者的投资判断，实现 IPO 彻底的市场化，充分还原市场属性。资本市场向注册制改革已经成为必然趋势，主要原因有以下三点：

第一，除去股票发行核准制弊端的需要。股票发行核准制从实施到现在始终未能消除从“审批制”就一直存在的弊端，许多人为了谋求自身利益而寻找各种方法来使公司上市，这就产生了寻租现象。注册制下证监会的工作重心将逐渐转移，只对拟上市公司申报材料的完备性、合规性进行审查，最大限度地实现“去行政化”。而节约出的人力物力将被用以加大企业上市后的监管力度，即严厉打击股市中欺诈、内幕交易、股价操纵、虚构利润、虚假陈述和重组等各种各样的违法行为，提高企业的造假成本。因此，注册制下市场的规范化将得以进一步增强。

第二，注册制下新股发行更加市场化。2018 年上市的 105 只股票的平均首发市盈率为 21.54 倍，只有中铝国际和南京证券 2 只股票的首发市盈率超过 23 倍，大量发展前景较好、增长速度较快的上市公司发行价格明显偏低。注册制下监管机构不对发行申请人的价值作出判断，不对发行定价设限。新股的发行价格主要通过市场化方式决定，新股发行定价中充分发挥机构投资者的投研定价能力，形成以机构投资者为参与主体的询价、定价、配售等发行承销机制。此外，注册制的实行意味着股市的“扩容”，数量足够充足的上市公司将使得目前审核制度下的股市估值体系改头换面，股市将迎来价值的回归过程。

第三，推动经济体制改革、为高新产业融资创造条件。我国的市场经济是具有中国特色的社会主义市场经济，在市场中，政府行政机构还是市场运行中的“阻力”，注册制在进行证券上市改革的同时更加有利于市场经济体制的改革，将市场定价机制完全交由市场决定。同时提供更多的投资机会和选择机会给投资者，使资本市场真正起到资源配置的作用，使资金发挥其最大的作用。有利于培育和发展市场主体，也有利于高新产业的发展。

### （二）创业板不能完全符合科技创新企业的融资要求

创业板设立的主要目的是专为暂时无法在主板上市的创业型企业、中小企业和高科技产业企业等需要进行融资和发展的企业提供融资途径和成长空间。对比主板和创业板企业的上市条件不难发现，创业板对于企业主体资格、财务要求（盈利、股本、净资产和现金流量）等指标的要求仅仅是略低于主板，企业主体依然是已具备持续盈利能力、规模较大、业务较为成熟的企业（见表 1－3）。

表 1-3　主板和创业板上市条件对比

| 上市条件 | 主　板 | 创业板 |
|---|---|---|
| 主体资格 | 1. 依法设立且合法存续的股份有限公司，持续经营时间应当在 3 年以上（有限责任公司整体变更为股份有限公司的，持续经营时间可以从有限责任公司成立之日起计算）；<br>2. 发行人最近 2 年内主营业务和董事、高级管理人员没有发生重大变化，实际控制人没有发生变更；<br>3. 注册资本已足额缴纳；<br>4. 股权清晰 | 1. 依法设立且合法存续的股份有限公司，持续经营时间应当在 3 年以上（有限责任公司整体变更为股份有限公司的，持续经营时间可以从有限责任公司成立之日起计算）；<br>2. 发行人最近 2 年内主营业务和董事、高级管理人员没有发生重大变化，实际控制人没有发生变更；<br>3. 注册资本已足额缴纳；<br>4. 股权清晰 |
| 财务要求 | | |
| 盈利要求 | 最近 3 个会计年度净利润均为正数且累计超过人民币 3000 万元（净利润以扣除非经常性损益前后较低者为计算依据） | 最近 2 年连续盈利，最近 2 年净利润累计不少于 1000 万元；或者最近一年盈利，最近一年营业收入不少于 5000 万元（净利润以扣除非经常性损益前后孰低者为计算依据） |
| 股本要求 | 发行前股本总额不少于人民币 3000 万元 | 发行后股本总额不少于人民币 3000 万元 |
| 净资产要求 | 1. 最近一期末无形资产（扣除土地使用权、水面养殖权和采矿权等后）占净资产的比例不高于 20%；<br>2. 最近一期末不存在未弥补亏损 | 1. 最近一期末净资产不少于 2000 万元；<br>2. 最近一期末不存在未弥补亏损 |
| 现金流量要求 | 最近 3 个会计年度经营活动产生的现金流量净额累计超过人民币 5000 万元；或者最近 3 个会计年度营业收入累计超过人民币 3 亿元 | — |

资料来源：根据上交所、深交所官网整理所得。

从行业分布上来看，创业板成立之初，证监会并未明确对行业提出要求，只需符合“两高六新”的特点即可：“两高”是指成长性高、科技含量高；“六新”是指新经济、新服务、新农业、新材料、新能源和新商业模式。2010 年 3 月，证监会发布的《关于进一步做好创业板推荐工作的指引》中又提出，应重点推荐国家战略性新兴产业发展方向的企业在创业板市场上市，特别是新能源、新材料、信息等领域的企业，以及其他领域中具有创新能力和成长性较强的企业。

截至 2019 年 9 月 6 日，创业板累计上市企业 770 家，其中信息技术行业 268 家，占比为 34.81%，位列第一。紧随其后的是工业行业 224 家，占比为 29.09%。材料、医疗保健和可选消费行业分别位列第三、第四、第五名，占比分别为 11.00% 左右。相比之下，截至 2019 年 9 月 6 日，上交所累计受理 150 家企业的上市申请，排名前三的分别是新一代信息技术行业 64 家、生物行业 35 家、高端装备制造行业 25 家，占比分别为 42.67%、23.33% 和 16.67%。对比后发现，科创板企业所属行业相较于创业板或将更加前沿，技术和商业模式的创新性也将更强，例如，科创板的“新一代信息技术、高端装备制造、新材料、新能源汽车”等行业分别对应创业板的“信息技术、工业、材料和能源”等行业。总之，相较于创业板，科创板是一个采用注册制，孵化科技型、成长型企业的摇篮（见表 1－4）。

**表 1－4　创业板和科创板企业（已受理）行业分布**

| 创业板企业行业分布 | 家数/家 | 占比/% | 科创板企业行业分布 | 家数/家 | 占比/% |
|---|---|---|---|---|---|
| 信息技术 | 268 | 34.81 | 新一代信息技术 | 64 | 42.67 |
| 工业 | 224 | 29.09 | 生物 | 35 | 23.33 |
| 材料 | 87 | 11.30 | 高端装备制造 | 25 | 16.67 |
| 医疗保健 | 84 | 10.91 | 新材料 | 16 | 10.67 |
| 可选消费 | 79 | 10.26 | 节能环保 | 7 | 4.67 |
| 日常消费 | 17 | 2.21 | 相关服务业 | 2 | 1.33 |

续表

| 创业板企业行业分布 | 家数/家 | 占比/% | 科创板企业行业分布 | 家数/家 | 占比/% |
|---|---|---|---|---|---|
| 能源 | 5 | 0.65 | 新能源汽车 | 1 | 0.67 |
| 金融 | 3 | 0.39 | — | | |
| 公用事业 | 2 | 0.26 | — | | |
| 电信服务 | 1 | 0.13 | — | | |
| 总计 | 770 | 100.00 | 总计 | 150 | 100.00 |

资料来源：Wind 资讯。

（三）新三板市场尚存在诸如流动性差、企业质量不佳等问题

我国多层次资本市场中唯一采用注册制的新三板市场近一年来面临棘手的问题：一是市场流动性严重不足；二是企业质量良莠不齐，业绩欠佳的中小型企业占据大多数。

从流动性角度来看，2015 年新三板市场在流动性宽松的大环境、A 股大牛市以及 11 月份《全国新三板挂牌公司分层方案（征求意见稿）》出台等利好消息的刺激下，成交金额和成交数量均得到显著增长，成交金额高达 1911 亿元，成交数量 279 亿股，环比增长 13.70 倍和 11.13 倍。但由于市场流动性的基础没有得到根本改变，2016 年和 2017 年新三板的成交数量和成交金额均增长缓慢，年度增长率不足 20%。2018 年新三板市场流动性大幅降低，成交金额 888.01 亿元，成交数量 236.29 亿股，首次迎来负增长，其中成交金额环比下降 45.46%，成交数量环比下降 60.91%。此外，2015 年新三板市场换手率达到历史高点 53.88%，随后持续回落，2017 年换手率首次回落至 20% 以下，2018 年换手率环比下降 60.58%，仅为 5.31%，新三板市场交易低迷，流动性处于历史最低点（见图 1－4）。

同时，新三板表现出明显的流动性分布不均衡的特征。在 2018 年年成交额排名前十的企业中，有 8 家属于创新层，2 家属于基础层。从行业分布上来看，制造业有 4 家，金融业有 3 家（见表 1－5）。

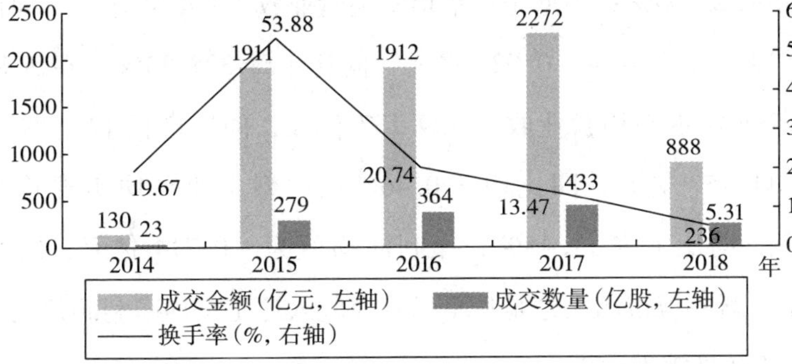


**图 1－4　新三板挂牌公司流动性统计（2014—2018 年）**

资料来源：全国中小企业股份转让系统。

**表 1－5　新三板成交额前十名的企业（2018 年）**

| 名称 | 所属分层 | 年成交额/万元 | 所属行业 |
|---|---|---|---|
| 联讯证券 | 创新层 | 141917. 80 | 金融业 |
| 九鼎集团 | 基础层 | 92750. 95 | 金融业 |
| 成大生物 | 创新层 | 80614. 61 | 制造业 |
| 麦克韦尔 | 创新层 | 52877. 26 | 制造业 |
| 圣泉集团 | 创新层 | 46387. 62 | 制造业 |
| 宁波公运 | 创新层 | 37570. 48 | 交通运输、仓储和邮政业 |
| 优炫软件 | 创新层 | 37178. 51 | 信息传输、软件和信息技术服务业 |
| 山水环境 | 创新层 | 36104. 31 | 建筑业 |
| 联赢激光 | 创新层 | 32311. 01 | 制造业 |
| 汇通银行 | 基础层 | 31392. 6 | 金融业 |

资料来源：Wind 资讯。

从经营业绩角度来看，根据 9210 家企业披露的年报，新三板市场以中小型企业为主，共计 7903 家，占比高达 85. 81%。相比之下，根据 3564 家企业披露的年报，A 股市场以大中型企业为主，共计 3551 家，占比高达 99. 64%。2018 年，新三板市场大型企业平均实现营业收入 8. 907 亿元，同比增长 17. 38%，净利润均值为 0. 419 亿元，同比下降 2. 49%；中型企业平均实现营业收入 1. 162 亿元，同比增长 7. 72%，净利润均值为 0. 055 亿元，同比下降23.00%；小型企业平均实现营业收入0.234亿元，同比下降16.25%，净利润均值为－0.027亿元，同比下降328.25%。在A股市场中，大型企业实现平均营业收入139.137亿元，同比增长12.40%，净利润均值为11.457亿元，同比增长0.46%；中型企业平均实现营业收入3.575亿元，同比下降11.45%，净利润均值为－0.714亿元，同比下降2825.40%。新三板市场无论是从平均营业收入还是平均净利润角度均远低于A股市场（见表1－6）。

**表1－6　新三板、A股市场各类型企业经营业绩情况（2018年）**

| | 新三板 | | | | A股市场 | | | |
|---|---|---|---|---|---|---|---|---|
| | 大型 | 中型 | 小型 | 微型 | 大型 | 中型 | 小型 | 微型 |
| 样本数 | 1211 | 6423 | 1480 | 96 | 3231 | 320 | 12 | 1 |
| 平均营业收入/亿 | 8.907 | 1.162 | 0.234 | 0.025 | 139.137 | 3.575 | 0.201 | 0.010 |
| 同比增长率/% | 17.38 | 7.72 | －16.25 | －78.01 | 12.40 | －11.45 | －89.31 | －96.51 |
| 平均净利润/亿 | 0.419 | 0.055 | －0.027 | －0.176 | 11.457 | －0.714 | －0.840 | －0.111 |
| 同比增长率/% | －2.49 | －23.00 | －328.25 | 70.10 | 0.46 | －2825.40 | －19478.10 | 7.23 |

资料来源：Wind资讯。

将A股市场中的创业板与新三板进行对比可以发现，近年来创业板和新三板企业的平均营业收入虽保持增长趋势，但增长速率有所放缓。创业板企业的平均营业收入始终保持在新三板企业平均营业收入的10倍左右，业绩规模上占有绝对优势。创业板平均营业收入增长率自2015年开始呈现出下滑趋势，从2015年的36.13%下滑至2017年的12.04%，2018年增长率小幅回升至16.97%。相比之下，新三板企业的平均营业收入增长率变化不大，在15%上下波动。

从平均净利润来看，创业板和新三板企业近年来盈利能力下滑，平均净利润增长率甚至出现了不同程度的负增长。创业板企业的平均净利润从

2016 年的1. 81 亿元下滑至2018 年的0. 67 亿元，增长速率由正转负，从2016 年的26. 43%下滑至 2018 年的 -52. 42%。新三板企业的平均净利润维持在 0. 11 亿元左右，但由于数值较小，平均净利润增长率波动较大（见图1 -5、图1 -6）。

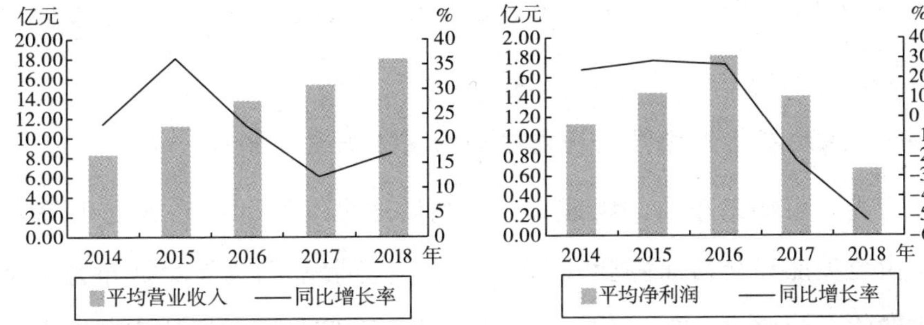


**图1 -5　创业板平均营业收入、平均净利润及增长率（2014—2018 年）**

资料来源：Wind 资讯。

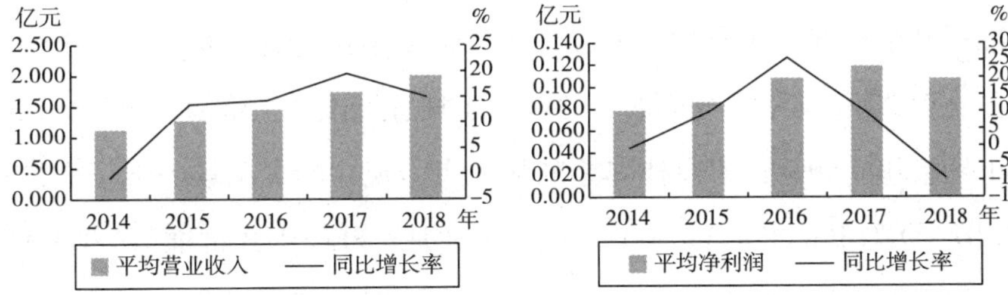


**图1 -6　新三板平均营业收入、平均净利润及增长率（2014—2018 年）**

资料来源：Wind 资讯。

## 三、科创板的定位和特点

资本市场是国家未来发展的重点之一。相较于海外成熟市场，中国资本市场发展的时间较短，制度和管理经验相对较不完善。相比之下，美国纳斯达克（NASDQ）市场有完善的上市、退市、做市制度，并将市场分为三层，针对不同的层级给予不同的约束条件，是全球最成功的科技股投融资乐园，“他山之石可以攻玉”，因此，科创板对标纳斯达克市场、借鉴其成功经验来推动国内市场发展就显得尤为重要。本书分别从回顾纳斯达克场外到场内市场的演变、对比分析纳斯达克和科创板市场制度差异、纳斯达克成立后美国经济形势及行业结构变化三个角度来分析科创板的定位（“中国版纳斯达克”）和特点，并在此基础上，展望科创板的预期发展与战略价值。

（一）从纳斯达克场外到场内市场的演变来看科创板

作为美国市场最重要的组成部分，纳斯达克（NASDQ）成立于1971年，是由全美证券交易商协会（NASD）为规范混乱的场外交易和为小企业提供融资平台而建立的一个自动报价系统。1982年，纳斯达克开发出了全国市场系统，成为一个具备交易功能的场外市场（OTC），NASDAQ将交易最活跃的40只股票组成全国市场，并制定了“全国市场”板块的挂牌标准；其余挂牌企业合称小型股市场，依旧不设立挂牌标准。“小型股市场”在1990年集中部分标的，并设立了挂牌标准，后续演变为NASDAQ资本市场板块。剩余仍不设挂牌标准的，成为现在的美国场外电子交易板（OTCBB，OTC Bulletion Borad）。2006年1月，SEC正式批准NASDAQ注册成为继NYSE和AMEX之后的美国第三家全国性证券交易所。2006年2月，纳斯达克宣布为上市公司创建全球精选市场（NASDAQ Global Select Market）板块的计划；同年7月1日，纳斯达克正式将其上市企业分为三大板块（即全球精选、全球市场——原全国市场、资本市场——原小型股市场）；7月3日新设立的全球精选市场正式生效运行（见图1－7）。

作为全球第一个股票电子交易市场，其建立初衷在于规范美国的场外市场，被视为纽约证券交易所（NYSE）的补充。然而，由于在发展过程中呈现出诸多不同于主板市场的特征，如吸纳具有竞争优势的中小高科技公司上市、较低的上市标准和交易成本、独特的交易制度等，纳斯达克在

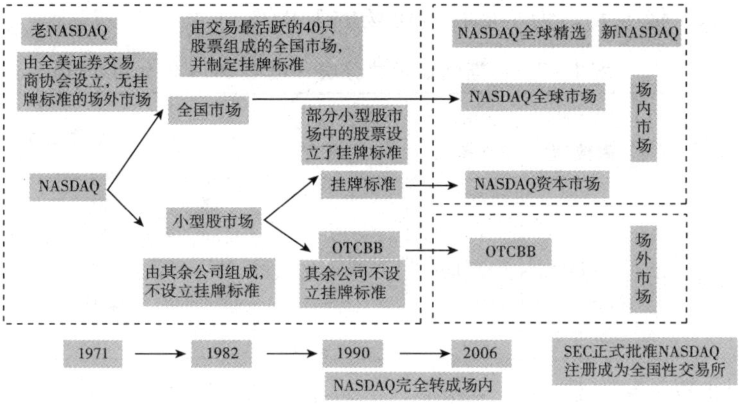


**图 1－7　纳斯达克从场外向场内的演变历程**

资料来源：根据公开资料整理。

短时间内吸引了英特尔等一批成功企业，因而声望大增。在美国本土获得巨大成功后，纳斯达克开启了国际化进程，与世界各大交易所合作，实现“扎根美国、扩展全球”的战略定位。纳斯达克为美国经济注入了长期健康发展的活力，是美国乃至全球科创企业的重要支柱。

纳斯达克分为全球精选市场、全球市场和资本市场三个板块。全球精选市场主要针对全球范围内大型市值公司，制定严格的各类上市标准，截至 2019 年 9 月 6 日，全球精选市场有上市企业 1431 家，总市值高达 13.74 万亿美元，平均企业市值为 96.10 亿美元，在该层中不乏我们耳熟能详的科技、互联网、传媒、消费类公司，如软件硬件企业微软、思科、英特尔、博通、德州仪器、英伟达和高通等。总市值排名前十的明星公司，平均市值 5855 亿美元，市值总计 5.86 万亿美元，占该层企业市值总量的 42.64%。相比之下，全球市场和资本市场针对中小型企业，对企业规模、财务指标和流动性的要求较低，全球市场共有 453 家上市企业，总市值 2359 亿美元，平均企业市值 5.21 亿美元，为全球精选市场的 5.42%；资本市场共有 895 家上市企业，总市值 1644 亿美元，平均企业市值仅1.85亿美元，为全球精选市场的1.93%（见表1－7）。

表1－7 纳斯达克板块分层（截至2019年9月6日）

| 板块 | 上市企业家数/家 | 总市值/亿美元 | 企业市值均值/亿美元 | 代表公司 |
|---|---|---|---|---|
| NASDAQ全球精选市场 | 1431 | 137426 | 96.10 | 微软、亚马逊、苹果、谷歌、Facebook、思科、英特尔、康卡斯特、百事、奈飞、Adobe、Paypal、Costco、博通、德州仪器、星巴克、英伟达、高通等 |
| NASDAQ全球市场 | 453 | 2359 | 5.21 | Trade Desk、Array生物制药、Beyond Meat |
| NASDAQ资本市场 | 895 | 1644 | 1.85 | 精密科学EXAS、加利西亚金融 |
| 总计 | 2780 | 141429 | 50.89 | — |

资料来源：Wind资讯。

截至2019年9月6日，纳斯达克共有中概股143家（以公司办公所在省份计），市值合计2702亿美元，其中全球精选市场46家，市值合计2451亿美元，占比高达90.71%，代表企业如京东、百度、网易和拼多多等均为各领域的“独角兽”，正是由于纳斯达克独特的制度设立，这些优质创企纷纷“绕道上市”。而此次科创板采取多样化的上市门标准，允许同股不同权、VIE等条件，正是为了留下好企业、创新型企业，增强资本市场的融资能力（见表1－8）。

表1－8 纳斯达克不同板块上的中概股（截至2019年9月6日）

| 板块 | 中概股数量/只 | 中概股市值/亿美元 | 中概股市值均值/美元 | 中概股代表 |
|---|---|---|---|---|
| NASDAQ全球精选市场 | 46 | 2451 | 53.29 | 京东、百度、网易、拼多多、携程、爱奇艺、微博、华住、陌陌、欢聚时代、哔哩哔哩、前程无忧、瑞幸咖啡、新浪、慧荣科技、趣头条、世纪互联、老虎证券、优信、云米科技、搜狐、畅游、科兴生物、如涵、迅雷等 |

续表

| 板块 | 中概股数量/只 | 中概股市值/亿美元 | 中概股市值均值/美元 | 中概股代表 |
| --- | --- | --- | --- | --- |
| NASDAQ 全球市场 | 30 | 207 | 6.89 | 万国数据、乐信、再鼎医药、海亮教育、360 金融、新氧、富途证券、瑞思学科英语、小牛电动、途牛、和信贷 |
| NASDAQ 资本市场 | 67 | 44 | 0.66 | 安高盟（聚米投投）、万春药业、稳盛金融、团车、原七星云集团、九洲大药房等 |
| 总计 | 143 | 2702 | 18.90 | — |

资料来源：Wind 资讯。

中国股市发展历史较短，但一直希望建成助力中国科创型中小企业发展的“中国纳斯达克”，中小板、创业板、新三板的设立都是向纳斯达克模式迈进的重要努力。上市标准相对较低、退市制度相对严格、注重科技创新等多元化公司的发展、制度和管理方法的创新和改进都在一步步地推进中国资本市场的进步。但是受缺乏经验、投资市场不健全、投资者不成熟等因素的影响，改革虽在进行，但是较为有限。然而经过多年经验的累计，国内市场日渐成熟且开放，保留优势、改进不足使得科创板的推行得心应手，科创板的地位也越来越清晰。

（二）从与纳斯达克市场制度对比来看科创板

对比纳斯达克和科创板市场的各项区别不难看出，科创板所做的制度改革在很大程度上都与纳斯达克相吻合。纳斯达克成立于 1971 年，经历了场外到场内的市场演变，证实了场内交易才是资本市场发展的趋势。在交易制度方面，为提高流动性，纳斯达克采用了做市商制度和电子交易，科创板将涨跌幅放松至 20%，妥善平衡了“防止过度投机炒作”和“保障市场流动性”的关系。在市场分层设置方面，纳斯达克针对大、中、小企业设置了三类市场，使各类企业均可以找到自己的定位，最优化融资环境，科创板虽本身科创板本身暂无分层，但可与中小板、创业板等形成分层，应进一步打通转板规则，也可在未来进一步实施分层。在上市标准方面，纳斯达克针对不同层次市场有不同的上市标准，其中全球精选市场四套、全球市场四套、资本市场四套，十分灵活，科创板以市值为基础，提供了5套多样化的上市标准，弱化了企业前期盈利能力、财务指标要求，上市条件更加多元化。在退市制度方面，纳斯达克和科创板均采用严格的退市制度，以提升资本市场质量。最后，在行业定位方面，纳斯达克和科创板均重点扶持科创型企业。

基于成熟的体制构建，叠加目前国家重点扶持民营企业和大力推崇科技创新的趋势，科创板不仅自身具备发展前景，同时受政策拥护，兼备国家发展科技创新的需要和推进资本市场改革的重要责任。科创板不仅可以改善企业融资相关问题，同时可促进中国资本市场基础设施和制度上的改革，加快国际化的脚步，可能成为真正的“中国纳斯达克”（见表1-9）。

**表1-9 纳斯达克和科创板制度对比**

| | 纳斯达克 | 科创板 |
|---|---|---|
| **成立时间** | 1971年 | 2019年 |
| **交易性质** | 场外到场内 | 场内 |
| **交易制度** | 1. 多做市商交易制度，最大限度地保证了证券市场的流动性、有效性和公开性；<br>2. 电子交易，在55个国家和地区设有26万余个计算机销售终端 | 1. 竞价交易20%涨跌幅，上市后的前5天不设价格涨跌幅；<br>2. 盘后固定价格交易；<br>3. 未来可能实行做市商交易制度 |
| **市场分层** | 1. 全球精选市场：针对全球范围内大型市值公司，制定严格的各类上市标准；<br>2. 全球市场：针对中型市值公司，需满足较严格的财务指标、流动性标准级公司治理标准；<br>3. 资本市场：针对较小市值公司，上市标准相对较低 | 科创板本身暂无分层，但可与中小板、创业板等形成分层，应进一步打通转板规则，也可在未来进一步实施分层 |

续表

| | 纳斯达克 | 科创板 |
|---|---|---|
| 上市标准 | 不同层次市场有不同的上市标准：<br>1. 全球精选市场：四套上市标准，三层次中上市门槛最高，吸引大盘蓝筹企业和其他两个层次中已经发展起来的企业；<br>2. 全球市场：四套初次上市标准，上市门槛介于全球精选市场和资本市场之间，以吸引中等规模的企业为主；<br>3. 资本市场：四套初次上市标准，三层次中上市门槛最低，吸引规模较小，风险较高的企业 | 以市值为基础，提供5套多样化的上市标准，弱化了企业前期盈利能力、财务指标要求，上市条件更加多元化 |
| 退市制度 | 退市制度严格，其强制退市标准是其宽进严出、严苛监管的制度保障。每年被强制退市的企业比例大于8% | “史上最严退市制度”：对于存在欺诈发行、重大信息披露违规、涉及国家安全、公共安全等行为，以及在交易所系统连读120个交易日实现累计股票成交量低于200万股，连续20个交易日股票收盘价均低于股票面值、市值均低于3亿元、股东数量均低于400人的科创板企业实行强制退市 |
| 投资者准入门槛 | 无投资者准入门槛 | 1. 50万元资产门槛、2年证券交易经验；<br>2. 不足要求的中小投资者也可通过公募基金等产品参与科创板 |
| 行业定位 | 主要是服务科技型、创新型、反传统商业模式的新兴企业，定位为科创落地的实现板块 | 1. 符合国家战略、突破关键核心技术、市场认可度高的科技创新企业；<br>2. 高新技术企业、战略性新兴产业的科创企业；<br>3. 互联网、大数据、云计算、人工智能和制造业深度融合的科技创新企业 |

资料来源：根据公开资料整理。

### （三）从纳斯达克成立后美国经济形势及行业结构变化看科创板

首先，从纳斯达克成立对美国经济形势的外部性来看，作为资本市场的重要力量、高科技企业成长的助推剂，纳斯达克在培育新兴产业、助力美国转型中起着关键作用。20 世纪 70 至 80 年代正是世界各大经济体由工业经济社会向消费经济社会转型、技术密集型产业替代传统服务业、高新技术产业高速发展的重要变革时期。正是此时，纳斯达克开启了一个英雄辈出的时代。在短短的十年时间内，它便孕育了微软、雅虎戴尔、高通、英特尔、甲骨文、爱立信以及太阳微系统等企业，一个个闪亮耀眼的企业明星无一不是在纳斯达克市场上成长起来的“巨人”。

20 世纪末，美国经济走出了一条稳定地高增长、低通胀、低失业率的上升曲线；到 2000 年 3 月底，美国经济已持续增长 108 个月，成为美国历史上经济持续增长最长的时期。美国经济如此强劲增长，其成功首先归功于科技进步和产业化，而科技进步的背后是美国构建了非常完善的风险投资体系，而风险投资体系的核心，主要靠纳斯达克股票市场支撑。因此，纳斯达克以及由此为核心形成的风险投资体系，在美国 20 世纪末产业结构转型、培育新兴产业中起着举足轻重的作用。

其次，从纳斯达克股票市场内部的产业结构变动来看，其最初定位于服务高科技、创新型、有较大发展潜力的公司，而随着市场的发展及其影响力的扩张，纳斯达克的产业结构趋于丰富，金融、生物医药等行业逐渐兴起，纳斯达克全市场的行业结构如图 1－8 所示。观察自纳斯达克成立以来其产业结构的变化趋势，信息技术产业占比经历了先增后减的历程。纳斯达克的快速发展吸引并孕育了一大批优质的高科技公司，前期科技公司行业规模及比重持续增加；进入 21 世纪后，由于互联网商务、生物医药等新兴产业的发展和涌入，信息技术产业所占比重有所降低，而生物医药、金融等行业占比快速增长。截至 2019 年 9 月，纳斯达克医疗保健行业有 722 家，占比为 33.49%，位列第一，紧随其后的是信息技术行业 451 家，占比为 20.92%，金融行业 510 家，占比为 23.65%，前三名占比合计 78.06%。

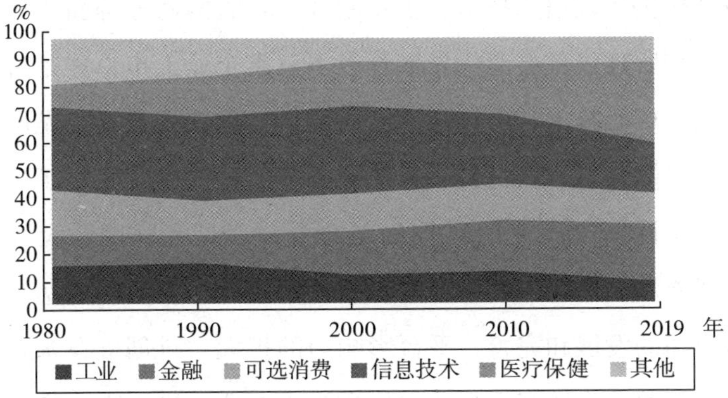


**图 1-8　纳斯达克产业结构变化**

资料来源：Wind 资讯。

（四）科创板的预期发展与战略价值

通过回顾纳斯达克的成长历程、交易制度的设计、推出后对美国整体经济形势的贡献及内部行业结构的发展，可据此对科创板的未来有一个大致的预期。

首先，从外部性角度来看，同样定位于支持科创企业发展、助力国家产业结构升级，科创板在规则设计方面给予了中小型科创企业优越的平台、空间和便利，是从资本市场支持技术创新和产业升级的一次有力尝试。基于政府和各界的高度关注和全力支持，科创板将在未来成为高科技企业成长的助推剂。作为我国多层次资本市场的重要组成部分，科创板是经济新常态下资本市场的又一重要力量，对于缓解中小科创企业发展瓶颈、促进风险资本的发展、推动高新技术的产业化将发挥重要作用。在制度设计方面吸取经验教训，针对此前市场存在的各种痼疾进行了回应和创新。相比之下，科创板的发行更是站在巨人的肩膀上，有更好的发展前景。

其次，从科创板内部行业结构来看，考虑到其目前出台的规则主要对标高科技创新型公司及战略性医药企业，预计科创板推出初期，其市场内部的行业结构仍将以信息技术、生物制药、互联网商务等新兴产业科创公司为主。上交所建议各券商优先推荐以下三类企业上市：一是符合国家战略、突破关键核心技术、市场认可度高的科技创新企业；二是属于新一代信息技术、高端装备、新材料、新能源、节能环保以及生物医药等高新技术产业和战略性新兴产业的科技创新企业；三是互联网、大数据、云计算、人工智能和制造业深度融合的科技创新企业。参考纳斯达克的发展经验，随着市场的发展和完善、平台影响力的扩大，科创板在未来也可能吸引到金融、能源、房地产等行业的优质潜力企业，进而丰富产业结构，完善市场体系，或通过与主板、中小板、创业板形成分层或打通转板规则，实现服务各行业的目标，助力增加直接股权融资，使得资金向好的企业流通，让资本市场定价更加合理。

然而，考虑到我国金融市场的健全状况，科创板的进入门槛仍然较高。虽然科创板已允许未盈利的公司上市，并且推行适当性管理，但其上市标准明显高于纳斯达克三市场层次中的全球市场和资本市场，与全球精选市场相当，但侧重点不同。科创板对股本额有统一的最低要求，而纳斯达克全球精选市场四套标准之一对股东权益有最低限制，其余三套标准对股本无要求。但财务标准方面，纳斯达克精选市场对营业收入及市值的要求略高。毕竟我国的资本市场仍在发展中，未来如果市场更为成熟和健全，科创板的进入门槛可进一步放宽，以便更好地为小微型科创企业提供融资支持。

综上所述，科创板是我国对“资本市场支持创业创新和技术进步”的进一步尝试，此次科创板的推出饱受市场期待。作为资本市场的又一重要力量，科创板有望同纳斯达克一样在培育新兴产业、助推经济转型中起到关键作用，成为中国新经济的摇篮。

## 第二节　科创板发展蓝图

为进一步落实创新驱动发展战略，增强资本市场对我国关键核心技术创新能力的服务水平，促进高新技术产业和战略性新兴产业发展，支持上海国际金融中心和科技创新中心建设，完善资本市场基础制度，推动高质量发展，科创板顺势而立。在上交所新设立的科创板，将坚持面向世界科技前沿、面向经济主战场、面向国家重大需求，主要服务于符合国家战略、突破关键核心技术、市场认可度高的科技创新企业，重点支持新一代信息技术、高端装备、新材料、新能源、节能环保以及生物医药等高新技术产业和战略性新兴产业发展，推动互联网、大数据、云计算、人工智能和制造业深度融合，引领中高端消费，推动质量变革、效率变革、动力变革。科创板制定了更具包容性的上市条件，更加注重企业科技创新能力，允许尚未盈利或存在累计未弥补亏损的企业在科创板上市，综合考虑了预计市值、收入、净利润、研发投入、现金流等多元因素。

设立科创板并试点注册制，是全面深化资本市场改革的重要突破口，也是推进金融供给侧结构性改革、促进科技与资本深度融合、引领经济发展向创新驱动转型的重大举措，主要承担着两项重要使命：

一是支持有发展潜力、市场认可度高的科创企业发展壮大。通过改革增强资本市场对科创企业的包容性，允许未盈利企业、同股不同权企业、红筹企业发行上市，进一步畅通科技、资本和实体经济的循环机制，加速科技成果向现实生产力转化，引领经济发展向创新驱动转型。

二是坚持以增量改革带动存量改革，充分发挥科创板的改革试验田作用。从中国的国情和发展阶段出发，借鉴成熟市场经验，在发行上市、保荐承销、市场化定价、交易、退市等方面进行制度改革的先试先行，并及时总结评估，形成可复制可推广的经验，努力打造一个规范、透明、开放、有活力、有韧性的资本市场。

## 一、助力科创企业产业结构升级

科创板的设立及注册制的试点肩负着以科技创新推动经济高质量发展的使命，承载着全面深化资本市场改革的希望。科技是国之利器，国家赖之以强，企业赖之以赢，人民生活赖之以好。从经济学角度出发，在劳动和资本等要素投入既定的情况下，技术是长期经济增长的决定性因素。现实中，科技创新既要依靠实验室，又要依托生产线。三次工业革命的历史充分证明，科技创新离不开金融市场的桥梁作用，科技与金融结合是实现创新驱动的重要途径。在中国经济加速实现转型升级、推动经济迈向高质量发展的大背景下，科创板应运而生。

过去由于 A 股上市规则中营业收入及盈利能力等指标的限制，一批优质的企业只能选择在海外上市。在美国上市的中资民营股中，市值排在前列的大部分为互联网企业。中国大量互联网企业选择海外上市的主要原因是受到上市条件的制约，以四家科技龙头公司（阿里巴巴、百度、京东、网易）为例：百度、京东与网易在上市前三年均处于亏损状态（仅百度在上市的前一年实现 1200 万元的盈利），不符合 A 股上市条件中的持续盈利要求。而阿里巴巴、京东由于其合伙人制度造成的同股不同权，不符合 A 股上市中的股份公司要求。然而，此次科创板明确提出，允许符合科创板定位、尚未盈利或存在累计未弥补亏损的企业上市。

同时，科创板提出达到一定规模的上市公司，可以依据有关规定，分拆业务独立、符合条件的子公司在科创板上市。以往 A 股 IPO 排队时间较长，上市资源紧缺，分拆上市通常不被允许，主要是为了防止相关公司借此再造壳资源，而在注册制下，上市资源不再稀缺，允许分拆上市将带来更多积极意义，如促进上市公司的研发投入等。上市公司的产业资本是培育科技型企业的重要力量，一方面，投入研发或收购研发型企业是公司的战略行为；另一方面，科创型小企业能够借助上市公司平台的资本、管理、市场等优势快速成长。

科创板的提出不是突发奇想，而是建立在过去资本市场建设经验之上的重要举措，是资本市场的增量改革，一般认为科创板是以 2015 年上海同时推出“战略新兴板”和“科技创新板”为原型。战略新兴板定位于服务规模稍大、已越过成长期、相对成熟的战略新兴产业企业，设计了多套上市标准，淡化盈利要求，承载中概股回归，但由于种种条件限制未能如期落地。科技创新板定位于为快速成长期科技创新企业提供融资服务的区域股权市场，由具有“新技术、新产业、新业态、新模式”特征的企业构成，故又被称为“新四板”。

与以往的各板块不同，此次科创板在一定程度上有望真正成为中国的“纳斯达克”。美国纳斯达克从初始至今，一直立足于服务科技型、创新型、反传统商业模式的新兴企业，定位为科创落地的实现板块。作为定向服务高成长新兴创新企业，特别是具有高科技附加的企业初始筹资及后续资本运作的市场，纳斯达克成功培育、孵化了一批以互联网股为主力，如微软、FACEBOOK、苹果、英特尔等具有“硬核科技”的成功知名公司。

科创板的定位亦在于此，2019 年 3 月 3 日，上交所发布《上海证券交易所科创板企业上市推荐指引》，表示保荐机构应准确把握科技创新的发展趋势，重点推荐下列领域的科技创新企业：

（1）新一代信息技术领域，主要包括半导体和集成电路、电子信息、下一代信息网络、人工智能、大数据、云计算、新兴软件、互联网、物联网和智能硬件等；

（2）高端装备领域，主要包括智能制造、航空航天、先进轨道交通、海洋工程装备及相关技术服务等；

（3）新材料领域，主要包括先进钢铁材料、先进有色金属材料、先进石化化工新材料、先进无机非金属材料、高性能复合材料、前沿新材料及相关技术服务等；

（4）新能源领域，主要包括先进核电、大型风电、高效光电光热、高效储能及相关技术服务等；

（5）节能环保领域，主要包括高效节能产品及设备、先进环保技术装备、先进环保产品、资源循环利用、新能源汽车整车、新能源汽车关键零部件、动力电池及相关技术服务等；

（6）生物医药领域，主要包括生物制品、高端化学药、高端医疗设备与器械及相关技术服务等。

以医药行业为例，医药生物将成为科创板的主要板块之一。医药创新企业前期研发投入高，是资金和技术密集型行业，医疗健康领域融资需求强劲，其中又以创新药、生物技术、医疗器械等领域为主，这些科创型企业往往面临长期亏损，在国内以往 IPO 制度下短期内无法上市。为了增加融资手段，以及方便 PE/VC 等投资机构到期退出，一些优秀的医药创新型企业会寻求在纳斯达克上市。一方面，优秀企业国外上市是给国外股东创造价值；另一方面，企业在国外上市缺乏认同感，无法实现价值最大化。

科创板的推出有望改变这一尴尬局面，从上市要求来看，科创板总结了纳斯达克等市场的优秀经验，有望成为中国的“纳斯达克”。

实施创新驱动发展战略，推进以科技创新为核心的全面创新，让创新成为推动发展的第一动力，是适应和引领我国经济发展新常态的现实需要。近年来，中国资本市场一直力图为科技创新提供更多助力，但客观来看，一段时间以来，制度供给不够充分。设立科创板并试点注册制的一项重要使命，就是补上资本市场服务科技创新的短板，支持有发展潜力的科创企业发展壮大。通过改革增强资本市场对科创企业的包容性，允许未盈利企业、同股不同权企业、红筹企业发行上市，有利于进一步畅通科技、资本和实体经济的循环机制，加速科技成果向现实生产力转化，引领经济发展向创新驱动转型。

## 二、成为资本市场改革的试验田

截至 2019 年 8 月，中国沪、深两市上市公司总市值为 54.0 万亿元，约占中国国内生产总值的 60%；而美国上市公司总市值为 44.7 万亿美元，为美国国内生产总值的两倍之多。对比中美两国 GDP 和资本市场上市公司市值的规模可知，中国的资本市场仍不成熟，在规模上仍然存在广阔的发展的空间。但长期以来，受股票供求结构、上市公司行业结构和投资者结构、券商连带责任等问题的影响，我国股票市场往往呈现出“牛短熊长”的特征。若要彻底改变这一情况，需要从增量改革的思路出发，以投资银行为主导，以机构投资者为支撑，对资本市场进行彻底的体制机制变革。

中国资本市场的存量规模虽与国际上的成熟资本市场相比还有一段距离，但其绝对规模已然十分庞大，如直接在原有板块上进行监管制度和运行机制的重大改革，则很容易对现有市场产生较大影响，不利于市场稳定运行。因此，决策层从“增量改革”思路出发，建立新的市场板块作为改革试验田，试点注册制并建立有效的隔离机制。除试点注册制外，将来在新市场中还可探索发行、上市、交易、中介责任、监管等环节的配套制度改革创新，这些可能的改革措施是与现行市场相隔离的，独立运行情况下不易对市场的整体平稳造成太大波动。

改革开放以来最成功的实践经验之一就是“增量改革”，由“增量改革”再过渡到“存量改革”，既能循序渐进地推动改革创新，又能够保证改革过程的平稳性。设立科创板亦是延续这种发展脉络，科创板与以往的创业板、中小板、新三板等融资板块相比有着根本性的制度区别，是一块新开辟的“试验田”。“试验田”的思路，就是先探索出一条成功路径，取得经验以后，再向全市场推广，改造存量市场，从而切实解决资本市场长期存在的问题。

以科创板作为改革“试验田”，不仅是上市交易制度的变革，也有望打造一批长期的证券市场投资者，长期机构投资者的壮大是资本市场发展的另一支柱。大力发展长期机构投资者，既是壮大资本市场的必然要求，又是金融体系优化结构的内在需要，更是资本市场改革稳定进行的有力支撑。要切实放宽养老基金、保险资金、各类社会保障资金等机构投资者进入市场的门槛和融资门槛，形成多元化、多层次、相互竞争的专业化机构投资者队伍，使机构投资者的理性投资成为市场的主导性潮流和力量。特别是，在新股配售环节加大对长期机构投资者的政策倾斜力度，促使其有效参与新股询价，将证券公司、机构投资者、公众投资者、上市公司等资本市场参与主体的利益有效联结起来。在“投资多元化、运营专业化、信息透明化”的原则下，长期机构投资者可扮演市场“最后投资人”的角色，在股票市场出现非理性的严重低估时购入相关股票，既可以起到稳定市场、提振投资者信心的作用，又可以降低这类长期资金的资产配置成本、提高其长期投资回报水平。

以科创板为改革"试验田"，从"增量改革"到"存量改革"的系列改革，可缓解中国资本市场长期以来积累的一些根本性矛盾，建立长期健康的向好预期，使中国经济逐步以资本市场为中枢而得到新的发展动能。构建创新型资本形成的金融资源配置体系，随着市场体系和制度环境改善，支持足够多的能够承担风险的资本投入创新中，国家创新优势和创新发展路径就能形成。最终，企业受益于融资便利提升和创新资本积累，监管部门受益于市场价值长期稳定，居民受益于财富保值升值，国家受益于经济转型结构调整。随着资本市场发展、券商业务范围扩大及业务收入的提升，社保对券商的注资也将获得巨大的资本增值收益，使庞大的社保缺口得以补充，使资本市场的发展壮大真正惠及人民大众。

## 三、支持建设上海国际金融中心

2019 年 1 月，中国人民银行、国家发展改革委、科技部、工业和信息化部、财政部、银保监会、证监会、外汇局联合印发《上海国际金融中心建设行动计划（2018—2020 年）》（以下简称《计划》），提出到 2020 年，上海基本确立以人民币产品为主导、具有较强金融资源配置能力和辐射能力的全球性金融市场地位，基本形成公平法治、创新高效、透明开放的金融服务体系，基本形成交易、定价和信息功能齐备的多层次金融市场体系，基本建成与我国经济实力以及人民币国际地位相适应的国际金融中心，迈入全球金融中心前列。

### （一）建设上海国际金融中心的机遇与挑战

当前，上海国际金融中心建设正处在由内向外的开放创新期、由扩大规模到更加注重质量的结构转型期、由集聚资源到提升功能的发展升级期。上海国际金融中心建设的国内外环境正在发生深刻而复杂的变化，既面临重要机遇，又存在风险挑战。

加快上海国际金融中心建设正面临难得的历史机遇。世界经济金融格局呈深度调整，以中国为代表的发展中国家和新兴经济体在国际经济金融事务中的话语权继续提高。同时，我国经济运行稳中有进，供给侧结构性改革稳步实施，重要领域和关键环节改革取得突破性进展，金融服务需求依然较大。金融改革深入推进，金融开放不断扩大，金融与信息科技加速融合，金融创新潜力较大。“一带一路”倡议和上海自贸试验区的实施，经济、贸易、航运和科创中心建设的推进，都为国际金融中心建设提供了重要机遇。

上海国际金融中心建设也面临诸多挑战。国际金融危机后续影响持久深刻，国内外金融市场关联性、共振性日益增强，亚太地区国际金融中心的争夺日趋激烈，外部环境的不稳定、不确定因素增加。同时，我国经济已由高速增长阶段转向高质量发展阶段，正处于转变发展方式、优化经济结构、转换增长动力的攻关期，一些长期积累的深层次矛盾逐渐暴露并反映于金融领域，金融支持经济转型发展任务艰巨，防范化解金融风险任重道远，这些挑战对上海国际金融中心建设提出了新的更高要求。

### （二）如何建设上海国际金融中心

在指导思想中，《计划》指出要遵循金融发展规律，紧紧围绕服务实体经济、防控金融风险、深化金融改革三项任务，显著提升上海国际金融中心配置全球金融资源的功能、服务我国经济社会发展的能力、推动长江三角洲区域一体化发展的龙头带动作用，不断增强上海国际金融中心的辐射力和全球影响力。在具体目标中，《计划》提出要基本形成交易、定价和信息功能齐备的多层次金融市场体系。

要坚持以科技创新中心建设和金融科技为新动力。牢牢抓住新一轮科技和产业革命的历史时机，依法合规推动科技与金融紧密结合，有序形成金融科技支撑有力的创新体系，加强上海国际金融中心和科技创新中心的联动；推动“互联网+”等新业态、新模式规范发展，有序促进金融业与互联网等新技术的融合，引导互联网金融规范健康发展。

要坚持以市场化、国际化、法治化、信息化为方向。坚定推进金融市场化改革，充分发挥市场在资源配置中的决定性作用；形成能够有效服务于更高层次开放型经济的金融业双向开放新格局，提高我国经济金融的国际竞争力、影响力和话语权；不断完善金融法治、会计、信用、监管等制度体系，着力营造更具国际竞争力的金融发展环境。

要加大对科技创新中心建设的支持。深入实施创新驱动发展战略，支持战略性新兴产业发展和制造强国建设。加强对新一代信息技术、高端装备、新材料、生物医药、智能制造、共享经济、数字创意等重点产业的金融支持。进一步加强科技与金融的深层次融合，创新科技金融服务。

（三）科创板在建设上海科技创新中心过程中发挥的作用

科创板面向世界科技前沿、面向经济主战场、面向国家重大需求，主要服务于符合国家战略、突破关键核心技术、市场认可度高的科技创新企业。科创板能够聚焦国家发展战略，增强金融服务实体经济能力；能够充分发挥金融在现代产业体系中的引领作用，积极支持供给侧结构性改革、创新驱动发展等国家重大战略实施；能够针对实体经济需求，不断改进金融服务方式，促进经济转型发展和结构升级。

在上海证券交易所设立科创板并试点注册制，能够支持上海国际金融中心和科技创新中心建设，不断完善资本市场基础制度，增强多层次金融市场服务功能，充分发挥和加强上海证券交易所主板地位，使其发展成为具有全球影响力的交易所。科创板的设立，有助于完善金融市场功能，增强金融资源配置能力和影响力；能够积极推动金融市场协调发展，进一步拓展市场的广度和深度，坚持投资功能与融资功能并重的金融市场发展理念，着力推动金融产品创新，加强市场制度和基础设施建设，促进资金在各市场之间有序流动；能够积极有序发展股权融资，稳步提高直接融资比重；有助于形成融资功能完备、基础制度扎实、市场监管有效、投资者合法权益得到有效保护的多层次资本市场体系。

2019 年 6 月 13 日上午，以“加快国际金融中心建设，推动经济高质量发展”为主题的第十一届陆家嘴论坛在上海开幕，上海证券交易所科创板正式开板。中共中央政治局委员、国务院副总理刘鹤强调，要大力推动上海国际金融中心建设，处理好政府与市场、国际和国内两个关系，服务于国家战略和国民经济发展大局。上海市委书记李强也指出，要以设立科创板并试点注册制为重大契机，以更高站位、更大力度推进金融改革创新，在加快国际金融中心建设中推动高质量发展。此外，李强还指出要打造更加开放的金融市场，加快推进落实金融领域开放举措，加快落地对外开放新项目，建设“一带一路”投融资中心，提升上海金融市场国际化水平，不断增强配置全球金融资源的能力；要塑造更具竞争力的金融功能，全力打造金融服务的新增长极，全力配合证监会和上交所加快推进设立科创板并试点注册制，积极承担国家金融创新试点，大力发展绿色金融、普惠金融，加快建设全球资产管理中心，汇聚全球金融资源支持创新发展；要营造更有活力的金融生态，大力集聚总部型金融机构，大力引进海内外金融人才，切实提高金融法治化水平，持续打造国际一流营商环境。要坚决打好防范化解重大金融风险攻坚战，坚定不移地维护金融市场健康稳定发展。

# 第三节　科创板的发展历程

## 一、上交所战略新兴板的尝试

提起科创板，很容易让人联想到几年前的战略新兴板。战略新兴板曾经作为证监会2016年的五大重点工作任务之一轰轰烈烈地推进，最终却无果而终，但这一过程无疑为后续科创板的问世提供了可资借鉴的经验。

上海证券交易所负责人在“上证2015中国股权投资论坛”上表示，上交所筹划战略新兴产业板已有多年，初步形成了包括市场定位、上市条件、制度安排等三大核心内容的建设方案，并已向中国证监会正式递交了《关于上海证券交易所设立新兴板的请示》。2015年5月25日，上海市通过《关于加快建设具有全球影响力的科技创新中心的意见》，特别强调要加快在上交所设立战略新兴板，推动尚未盈利但具有一定规模的科技创新企业上市。

规划中的战略新兴产业板将重点服务已跨越创业阶段、具有一定规模的新兴产业企业和创新型企业，为计算机科学、信息技术、可再生能源以及生物科技等行业的企业提供资本市场服务。该板块将采用与主板差异化的上市财务标准体系，设置“市值—净利润—收入”“市值—收入—现金流”“市值—收入”“市值—权益”等以市值为核心的财务标准，允许达不到盈利要求的新兴产业企业和创新型企业上市融资，增强新兴板市场包容度。根据新兴板发展情况，时机成熟时，将以境外互联网上市公司为代表的新兴产业企业和创新型企业（包括 VIE 架构与双层股权结构的企业）通过存托凭证等创新方式纳入新兴板主体范围。

《关于加快建设具有全球影响力的科技创新中心的意见》中明确了战略新兴板是从资本市场层面落实国家创新驱动发展战略而设立的新板块。同时，战略新兴板在上市、监管等方面将实施差异化制度安排，以适应新兴板上市公司在行业发展、商业模式、公司治理、风险控制等方面的特殊性，更好地发挥新兴板与主板、创业板的差异化功能，上述关于战略新兴板的定位与今天的科创板具有极高的重合性。

2016 年 3 月 15 日，根据人大代表和政协委员对“十三五”规划纲要草案提出的意见，对纲要草案进行了修改完善，共拟修改 57 处，其中包括删除“设立战略性新兴产业板”。据相关媒体报道，删除战略新兴板是根据证监会的意见。在当时“十三五”规划草案中删除战略新兴板，主要出自以下几点原因考虑（见表 1 – 10）。

### （一）或与注册制“暂缓”相关

建设多层次资本市场与注册制是递进关系，搞好多层次资本市场，才能推出注册制；注册制改革需要一个相当完善的法制环境，配套的改革需要相当的过程、相当长的时间。因此，当时相应的市场经验和法规尚未支持注册制改革的推进，也使得战略新兴板尚且搁置。

### （二）与创业板相“重复”

当时中国股市已有主板、中小板、创业板、新三板，多层次资本市场体系基本成型。主板做大做强、二板创新竞争、三板孵化培育，应该成为中国股市的基本分层结构。战略性新兴产业板虽然在具体规则上与创业板有所不同，但其本质上与创业板没有多少区别。在多层次的资本市场尚未完全成型之前，不少意见认为最重要的工作应是加强基础性制度、机制建设，把现有的板块搞好、做扎实，而不是再铺新摊子、搞重复建设。

（三）市场求稳

正如证监会原负责人所提“只有保护好中小投资者的权益，才能促进中国资本市场稳健发展”，管理者从务实的角度叫停战略新兴板，以稳定当时 A 股市场预期。

**表 1－10　上交所的战略新兴板规划**

| 时间 | 规　划 |
| --- | --- |
| 2013. 9 | 上交所启动了设立新兴板的相关研究工作 |
| 2013. 12 | 上交所向证监会上报了《关于上交所设立战略新兴产业板的请示》 |
| 2014. 3 | 全国两会期间，全国政协委员、上海证券交易所理事长桂敏杰首次透露，计划在内部设立战略新兴产业板 |
| 2014. 4 | 证监会主席专题会对新兴板有关问题进行了研究 |
| 2015. 7 | 国务院《关于大力推进大众创业万众创新若干政策措施的意见》指出，推动在上交所建立战略新兴产业板 |
| 2015. 12 | 中国证监会市场部主任表示，战略新兴板相关标准和制度正在研讨 |
| 2016. 3 | 人大代表及政协委员提出意见“十三五”规划中删除“设立战略新兴产业板” |

## 二、市场调研与制度规则的制定

在习近平总书记提出科创板的构想之后，证监会和上交所启动了市场调研和制度建设工作。

2018 年 11 月 20 日，上海市委书记李强前往部分金融机构，重点围绕“在上海证券交易所设立科创板并试点注册制”开展调研。在调研中，李强指出，要瞄准集成电路、人工智能、生物医药、航空航天、新能源汽车等重点领域，让那些具有新技术、新模式、新业态的企业真正脱颖而出。

浦东新区要与上交所进一步深化合作，加快推动基地建设发展，努力将长三角资本市场服务基地打造成为培育孵化更多优质企业的重要平台。

证监会明确2019年要做好的重点工作中，科创板居领衔地位，提出要确保在上交所设立科创板并试点注册制尽快落地。随后，上海、福建、湖北、西安、浙江及北京均先后对科创板进行预筛选和摸排工作。其中，上海提出建立高新技术企业培育库；福建将成立“科创板后备企业库”；湖北计划对科创板后备企业进行集中培育；西安“龙门行动”计划推进；浙江公布了《关于推荐科创板拟上市企业的通知》，要求“推荐拟在科创板上市的企业，协会将尽快上报有关部门”；北京中关村示范区向上交所提交首批“科创板”的名单。

与此同时，科创板的制度建设进程进一步加快。在证监会层面，2019年3月1日，证监会出台《科创板首次公开发行股票注册管理办法（试行)》，对企业发行条件、注册程序和信息披露以及承销商的发行要求进行系列规定，6月6日，证监会出台《存托凭证发行与交易管理办法（试行)》，进一步对发行管理制度，交易所的制度包括发行与承销、上市规则、交易、融资融券相关等进行梳理完善。

同时，上交所密集颁布一系列配套业务规则文件，包括《上海证券交易所科创板股票发行与承销实施办法》《上海证券交易所科创板股票盘后固定价格交易指引》《上海证券交易所科创板股票交易特别规定》《上海证券交易所科创板股票交易风险揭示书必备条款》《上海证券交易所科创板股票上市规则》等，对董事会、股东大会职责和停牌风监控、终止上市与恢复等作出进一步规定。4月16日出台了《上海证券交易所科创板股票发行与承销业务指引》，4月30日发布了《科创板转融通证券出借和转融券业务实施细则》，并修订完善了《上海证券交易所科创板股票上市规则》，6月14日发布《上海证券交易所科创板股票异常交易实时监控细则（试行)》。此外，还有一系列科创板相关的规则和通知发布（见表1－11）。

**表1－11　科创板系列规则文件**

| | |
|---|---|
| **证监会** | |
| 2018.6.15 | 《证券发行与承销管理办法》（2013年10月8日中国证券监督管理委员会第11次主席办公会议审议通过，根据2014年3月21日、2015年12月30日、2017年9月7日、2018年6月15日中国证券监督管理委员会《关于修改〈证券发行与承销管理办法〉的决定》修订） |
| 2019.1.28 | 《关于在上海证券交易所设立科创板并试点注册制的实施意见》 |
| 2019.3.1 | 《科创板首次公开发行股票注册管理办法（试行)》 |
| 2019.6.6 | 《存托凭证发行与交易管理办法（试行)》 |
| **上海证券交易所** | |
| 2019.3.1 | 《上海证券交易所科创板股票发行与承销实施办法》 |
| 2019.3.1 | 《上海证券交易所科创板股票盘后固定价格交易指引》 |
| 2019.3.1 | 《上海证券交易所科创板股票交易特别规定》 |
| 2019.3.1 | 《上海证券交易所科创板股票交易风险揭示书必备条款》 |
| 2019.4.16 | 《上海证券交易所科创板股票发行与承销业务指引》 |
| 2019.4.30 | 《科创板转融通证券出借和转融券业务实施细则》 |
| 2019.4.30 | 《上海证券交易所科创板股票上市规则》 |
| 2019.6.14 | 《上海证券交易所科创板股票异常交易实时监控细则（试行)》 |
| 2019.7.15 | 《关于科创板战略投资者参与证券出借业务有关事项的通知》 |
| 2019.8.9 | 《上海证券交易所融资融券交易实施细则》 |
| 2019.8.9 | 《关于扩大融资融券标的股票范围的通知》 |
| **中国证券业协会** | |
| 2019.5.31 | 《科创板首次公开发行股票网下投资者管理细则》 |
| 中国证券金融股份有限公司 | |
| **深交所** | |
| 2019.8.9 | 《关于扩大融资融券标的股票范围的通知》 |

## 三、科创板开板

2019年6月13日上午，第十一届陆家嘴论坛在上海开幕，会上，科创板正式宣布开板，证监会主席易会满主持科创板开板仪式。从筹备意向传出，到正式建成开板，科创板仅用了7个月时间。截至6月12日开板前，共有122家企业的科创板上市申请获得上交所受理。其中，先后有102家进入审核问询流程，21家通过问询的企业获准上会，其中6家企业已经过会。证监会主席易会满在科创板开板仪式上表示，设立科创板并试点注册制，是深化资本市场改革开放的基础性制度安排，证监会将真正落实以信息披露为核心的证券发行注册制，着力帮助符合国家战略、突破关键核心技术、市场认可度高的科技创新企业做优做强，发展壮大，同时，证监会将会同各方坚持以增量改革带动存量改革，充分发挥科创板的改革试验田作用，形成可复制可推广的经验，以此带动资本市场的全面深化改革，努力打造一个规范、透明、开放、有活力、有韧性的资本市场。

7月22日，科创板正式步入交易时间，第一批25家企业通过上市。8月8日，柏楚电子与晶晨股份挂牌上市，微芯生物也于8月12日上市，科创板上市公司就此增至28家。这28家公司上半年合计营业收入329.63亿元，实现净利润45.6亿元。上交所官网的信息显示，科创板28家公司半年报已全部对外披露，作为沪市“新生”，科创板28家已上市公司业绩保持高速增长，合计实现营业收入329.63亿元，同比增长18%；实现净利润45.6亿元，同比增长25%。

根据上交所披露的信息，科创板业绩高速增长很大程度上受益于持续的高研发投入，28家科创公司研发费用占收入比平均为13%，远高于传统行业上市公司，显示出鲜明的“科创底色”。5家公司研发费用占比超过20%，虹软科技、航天宏图、微芯生物是研发费用占收入比例最高的3家公司，分别达到34%、32%、27%。

2019年8月30日，证监会发布《关于不予同意恒安嘉新（北京）科技股份公司首次公开发行股票注册的决定》，否决了恒安嘉新的注册申请。这也是自科创板开板以来注册被否第一单，说明注册制并不等于想上市就能上市的，注册制对信息披露质量的要求实际上非常高。恒安嘉新之所以注册失败，就是证监会认为，恒安嘉新存在会计基础工作薄弱、内控缺失以及会计差错更正事项披露存疑等问题，与相关规定不符。这也给想到科创板上市的企业提了醒，要完成科创板上市，除了要有过硬的新科技技术，还要有高质量的信息披露（见表 1－12）。

**表 1－12　科创板的重要历程事件**

| 时间 | 重要事件 |
|---|---|
| 2018. 5 | 习近平总书记在首届国际进口博览会上宣布将设立科创板 |
| 2018. 12 | 上交所表示完成设立科创板的草案 |
| 2019. 1 | 中国证监会发布《关于在上海证券交易所设立科创板并试点注册制的实施意见》 |
| 2019. 2 | 证监会召开座谈会，听取部分行业专家、证券公司、基金管理公司、创投机构和科创企业代表对设立科创板并试点注册制相关制度规则的意见建议 |
| 2019. 3 | 证监会正式发布《科创板首次公开发行股票注册管理办法（试行）》和《科创板上市公司持续监管办法（试行）》；<br>3 月 18 日，科创板发审系统上线；<br>3 月 22 日，科创板首批受理企业出炉 |
| 2019. 4 | 4 月中旬，第一届科创板股票上市委员会成立大会在上交所交易大厅举行；<br>4 月 26 日，第一只科创基金易方达科技创新混合型证券投资基金发行；<br>4 月 29 日，另外 6 只科创基金发行 |
| 2019. 5 | 5 月 14 日，上交所介绍科创板发行上市审核问询回复进展情况；<br>5 月 27 日，科创板上市委审议工作正式启动，上交所发布科创板上市委 2019 年第 1 次审议会议公告 |
| 2019. 6 | 6 月 5 日，上交所召开第 1 次审议会议，审议深圳微芯生物科技股份有限公司、安集微电子科技（上海）股份有限公司和苏州天准科技股份有限公司 3 家企业发行上市申请。会后发布公告显示，3 家企业全部审议通过。<br>6 月 11 日，上交所召开第 2 次审议会议，审议苏州华兴源创科技股份有限公司、福建福光股份有限公司和烟台睿创微纳技术股份有限公司 3 家企业发行上市申请。会后发布公告显示，3 家企业全部审议通过。<br>6 月 13 日上午，第十一届陆家嘴论坛在上海开幕，科创板正式宣布开板 |
| 2019. 7 | 7 月 22 日，科创板正式步入“交易时间”，首批 25 家科创企业当天集中上市。<br>首批上市公司名单：这 25 家科创板公司分别为睿创微纳、容百科技、光峰科技、华兴源创、虹软科技、福光股份、新光光电、安集科技、中微公司、交控科技、澜起科技、天准科技、南微医学、乐鑫科技、铂力特、瀚川智能、方邦股份、心脉医疗、天宜上佳、航天宏图、沃尔德、嘉元科技、杭可科技、西部超导、中国通号 |

续表

| 时间 | 重要事件 |
| --- | --- |
| 2019. 8 | 8 月 8 日，第二批科创板公司挂牌上市；<br>第二批挂牌公司：晶晨股份、柏楚电子；<br>8 月 12 日微芯生物上市交易；<br>截至 8 月底，已有 28 家公司正式上市；<br>8 月 30 日，科创板出现首例 IPO 注册失败案例，证监会否决了恒安嘉新注册 |

第二章

# 科创板上市制度简析

## 第一节 市场化的注册制

上海证券交易所设立科创板并试点注册制，对我国资本市场将产生深远的影响，本节由浅入深地详细解释“科创板试点注册制”这一重点问题。

### 一、主要的发行审核制度[①]介绍

由于政治、历史、经济等社会基础不同，各个国家和地区的发行审核制度存在较大差异，但都具有相同的审核目标——保护投资者、确保公正和透明的市场以及减少系统风险。总的来说，世界上主要的发行审核制度有：审批制、核准制和注册制。

#### （一）审批制、核准制、注册制概念

审批制是上市公司股票申请上市须经过审批的证券发行管理制度，是完全计划发行的模式，地方和主管政府机构对其实行“额度控制”。具体流程为：拟发行公司在申请公开发行股票时，要经过地方政府或中央企业主管部门，向所属证券管理部门提出发行股票申请，经证券管理部门受

① 发行审核制度如无特别说明，均为新股发行审核制度。

理，审核同意转报证券监管机构核准发行额度后，可提出上市申请，经审核、复审，由证监会出具批准发行的有关文件，方可发行。

核准制是上市公司股票申请上市须经过核准的证券发行管理制度，核准制是从审批制向注册制过渡的中间形式，遵循的仍是实质管理原则。发行人在申请发行股票时，不仅要充分公开企业的真实情况，而且必须符合有关法律和证券监管机构规定的必要条件，证券监管机构有权否决不符合规定条件的股票发行申请。证券监管机构对申报文件的全面性、准确性、真实性和及时性作审查，还对发行人的营业性质、财务状况、经营能力、发展前景、发行数量和发行价格等条件进行实质性审查，并据此作出发行人是否符合发行条件的价值判断和是否核准申请的决定。

注册制，即所谓公开管理原则，是目前成熟资本市场普遍采用的发行体制。证券发行注册制是指证券发行申请人依法将与证券发行有关的一切信息和资料公开，制成法律文件，送交主管机构审查，主管机构只负责审查发行申请人提供的信息和资料是否履行了信息披露义务的一种制度。其中最重要的特征是：在注册制下证券发行审核机构只对注册文件进行形式审查，不进行实质判断。

### （二）核准制与注册制比较

核准制和注册制各有利弊，适用于不同市场发展状况的国家和地区。

核准制加强了监管部门的监管，体现了行政权力对股票发行的参与，是“国家之手”干预股票发行的具体体现，这种制度在市场经济不太完善的情况下更有利于保护广大投资者利益，但长期来看，审核效率低下，易滋生腐败问题，不利于资源的优化配置。而注册制则提高了新股发行的市场化，充分体现了市场经济条件下“无形之手”自我调节的本质特性，但是也不可避免地对发行人所处的市场经济完善程度以及发行人的行业自律能力提出了较高的要求。

表 2－1 归纳总结了核准制与注册制之间的主要区别。

**表 2－1　注册制与核准制比较**

| 项目 | 注册制 | 核准制 |
|---|---|---|
| 特征 | 申请发行股票时，发行人必须依法将应披露的各种资料完全、准确地向证券监管机构申报 | 申请发行股票时，发行人不仅要充分公开企业的真实情况，而且必须符合有关的法律和证券监管机构规定的必备条件 |
| 审查内容 | 对申报文件的全面性、准确性、真实性和及时性进行形式审查，不对上市公司质量进行实质判断。只要符合证券监管机构制定的发行标准，即可批准发行上市 | 除进行形式审查外，还对发行的财务状况、发展前景、发行数量和发行价格等条件进行实质审查，并据此作出发行人是否符合发行条件的价值判断和是否核准申请的决定 |
| 基础 | 信息公开原则，依赖对信息披露情况的事后监管 | 实质性管理原则，强调“监管机关审核为本” |
| 审核方式 | 形式审核为主 | 实质审核为主 |
| 审核效率 | 较高 | 相对较低 |
| 公正透明程度 | 相对较高，审核机构难以进行人为干预 | 相对较低，审核机构具有很大的自由裁量权 |

资料来源：根据公开资料整理。

## 二、我国发行审核体制改革的历史进程

相较英、美等发达国家，我国证券发行审核制度起步较晚，1990 年证券交易所成立后才逐步走入正轨，这 30 年来，我国证券发行审核体制经历了由审批制到核准制再到试点注册制的改革，有效地促进了我国证券市场健康、有序发展。

（一）1990—2000 年——审批制

20 世纪 90 年代，我国正处在计划经济向市场经济的转型时期，因此，该时期的证券发行审核机制带有浓厚的行政色彩。政府通过行政审批选择上市企业并准予发行，即对企业进行实质审核和价值判断。

1990—1995 年，我国实行的是审批制下的额度管理制度。国家规定每

年发行的总额度，并将其分配到地方政府，地方在规定的额度内推荐企业发行证券，证监会对推荐的企业进行实质审核。国务院发布的《股票发行与交易管理暂行条例》（国务院令〔1993〕第112号）对IPO公司提出了明确的要求：①公司性质：一般是国有企业；②股本规模：大于或等于5000万元；③盈利要求：开业三年以上，近三年连续盈利；④利润率：预期利润率应当等于或高于同期银行存款利率；⑤财务状况：近三年财务报告无虚假记载；⑥违法情况：近三年内没有重大违法行为。另外，在这一阶段，市场机制和价格机制尚未发挥作用，股票发行采取的是固定市盈率的定价机制，基于IPO公司的盈利预测计算每股利润，并作为定价依据。

1996—2000年，我国发行审核机制在审批制的基础上有所调整，选择上市企业的方法由额度管理变为指标管理，核心原则是“总量控制、限报家数”，政府限定发行额度和家数，由地方政府在规定的额度和指标内向证监会推荐IPO公司。在发行定价方面，1996年改为按照前三年的历史利润作为定价依据，1997年再次修改为以前一年的真实利润和发行该年的预测利润作为定价依据，虽然本质上仍为行政定价，但在一定程度上减少了定价的主观性和人为操纵价格的可能。

（二）2001—2013年——核准制

1998年证券法①颁布后，我国对股票发行采取核准制。从审批制到核准制，市场力量在发行审核中逐渐显现出来，中介机构的作用逐步得到发挥，我国证券市场的效率和质量都得到了一定程度的提升。第一家核准制上市的企业是用友软件，2001年5月18日用友软件在上海证券交易所挂牌上市（股票代码：600588），拉开了我国企业核准制发行的序幕。

2001—2004年，我国实行的是核准制下的通道制度。证监会规定具有

① 证券法第十一条规定，公开发行股票，必须依照公司法规定的条件，报经国务院证券监督管理机构核准。

主承销商资格的证券公司通道数量，即可以推荐的IPO公司数量，通道数量限制一般为2~8条，且只能是推荐一家等待核准后才能再推荐另一家。IPO公司必须通过具有推荐资格的证券公司提交上市申请材料，证券公司对IPO公司提交的材料进行预审，其后再向证监会推荐。在2000年颁布的新核准程序中，政府又规定了主承销商需要在向证监会推荐之前，对IPO公司进行为期一年的辅导。值得肯定的是，这一阶段股票定价方式开始走向市场化，股票发行价格可以通过IPO公司和承销机构共同协商以决定一个价格区间，在经过证监会核准并咨询配售对象的意愿后确定发行价格，但定价的主导方依然是政府。

通道制度虽然增强了市场作用，但政府依然占据主导地位，因此，2005—2013年，我国开始实行核准制下的保荐制度。保荐公司和保荐人均是符合一定条件的并经证监会注册登记的机构和个人。保荐公司和保荐人对企业IPO进行推荐和辅导，并对申请人适合上市、上市文件的准确完整以及董事知悉自身责任义务等负有保证责任，辅导期满后报证监会申报材料，证监会审核后给出是否许可的决定。最重要的是，我国IPO定价开始实行累计询价制度，获得发行许可的IPO公司和保荐机构需要向符合证监会规定的询价对象初步询价以制定发行价格区间，再经过累计投标询价来确定最后的发行价格。

（三）2014年至今——推进注册制改革阶段

2013年11月15日发布的《中共中央关于全面深化改革若干重大问题的决定》提出“健全多层次资本市场，推进股票发行注册制改革”。2013年11月30日，中国证监会发布《中国证监会关于进一步推进新股发行体制改革的意见》，这是逐步推进股票发行从核准制向注册制过渡的重要步骤。

2015年12月9日，国务院通过了提请全国人大常委会授权国务院在实施股票发行注册制改革中调整适用《中华人民共和国证券法》有关规定的决定草案，草案明确，授权国务院对拟在上海证券交易所、深圳证券交易所上市交易的股票的公开发行，调整适用《中华人民共和国证券法》关于股票公开发行核准制度的有关规定，实行注册制度，具体事项包括注册机关、审核要求、信息披露要求、中介机构职责以及相应的事中事后监管措施和处罚执法等，由国务院作出规定，报全国人大常委会备案。2015 年 12 月 27 日，全国人大常委会审议通过《关于授权国务院在实施股票发行注册制改革中调整适用〈中华人民共和国证券法〉有关规定的决定》，明确授权国务院可以根据股票发行注册制改革的要求，调整适用现行证券法关于股票核准制的规定，对注册制改革的具体制度作出专门安排，该决定实施期限为两年，从 2016 年 3 月 1 日起施行。

考虑到目前我国多层次资本市场建设等许多方面尚不完善，为了循序渐进、稳中求胜，2018 年 2 月 23 日证监会起草并向国务院报送了《关于延长股票发行制度改革授权决定期限的请示》，决定将该授权决定实施期限延长两年至 2020 年 2 月 29 日，我国注册制改革逐渐放缓。

自 2018 年年末习近平总书记提出科创板试点理念，到 2019 年年初具体方案细则的整合落地，科创板试点打响了我国注册制步入制度实施、试点与调整阶段的“第一枪”，为后续注册制的全面推行奠定了实践基石。这部分具体内容可见本节第三部分（见图 2－1）。

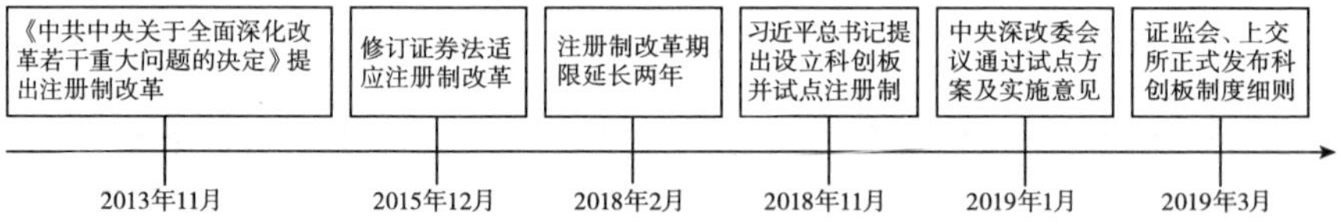


**图 2－1　中国注册制改革的演进历程**

## 三、科创板在注册制方面的探索

科创板，顾名思义，就是“科技创新板”，它有别于主板市场和深圳证券交易所的创业板，重点服务对象是尚未进入成熟期但具有成长潜力，且满足有关规范性及科技型、创新型特征的中小企业，这些企业的发展十分需要资本市场的支持，但在核准制背景下，监管部门很难基于上市标准予以过会。因此，在科创板实行注册制，可以让市场来遴选、甄别优质企业，从而使得目标企业可以获得资本市场支持。同时，科创板与主板和创业板等有所隔离，率先在科创板进行注册制改革，可以避免短期内对其他板块产生巨大冲击。

设立科创板并试点注册制最根本的出发点是在中国资本市场新战略定位的基础上推动市场在资源配置中发挥决定性作用。根据《科创板首次公开发行股票注册管理办法（试行)》中第四条的规定：首次公开发行股票并在科创板上市，应当符合发行条件、上市条件以及相关信息披露要求，依法经上海证券交易所发行上市审核并报经中国证券监督管理委员会履行发行注册程序。因此，科创板对注册制的试点也重点体现在这些方面，下面小节将进行详细分析。

（一）科创板发行条件

科创板股票发行条件充分体现了以信息披露为中心的注册制改革理念，精简了现行的发行条件，在取消了现行发行条件中关于盈利业绩、不存在未弥补亏损、无形资产占比限制等方面的要求的同时，突出重大型原则并强调风险防控。具体发行条件如表 2－2 所示：

**表 2－2　科创板股票发行条件**

| 类别 | 具体条件 |
| --- | --- |
| 主体资格 | 发行人是依法设立且持续经营 3 年以上的股份有限公司，具备健全且运行良好的组织机构，相关机构和人员能够依法履行职责；<br>有限责任公司按原账面净资产值折股整体变更为股份有限公司的，持续经营时间可以从有限责任公司成立之日起计算 |

**续表**

| 类别 | 具体条件 |
|---|---|
| 财务基础 | 发行人会计基础工作规范，财务报表的编制和披露符合企业会计准则和相关信息披露规则的规定，在所有重大方面公允地反映了发行人的财务状况、经营成果和现金流量，并由注册会计师出具标准无保留意见的审计报告；<br>发行人内部控制制度健全且被有效执行，能够合理保证公司运行效率、合法合规和财务报告的可靠性，并由注册会计师出具无保留结论的内部控制鉴证报告 |
| 持续经营 | 发行人业务完整，具有直接面向市场独立持续经营的能力：<br>（一）资产完整，业务及人员、财务、机构独立，与控股股东、实际控制人及其控制的其他企业间不存在对发行人构成重大不利影响的同业竞争，不存在严重影响独立性或者显失公平的关联交易。<br>（二）发行人主营业务、控制权、管理团队和核心技术人员稳定，最近 2 年内主营业务和董事、高级管理人员及核心技术人员均没有发生重大不利变化。控股股东和受控股股东、实际控制人支配的股东所持发行人的股份权属清晰，最近 2 年实际控制人没有发生变更，不存在导致控制权可能变更的重大权属纠纷。<br>（三）发行人不存在主要资产、核心技术、商标等的重大权属纠纷，重大偿债风险，重大担保、诉讼、仲裁等或有事项，经营环境已经或者将要发生重大变化等对持续经营有重大不利影响的事项 |
| 规范运作 | 发行人生产经营符合法律、行政法规的规定，符合国家产业政策。最近 3 年内，发行人及其控股股东、实际控制人不存在贪污、贿赂、侵占财产、挪用财产或者破坏社会主义市场经济秩序的刑事犯罪，不存在欺诈发行、重大信息披露违法或者其他涉及国家安全、公共安全、生态安全、生产安全、公众健康安全等领域的重大违法行为。<br>董事、监事和高级管理人员不存在最近 3 年内受到中国证监会行政处罚，或者因涉嫌犯罪被司法机关立案侦查或者涉嫌违法违规被中国证监会立案调查，尚未有明确结论意见等情形 |

资料来源：根据《科创板首次公开发行股票注册管理办法（试行）》整理可得。

在发行条件方面，科创板、主板和创业板主要在财务基础和持续经营方面区别较大，如表 2 – 3 所示。在财务基础方面，主板和创业板对于净利润、净资产、股本总额等财务指标有着明确要求，而科创板则没有提及；在持续经营方面，主板和创业板的要求也比科创板要严格。总体说来，发行条件严格程度为：科创板 < 创业板 < 主板。

**表 2－3　科创板、主板和创业板股票发行条件对比**

| | 科创板 | 主板 | 创业板 |
|---|---|---|---|
| 财务基础 | 无明确标准 | 发行人应当符合下列条件：<br>（一）最近 3 个会计年度净利润均为正数且累计超过人民币 3000 万元，净利润以扣除非经常性损益前后较低者为计算依据；<br>（二）最近 3 个会计年度经营活动产生的现金流量净额累计超过人民币 5000 万元；或者最近 3 个会计年度营业收入累计超过人民币 3 亿元；<br>（三）发行前股本总额不少于人民币 3000 万元；<br>（四）最近一期末无形资产（扣除土地使用权、水面养殖权和采矿权等后）占净资产的比例不高于 20%；<br>（五）最近一期末不存在未弥补亏损 | 发行人应当符合下列条件：<br>（一）最近 2 年连续盈利，最近两年净利润累计不少于 1000 万元。或者最近一年盈利，最近一年营业收入不少于 5000 万元。<br>（二）最近一期末净资产不少于 2000 万元，且不存在未弥补亏损。<br>（三）发行后股本总额不少于 3000 万元 |
| 持续经营 | 发行人最近 2 年内主营业务和董事、高级管理人员及核心技术人员均没有发生重大不利变化；最近 2 年实际控制人没有发生变更，不存在导致控制权可能变更的重大权属纠纷 | 发行人最近 3 年内主营业务和董事、高级管理人　员没有发生重大变化，实际控制人没有发生变更。<br>发行人不得有下列影响持续盈利能力的情形：<br>（一）发行人的经营模式、产品或服务的品种结构已经或者将发生重大变化，并对发行人的持续盈利能力构成重大不利影响；<br>（二）发行人的行业地位或发行人所处行业的经营环境已经或者将发生重大变化，并对发行人的持续盈利能力构成重大不利影响；<br>（三）发行人最近 1 个会计年度的营业收入或净利润对关联方或者存在重大不确定性的客户存在重大依赖；<br>（四）发行人最近 1 个会计年度的净利润主要来自合并财务报表范围以外的投资收益；<br>（五）发行人在用的商标、专利、专有技术以及特许经营权等重要资产或技术的取得或者使用存在重大不利变化的风险；<br>（六）其他可能对发行人持续盈利能力构成重大不利影响的情形 | 发行人应当主要经营一种业务，其生产经营活动符合法律、行政法规和公司章程的规定，符合国家产业政策及环境保护政策；<br>发行人最近 2 年内主营业务和董事、高级管理人员均没有发生重大变化，实际控制人没有发生变更 |

资料来源：根据《科创板首次公开发行股票注册管理办法（试行）》《首次公开发行股票并上市管理办法》《首次公开发行股票并在创业板上市管理办法》整理可得。

## （二）科创板上市条件

根据《关于在上海证券交易所设立科创板并试点注册制的实施意见》第四条“制定更具包容性的科创板上市条件”规定，更加注重企业科技创新能力，允许符合科创板定位、尚未盈利或存在累计未弥补亏损的企业在科创板上市。综合考虑预计市值、收入、净利润、研发投入、现金流等因素，设置多元包容的上市条件，如表2－4所示。

**表2－4　科创板股票上市条件**

| 类别 | 具体条件 |
| --- | --- |
| 基本条件 | 发行人申请在本所科创板上市，应当符合下列条件：<br>（一）符合中国证监会规定的发行条件；<br>（二）发行后股本总额不低于人民币3000万元；<br>（三）公开发行的股份达到公司股份总数的25%以上；公司股本总额超过人民币4亿元的，公开发行股份的比例为10%以上；<br>（四）市值及财务指标符合本规则规定的标准；<br>（五）本所规定的其他上市条件 |
| 市值及财务指标条件 | 发行人申请在本所科创板上市，市值及财务指标应当至少符合下列标准中的一项：<br>（一）预计市值不低于人民币10亿元，最近两年净利润均为正且累计净利润不低于人民币5000万元，或者预计市值不低于人民币10亿元，最近一年净利润为正且营业收入不低于人民币1亿元。<br>（二）预计市值不低于人民币15亿元，最近一年营业收入不低于人民币2亿元，且最近三年累计研发投入占最近三年累计营业收入的比例不低于15%。<br>（三）预计市值不低于人民币20亿元，最近一年营业收入不低于人民币3亿元，且最近三年经营活动产生的现金流量净额累计不低于人民币1亿元。<br>（四）预计市值不低于人民币30亿元，且最近一年营业收入不低于人民币3亿元。<br>（五）预计市值不低于人民币40亿元，主要业务或产品需经国家有关部门批准，市场空间大，目前已取得阶段性成果。医药行业企业需至少有一项核心产品获准开展二期临床试验，其他符合科创板定位的企业需具备明显的技术优势并满足相应条件 |

续表

| 类别 | 具体条件 |
| --- | --- |
| 红筹企业 | 符合《国务院办公厅转发证监会关于开展创新企业境内发行股票或存托凭证试点若干意见的通知》（国办发〔2018〕21号）相关规定的红筹企业，可以申请发行股票或存托凭证并在科创板上市。<br>营业收入快速增长，拥有自主研发、国际领先技术，同行业竞争中处于相对优势地位的尚未在境外上市红筹企业，申请在科创板上市的，市值及财务指标应当至少符合下列标准之一：<br>（一）预计市值不低于人民币100亿元；<br>（二）预计市值不低于人民币50亿元，且最近一年营业收入不低于人民币5亿元 |
| 差异表决权问题 | 发行人具有表决权差异安排①的，市值及财务指标应当至少符合下列标准中的一项：<br>（一）预计市值不低于人民币100亿元；<br>（二）预计市值不低于人民币50亿元，且最近一年营业收入不低于人民币5亿元。<br>发行人特别表决权股份的持有人资格、公司章程关于表决权差异安排的具体规定，应当符合本规则第四章第五节的规定 |

资料来源：根据《上海证券交易所科创板股票上市规则（2019年4月修订版)》整理可得。

上市条件中最为重要的是财务标准，表2－5比较分析了我国主板、创业板、港交所主板、港交所创业板、纳斯达克三个市场的具体要求。总的说来，科创板的财务标准为五选一，较为宽松。

① 表决权差异安排，是指发行人依照公司法第一百三十一条的规定，在一般规定的普通股份之外，发行拥有特别表决权的股份（以下简称特别表决权股份）。每一特别表决权股份拥有的表决权数量大于每一普通股份拥有的表决权数量，其他股东权利与普通股份相同。

**表 2-5　不同板块上市财务标准对比**

| | 主板 | 创业板 | 港交所主板 | 港交所创业板 | 纳斯达克全球精选市场 | 纳斯达克全球市场 | 纳斯达克资本市场 |
|---|---|---|---|---|---|---|---|
| 上市财务标准 | 发行人应当符合下列条件：<br>（一）最近3个会计年度净利润均为正数且累计超过人民币3000万元，净利润以扣除非经常性损益前后较低者为计算依据。<br>（二）最近3个会计年度经营活动产生的现金流量净额累计超过人民币5000万元；或者最近3个会计年度营业收入累计超过人民币3亿元 | 发行人应当符合下列条件：<br>（一）最近两年连续盈利，最近两年净利润累计不少于1000万元；或者最近一年盈利，最近一年营业收入不少于5000万元。<br>（二）最近一期末净资产不少于2000万元，且不存在未弥补亏损。<br>（三）发行后股本总额不少于3000万元 | 发行人至少符合下列标准之一：<br>盈利标准：<br>（一）上市前三年累计盈利不低于5000万港元，最近一年盈利需达2000万港元，之前两年累计盈利不低于3000万港元。<br>（二）预计上市时市值不低于2亿港元。<br>市值/收入标准：<br>（一）预计上市市值不低于40亿港元。<br>（二）最近一年收入不低于5亿港元 | 发行人应当符合下列条件：<br>（一）上市时市值不低于1亿港元。<br>（二）上市文件刊发之前两个财政年度经营业务现金流不低于2000万港元 | 发行人至少符合下列标准之一：<br>盈利标准：<br>上市前三年合计不少于1100万美元，且近两年每年不少于220万美元；且三年中的任意一年不能出现亏损。<br>市值/现金流标准：<br>（一）上市前三年现金流总额不少于2750万美元；且三年中的任意一年不能为负。<br>（二）上市前12个月平均市值不低于5.5亿美元。<br>（三）上市前一年的收入不低于1.1亿美元 | 发行人至少符合下列标准之一：<br>收入标准：<br>（一）上市前一年或上市前三年中任一两年不低于100万美元。<br>（二）股东权益不低于1500万美元。<br>股东权益标准：股东权益不低于3000万美元。<br>市值标准：上市前市值不低于7500万美元。<br>总资产/总收入标准：上市前一年或上市前三年中任一两年不低于7500万美元 | 发行人至少符合下列标准之一：<br>股东权益标准：股东权益不低于500万美元。<br>市值标准：挂牌市值不低于5000万美元。<br>净利润标准：上市前一年或上市前三年中任一两年不低于75万美元 |

续表

| | 主板 | 创业板 | 港交所主板 | 港交所创业板 | 纳斯达克全球精选市场 | 纳斯达克全球市场 | 纳斯达克资本市场 |
|---|---|---|---|---|---|---|---|
| 上市财务标准 | （三）发行前股本总额不少于人民币3000万元；上市股份公司股本总额不低于人民币5000万元；公开发行的股份达到公司股份总数的25%以上；公司股本总额超过人民币4亿元的，公开发行股份的比例10%以上；<br>（四）最近一期末无形资产（扣除土地使用权、水面养殖权和采矿权等后）占净资产的比例不高于20%；<br>（五）最近一期末不存在未弥补亏损 | | 市值/收入/现金流标准：<br>（一）预计上市市值不低于20亿港元；<br>（二）最近一年收入不低于5亿港元；<br>（三）前三年累计现金流不低于1亿港元 | | 市值/收入标准：<br>（一）上市前12个月平均市值不低于8.5亿美元；<br>（二）上市前一年的收入不低于9000万美元。<br>资产/股东权益标准：<br>市值不低于1.6亿美元；总资产不低于8000万美元；股东权益不低于5500万美元 | | |

### （三）科创板公开发行信息披露要求

注册制的核心就是“以信息披露为中心”，公开发行时信息披露应当遵循真实性、准确性、完整性、及时性、公平性等原则，而贯彻落实这些原则是科创板试点注册制的核心之一。

《科创板首次公开发行股票注册管理办法（试行）》第四章规定了科创板公开发行信息披露的总体要求，其中包括如下重要规定。

**第三十四条：**发行人申请首次公开发行股票并在科创板上市，应当按照中国证监会制定的信息披露规则，编制并披露招股说明书，保证相关信息真实、准确、完整。信息披露内容应当简明易懂，语言应当浅白平实，以便投资者阅读、理解。中国证监会制定的信息披露规则是信息披露的最低要求。无论上述规则是否有明确规定，凡是对投资者作出价值判断和投资决策有重大影响的信息，发行人均应当予以披露。

**第三十九条：**发行人应当根据自身特点，有针对性地披露行业特点、业务模式、公司治理、发展战略、经营政策、会计政策，充分披露科研水平、科研人员、科研资金投入等相关信息，并充分揭示可能对公司核心竞争力、经营稳定性以及未来发展产生重大不利影响的风险因素。发行人尚未盈利的，应当充分披露尚未盈利的成因，以及对公司现金流、业务拓展、人才吸引、团队稳定性、研发投入、战略性投入、生产经营可持续性等方面的影响。

表2－6详细比较分析了主板和科创板的信息披露规则，不难看出，科创板的信息披露相较主板作了较大改变。首先，科创板新增了信息披露的一般要求——行业信息披露、分阶段披露、自愿信息披露、调整适用等，对上市公司公告文稿的表达提出了更高的要求——语言浅白、简洁易懂。另外，科创板的信息披露审核标准自老三性（真实性、准确性和完整性）转向新三性（充分性、一致性和可理解性），并且增加了责任主体，保荐

表 2－6　主板和科创板的信息披露规则比较

| | 主板 | 科创板 |
|---|---|---|
| 基本原则 | 真实、准确、完整、公平、及时 | 真实、准确、完整、公平、及时 |
| 一般要求 | 无专门章节 | （一）行业信息披露。上市公司应当披露能够充分反映公司业务、技术、财务、公司治理、竞争优势、行业趋势、产业政策等方面的重大信息，充分揭示上市公司的风险因素和投资价值，便于投资者合理决策。<br>（二）分阶段披露。上市公司筹划重大事项，持续时间较长的，应当按照重大性原则，分阶段披露进展情况，及时提示相关风险，不得仅以相关事项结果尚不确定为由不予披露。<br>（三）自愿信息披露。上市公司和相关信息披露义务人认为相关信息可能影响公司股票交易价格或者有助于投资者决策，但不属于本规则要求披露的信息，可以自愿披露。<br>（四）浅白语言。上市公司的公告文稿应当重点突出、逻辑清晰、语言浅白、简明易懂，避免使用大量专业术语、过于晦涩的表达方式和外文及其缩写，避免模糊、模板化和冗余重复的信息，不得含有祝贺、宣传、广告、恭维、诋毁等性质的词语。<br>（五）控股、参股公司信息披露。上市公司合并报表范围内的子公司及其他主体发生本规则规定的重大事项，视同上市公司发生的重大事项，适用本规则。<br>（六）暂缓及豁免披露。上市公司和相关信息披露义务人拟披露的信息属于商业秘密、商业敏感信息的，按照本规则披露或者履行相关义务可能引致不当竞争、损害公司及投资者利益或者误导投资者的，可以按照本所相关规定暂缓或者豁免披露该信息。拟披露的信息被依法认定为国家秘密，按本规则披露或者履行相关义务可能导致其违反境内法律法规或危害国家安全的，可以按照本所相关规定豁免披露 |

续表

| | 主板 | 科创板 |
|---|---|---|
| 一般要求 | | （七）调整适用。上市公司和相关信息披露义务人适用本所相关信息披露要求，可能导致其难以反映经营活动的实际情况、难以符合行业监管要求或者公司注册地有关规定的，可以向本所申请调整适用，但是应当说明原因和替代方案，并聘请律师事务所出具法律意见 |
| 审核标准 | 真实性、准确性、完整性 | 充分性、一致性、可理解性 |
| 责任主体 | 发行人应对其信息披露负责。 | 发行人应对其信息披露负责，保荐人、证券服务机构须对发行人的信息披露承担把关责任 |
| 审核文件 | （一）上市申请书；<br>（二）中国证监会核准其股票首次公开发行的文件；<br>（三）有关本次发行上市事宜的董事会和股东大会决议；<br>（四）营业执照复印件；<br>（五）公司章程；<br>（六）经具有执行证券、期货相关业务资格的会计师事务所审计的发行人最近3年的财务会计报告；<br>（七）首次公开发行结束后发行人全部股票已经中国证券登记结算有限责任公司上海分公司托管的证明文件；<br>（八）首次公开发行结束后，具有执行证券、期货相关业务资格的会计师事务所出具的验资报告 | （一）上市申请书；<br>（二）中国证监会同意注册的决定；<br>（三）首次公开发行结束后发行人全部股票已经中国证券登记结算有限责任公司（以下简称中国结算）上海分公司登记的证明文件；<br>（四）首次公开发行结束后，具有执行证券、期货相关业务资格的会计师事务所出具的验资报告；<br>（五）发行人、控股股东、实际控制人、董事、监事和高级管理人员根据本规则要求出具的证明、声明及承诺；<br>（六）首次公开发行后至上市前，按规定新增的财务资料和有关重大事项的说明（如适用）；<br>（七）本所要求的其他文件 |

续表

| | 主板 | 科创板 |
| --- | --- | --- |
| 审核文件 | （九）关于董事、监事和高级管理人员持有本公司股份的情况说明和《董事（监事、高级管理人员）声明及承诺书》；<br>（十）发行人拟聘任或者已聘任的董事会秘书的有关资料；<br>（十一）首次公开发行后至上市前，按规定新增的财务资料和有关重大事项的说明（如适用）；<br>（十二）首次公开发行前已发行股份持有人，自发行人股票上市之日起一年内持股锁定证明；<br>（十三）第 5.1.5 条所述承诺函；<br>（十四）最近一次的招股说明书和经中国证监会审核的全套发行申报材料；<br>（十五）按照有关规定编制的上市公告书；<br>（十六）保荐协议和保荐人出具的上市保荐书；<br>（十七）律师事务所出具的法律意见书；<br>（十八）本所要求的其他文件 | |

人、证券服务机构须对发行人的信息披露承担把关责任。在增加完善相关准则的同时，科创板减少了 IPO 审核信息披露的文件，从 18 项简化为 7 项，体现出科创板“注册制”的优势及简化发行流程的安排。

（四）科创板上市审核与发行注册程序

针对科创板试点注册制，上交所创新性地提出并创设了科创板三大专门委员会，包括科创板股票上市委员会（以下简称“上市委”）、科技创新咨询委员会（以下简称“咨询委员会”）和科创板股票公开发行自律委员会（以下简称“自律委员会”）。上市委、咨询委员会和自律委员会奠定了上交所试点注册制的核心审核组织架构。

根据《上海证券交易所科创板股票发行上市审核规则》《上海证券交易所科创板股票上市委员会管理办法》《上海证券交易所科技创新咨询委员会工作规则》等文件，科创板上市审核与发行注册程序如图 2－2 所示。

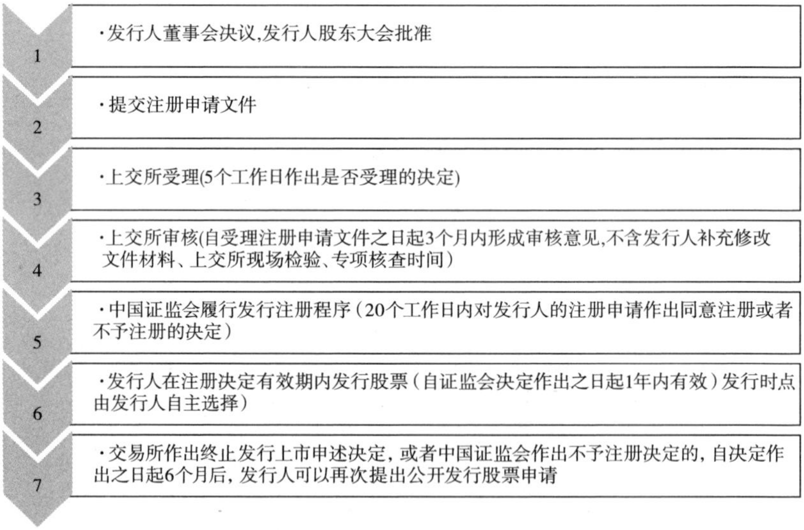


**图 2－2　科创板上市审核与发行注册程序**

其中，在上交所审核阶段，独立的审核部门负责审核发行人公开发行并上市的申请，审核方式一般包括审核问询、发行人回答问题、现场检查和专项检查，咨询委员会为科创板建设和发行上市审核提供专业咨询和政策建议，上市委对审核部门出具的审核报告和发行人的申请文件提出审议意见。如果上交所同意发行，则报送中国证监会履行发行注册程序；如果上交所不同意发行，则作出终止发行上市审核的决定。

在科创板上市制度中，注册制是核心、基础，而持续监管和退市制度则是配套保障机制。注册制理念的核心是信息的披露监管，因此，持续监管在科创板试点注册制中发挥着不可替代的作用。成熟的资本市场是有进有退、优胜劣汰的市场，只有退市制度不断完善，注册制才能有条不紊地推进。下面两节将详细介绍科创板的持续监管和退市制度。

## 第二节 科创板的持续监管

### 一、严格信息披露

除了在上一节中总结的科创板信息披露的总体要求外，科创板强化了对于“关键少数”和“社会责任”的信息披露要求，前者是基于强化公司治理和保护投资者权益的考虑，后者则是立足于对社会带来的影响和公司长期发展。

（一）关键少数信息披露要求

由于科创板服务对象是尚未进入成熟期但具有成长潜力且满足有关规范性及科技型、创新型特征的中小企业，这些企业的股权结构、内控体系尚不完善，控股股东和实际控制人是公司治理中的“关键少数”，对公司未来发展起到重要的甚至是决定性的作用。为了强化公司治理、保护投资者权益，科创板将公司治理中的“关键少数”纳入重点监管领域，强调“发行人及其控股股东、实际控制人、董事、监事和高级管理人员应依法履行信息披露义务，保证信息披露的真实、准确、完整”。

根据《科创板上市公司持续监管办法（试行）》，科创板特别强调了控股股东、实际控制人的行为规范：

第五条　科创公司控股股东、实际控制人应当诚实守信，规范行使权利，严格履行承诺，维持公司独立性，维护公司和全体股东的共同利益。

第九条　控股股东和实际控制人应当积极配合科创公司履行信息披露义务，不得要求或者协助科创公司隐瞒重要信息。

（二）社会责任信息披露要求

在科创板上市的公司业务技术领域复杂，特别是生命科学、人工智能、信息技术、生态环境、新材料等科技创新领域的公司，其对社会的影响范围广、程度大，更应重视履行并披露社会责任，同时，社会责任的积极履行与定期披露也有利于公司的长期发展。因此，科创板重点要求企业遵守科学伦理，履行好环境保护责任、生产及产品安全保障责任、员工权益保障责任，具体要求如表2－7所示。

**表2－7　科创板社会责任信息披露要求**

| 类别 | 具体规定 |
| --- | --- |
| 总体要求 | 上市公司应当积极承担社会责任，维护社会公共利益，并披露保护环境、保障产品安全、维护员工与其他利益相关者合法权益等履行社会责任的情况。<br>上市公司应当在年度报告中披露履行社会责任的情况，并视情况编制和披露社会责任报告、可持续发展报告、环境责任报告等文件。出现违背社会责任重大事项时应当充分评估潜在影响并及时披露，说明原因和解决方案 |
| 环境保护责任 | 上市公司应当将生态环保要求融入发展战略和公司治理过程，并根据自身生产经营特点和实际情况，履行下列环境保护责任：<br>（一）遵守环境保护法律法规与行业标准；<br>（二）制订执行公司环境保护计划；<br>（三）高效使用能源、水资源、原材料等自然资源；<br>（四）合规处置污染物；<br>（五）建设运行有效的污染防治设施；<br>（六）足额缴纳环境保护相关税费；<br>（七）保障供应链环境安全；<br>（八）其他应当履行的环境保护责任事项 |

续表

| 类别 | 具体规定 |
| --- | --- |
| 生产及产品安全保障责任 | 上市公司应当根据自身生产经营模式，履行下列生产及产品安全保障责任：<br>（一）遵守产品安全法律法规与行业标准；<br>（二）建立安全可靠的生产环境和生产流程；<br>（三）建立产品质量安全保障机制与产品安全事故应急方案；<br>（四）其他应当履行的生产与产品安全责任 |
| 员工权益保障责任 | 上市公司应当根据员工构成情况，履行下列员工权益保障责任：<br>（一）建立员工聘用解雇、薪酬福利、社会保险、工作时间等管理制度及违规处理措施；<br>（二）建立防范职业性危害的工作环境与配套安全措施；<br>（三）开展必要的员工知识和职业技能培训；<br>（四）其他应当履行的员工权益保护责任 |
| 科学伦理规范 | 上市公司应当严格遵守科学伦理规范，尊重科学精神，恪守应有的价值观念、社会责任和行为规范，发挥科学技术的正面效应。<br>上市公司应当避免研究、开发和使用危害自然环境、生命健康、公共安全、伦理道德的科学技术，不得从事侵犯个人基本权利或者损害社会公共利益的研发和经营活动。<br>上市公司在生命科学、人工智能、信息技术、生态环境、新材料等科技创新领域开发或者使用创新技术的，应当遵循审慎和稳健原则，充分评估其潜在影响及可靠性 |

资料来源：根据《上海证券交易所科创板股票上市规则（2019 年 4 月修订版）》整理可得。

## 二、持续督导

保荐人作为主要中介机构，必须诚实守信、勤勉尽责，充分了解发行人经营情况和风险，并对发行人的申请文件和信息披露资料进行全面核查验证。压严压实保荐机构责任是实施注册制的重要支撑，科创板上市规则对保荐机构在持续监管中的责任进行了强化和落实，在现有保荐机构和保荐代表人责任的基础上，设置了更为严格的要求。

2019 年 4 月 30 日，上海证券交易所发布《上海证券交易所科创板股票上市规则》，指出为发行人首次公开发行股票提供保荐服务的保荐机构，应当对发行人进行持续督导。首次公开发行股票并在科创板上市的，持续督导期间为股票上市当年剩余时间以及其后 3 个完整会计年度（1 +3），相较主板的 1 +2（上市当年剩余时间以及其后 2 个完整会计年度），科创板延长了持续督导的期限。

（一）保荐代表人的选择

（1）保荐机构应当指定为发行人首次公开发行提供保荐服务的保荐代表人负责持续督导工作，并在上市公告书中予以披露。前述保荐代表人不能履职的，保荐机构应当另行指定履职能力相当的保荐代表人并披露。

（2）保荐机构应当建立健全保荐代表人工作制度，明确保荐代表人的工作要求和职责，建立有效的考核、激励和约束机制。

（二）保荐机构的变更

上市公司原则上不得变更履行持续督导职责的保荐机构。但以下两种情形除外：

（1）因再次发行股票另行聘请保荐机构的，另行聘请的保荐机构应当履行剩余期限的持续督导职责。

（2）保荐机构被撤销保荐资格的，上市公司应当在 1 个月内另行聘请保荐机构，履行剩余期限的持续督导职责。另行聘请的保荐机构持续督导的时间不得少于 1 个完整的会计年度，同时原保荐机构在履行持续督导职责期间未勤勉尽责的，其责任不因保荐机构的更换而免除或者终止。

（三）持续督导职责的具体要求

持续督导职责主要包括信息披露、承诺履行、投资者回报、规范运作、股票交易出现严重异常波动、股份减持、使用募集资金、专项现场核查等方面的责任，具体要求如表 2 –8 所示。主板和创业板持续督导职责主要体现在现场核查、募集资金检查、发表意见出具报告等方面，而科创板细化了对上市公司重大异常情况的督导，督促公司披露重大风险，而且规定保荐机构需对公司重大风险发布督导意见。同时还要求保荐机构定期出具研究报告。这是推进注册制的重要途径，也有利于保护投资者的合法权益。

**表 2－8　持续督导职责的具体要求**

| 相关事项 | 具体要求 |
| --- | --- |
| 信息披露 | 1. 保荐机构、保荐代表人应当持续督促上市公司充分披露投资者作出价值判断和投资决策所必需的信息，并确保信息披露真实、准确、完整、及时、公平。<br>2. 保荐机构、保荐代表人应当对上市公司制作信息披露公告文件提供必要的指导和协助，确保其信息披露内容简明易懂，语言浅白平实，具有可理解性。<br>3. 保荐机构、保荐代表人应当督促上市公司控股股东、实际控制人履行信息披露义务，告知并督促其不得要求或者协助上市公司隐瞒重要信息 |
| 承诺履行 | 1. 上市公司或其控股股东、实际控制人作出承诺的，保荐机构、保荐代表人应当督促其对承诺事项的具体内容、履约方式及时间、履约能力分析、履约风险及对策、不能履约时的救济措施等方面进行充分信息披露。<br>2. 保荐机构、保荐代表人应当针对前款规定的承诺披露事项，持续跟进相关主体履行承诺的进展情况，督促相关主体及时、充分履行承诺。<br>3. 上市公司或其控股股东、实际控制人披露、履行或者变更承诺事项，不符合法律法规、本规则以及本所其他规定的，保荐机构和保荐代表人应当及时提出督导意见，并督促相关主体进行补正 |
| 投资者回报 | 保荐机构、保荐代表人应当督促上市公司积极回报投资者，建立健全并有效执行符合公司发展阶段的现金分红和股份回购制度 |
| 规范运作 | 1. 保荐机构、保荐代表人应当持续关注上市公司运作，对上市公司及其业务有充分了解；通过日常沟通、定期回访、调阅资料、列席股东大会等方式，关注上市公司日常经营和股票交易情况，有效识别并督促上市公司披露重大风险或者重大负面事项。<br>2. 保荐机构、保荐代表人应当核实上市公司重大风险披露是否真实、准确、完整。披露内容存在虚假记载、误导性陈述或者重大遗漏的，保荐机构、保荐代表人应当发表意见予以说明 |
| 股票交易出现严重异常波动 | 上市公司股票交易出现本所业务规则规定的严重异常波动的，保荐机构、保荐代表人应当督促上市公司于次一交易日披露核查公告；无法披露的，应当申请其股票自次一交易日起停牌核查，直至披露核查公告后复牌 |
| 股份减持 | 保荐机构、保荐代表人应当督促控股股东、实际控制人、董事、监事、高级管理人员及核心技术人员履行其作出的股份减持承诺，关注前述主体减持公司股份是否合规、对上市公司的影响等情况 |

续表

| 相关事项 | 具体要求 |
| --- | --- |
| 使用募集资金 | 保荐机构、保荐代表人应当关注上市公司使用募集资金的情况，督促其合理使用募集资金并持续披露使用情况 |
| 专项现场核查 | 上市公司出现下列情形之一的，保荐机构、保荐代表人应当自知道或者应当知道之日起15日内进行专项现场核查：<br>1. 存在重大财务造假嫌疑；<br>2. 控股股东、实际控制人、董事、监事或者高级管理人员涉嫌侵占上市公司利益；<br>3. 可能存在重大违规担保；<br>4. 资金往来或者现金流存在重大异常；<br>5. 上交所或者保荐机构认为应当进行现场核查的其他事项 |

上市公司及相关信息披露义务人出现以下规定事项的，保荐机构、保荐代表人应当督促公司严格履行信息披露义务，并于公司披露公告时，就信息披露是否真实、准确、完整及本章规定的其他内容发表意见并披露（见表2-9）。

**表2-9　保荐机构披露意见的具体类型**

| 事项 | 具体情形 | 意见类型 |
| --- | --- | --- |
| 日常经营 | 1. 主要业务停滞或出现可能导致主要业务停滞的重大风险事件；<br>2. 资产被查封、扣押或冻结；<br>3. 未能清偿到期债务；<br>4. 实际控制人、董事长、总经理、财务负责人或核心技术人员涉嫌犯罪被司法机关采取强制措施；<br>5. 涉及关联交易、为他人提供担保等重大事项；<br>6. 上交所或者保荐机构认为应当发表意见的其他情形 | 相关事项对公司经营的影响以及是否存在其他未披露重大风险 |
| 业务和技术 | 1. 主要原材料供应或者产品销售出现重大不利变化；<br>2. 核心技术人员离职；<br>3. 核心知识产权、特许经营权或者核心技术许可丧失、不能续期或者出现重大纠纷；<br>4. 主要产品研发失败；<br>5. 核心竞争力丧失竞争优势或者市场出现具有明显优势的竞争者；<br>6. 上交所或者保荐机构认为应当发表意见的其他情形 | 相关事项对公司核心竞争力和日常经营的影响，以及是否存在其他未披露重大风险 |

续表

| 事项 | 具体情形 | 意见类型 |
|---|---|---|
| 控股股东、实际控制人及其一致行动人 | 1. 所持上市公司股份被司法冻结；<br>2. 质押上市公司股份比例超过所持股份 80% 或者被强制平仓的；<br>3. 本所或者保荐机构认为应当发表意见的其他情形 | 相关事项对上市公司控制权稳定和日常经营的影响、是否存在侵害上市公司利益的情形以及其他未披露重大风险 |

（四）持续督导期间出具的报告

保荐机构在持续督导期间应当根据相关要求出具现场核查报告、持续督导报告、保荐总结报告书，且出具时间在信息披露的 15 天甚至 10 天以内，报告内容多为投资者密切关注的信息，这为投资者决策提供了很好的参考。具体要求如表 2 – 10 所示。

**表 2 – 10 持续督导期间出具的报告要求**

| 报告类型 | 披露时间 | 报告内容 |
|---|---|---|
| 现场核查报告 | 现场核查结束后 15 个交易日内披露 | 核查情况、提请上市公司及投资者关注的问题、本次现场核查结论等事项 |
| 持续督导跟踪报告 | 上市公司年度报告、半年度报告披露之日起 15 个交易日内 | 1. 保荐机构和保荐代表人发现的问题及整改情况；<br>2. 重大风险事项；<br>3. 重大违规事项；<br>4. 主要财务指标的变动原因及合理性；<br>5. 核心竞争力的变化情况；<br>6. 研发支出变化及研发进展；<br>7. 新增业务进展是否与前期信息披露一致（如有）；<br>8. 募集资金的使用情况及是否合规；<br>9. 控股股东、实际控制人、董事、监事和高级管理人员的持股、质押、冻结及减持情况；<br>10. 本所或者保荐机构认为应当发表意见的其他事项；<br>11. 上市公司未实现盈利、业绩由盈转亏、营业收入与上年同期相比下降 50% 以上或者其他主要财务指标异常的，保荐机构应当在持续督导跟踪报告显著位置就上市公司是否存在重大风险发表结论性意见 |

续表

| 报告类型 | 披露时间 | 报告内容 |
| --- | --- | --- |
| 保荐总结报告书 | 持续督导工作结束后，在上市公司年度报告披露之日起的10个交易日内 | 1. 上市公司的基本情况；<br>2. 保荐工作概述；<br>3. 履行保荐职责期间发生的重大事项及处理情况；<br>4. 对上市公司配合保荐工作情况的说明及评价；<br>5. 对证券服务机构参与证券发行上市、持续督导相关工作情况的说明及评价；<br>6. 对上市公司信息披露审阅的总结性意见；<br>7. 对上市公司募集资金使用审阅的结论性意见；<br>8. 中国证监会和上交所要求的其他事项 |

# 第三节 退市制度

## 一、我国退市制度历史沿革

中国证券市场的退市制度最早可以追溯到1994年，但真正意义上的实施是从2001年开始的，因此，中国退市制度的建立和完善可以分为以下四个阶段：

### （一）初设阶段（1994—2000年）

1990年，上交所和深交所先后成立，中国证券市场逐渐起步，当时政策制定的重点在于市场准入限制和交易业务的监管，建立退市制度的需要不紧迫。虽然1994年公布的公司法中第一百五十七条[①]和第一百五十八条[②]规定了终止上市的标准，但终究只是一个原则性的概括，并未给出具

① 公司法第一百五十七条规定，上市公司有下列情形之一的，由国务院证券管理部门决定暂停其股票上市：（一）公司股本总额、股权分布等发生变化不再具备上市条件；（二）公司不按规定公开其财务状况，或者对财务会计报告作虚假记载；（三）公司有重大违法行为；（四）公司最近三年连续亏损。

② 公司法第一百五十八条规定："上市公司有前条第（二）项、第（三）项所列情形之一经查实后果严重的，在限期内未能消除，不具备上市条件的，由国务院证券管理部门决定终止其股票上市。"

体的参考标准。同样的，1999 年实施的《证券法》第四十九条①也缺乏实际操作性，故而这 7 年时间中，虽然立法先行，但法律备而不用，只有一家公司琼民源 A 因证券置换而退市。

（二）确立阶段（2001—2004 年）

进入 21 世纪后，随着证券市场的发展、上市公司数量的增加，国家开始重视证券市场退市制度的建立。2001 年 2 月，证监会发布《亏损上市公司暂停上市和终止上市实施办法》，首次对上市公司的退市标准和退市流程进行了规定，具有实际操作性，上交所，深交所也随之更改了相关内容。2001 年，PT 水仙因连续三年亏损被强制退市，这是中国退市制度发展的重要突破。这一阶段，“连续亏损”成为上市公司强制退市的主要原因。

（三）细化阶段（2005—2011 年）

2005 年 10 月修订了公司法和证券法，退市制度转为证券法规定。证券法第五十五条②和第五十六条③规定了股票暂停上市和终止上市的情形，增添了解散或破产、不能依法披露财务报告等新标准，并赋予证券交易所暂停或终止上市的决定权。但是许多面临退市风险的公司，并未实质地改善公司情况，而是通过政府补贴和转换主营业务的方法，使公司形式地达

① 证券法第四十九条规定，上市公司丧失公司法规定的上市条件的，其股票依法暂停上市或者终止上市。

② 第五十五条，上市公司有下列情形之一的，由证券交易所决定暂停其股票上市交易：（一）公司股本总额、股权分布等发生变化不再具备上市条件；（二）公司不按照规定公开其财务状况，或者对财务会计报告作虚假记载，可能误导投资者；（三）公司有重大违法行为；（四）公司最近三年连续亏损；（五）证券交易所上市规则规定的其他情形。

③ 第五十六条，上市公司有下列情形之一的，由证券交易所决定终止其股票上市交易：（一）公司股本总额、股权分布等发生变化不再具备上市条件，在证券交易所规定的期限内仍不能达到上市条件；（二）公司不按照规定公开其财务状况，或者对财务会计报告作虚假记载，且拒绝纠正；（三）公司最近三年连续亏损，在其后一个年度内未能恢复盈利；（四）公司解散或者被宣告破产；（五）证券交易所上市规则规定的其他情形。

到恢复上市的条件。

（四）改革阶段（2012 年至今）

在此阶段，2012 年、2014 年和 2018 年先后进行了三次改革。2012 年深交所、上交所先后修改并发布了交易所上市公司的退市制度，将退市标准细化为四大类指标——财务类指标、交易类指标、合法合规类指标和主体资格存续指标。

2014 年证监会发布《关于改革完善并严格实施上市公司退市制度的若干意见》（以下简称《退市意见》），明确规定了主动退市和强制退市制度，这是我国证券市场退市制度发展的重要里程碑。《退市意见》使得退市指标多元化，综合考虑信息披露、股本总额、持股比例、成交量、收盘价、净利润、净资产、营业收入、审计意见类型等指标。

2018 年也是退市制度完善发展的重要时期。2018 年 7 月证监会发布了《关于修改〈关于改革完善并严格实施上市公司退市制度的若干意见〉的决定》，明确了涉及国家安全、公共安全、生态安全、生产安全和公众健康安全等领域的重大违法行为的退市，表达出严格执行不满足交易标准要求的强制退市的决心。2018 年 11 月，上交所、深交所公布了《重大违法强制退市实施办法》，其中第二条①再次明确和完善了重大违法退市的情况，同时将重大违法的暂停上市时间缩短为 6 个月，并且规定，因欺诈发行而退市的上市公司不得重新上市。

2019 年《上海证券交易所科创板股票上市规则》严格了科创板企业的退市制度，此部分具体内容见本节第三部分。

---

① 第二条，本办法所称重大违法强制退市，包括下列情形：（一）上市公司存在欺诈发行、重大信息披露违法或者其他严重损害证券市场秩序的重大违法行为，且严重影响上市地位，其股票应当被终止上市的情形；（二）上市公司存在涉及国家安全、公共安全、生态安全、生产安全和公众健康安全等领域的违法行为，情节恶劣，严重损害国家利益、社会公共利益，或者严重影响上市地位，其股票应当被终止上市的情形。

## 二、主板退市制度

随着相关法律的不断发布与修订，我国 A 股市场的退市制度也随之发展与完善。目前我国 A 股市场的退市方式主要有主动退市和强制退市。

### （一）退市标准

主动退市是指上市公司权衡维持上市地位的成本和收益，比较在不同层次证券市场的优缺点，或者为了公司的长期健康发展，可以按照证券法和所在交易所的规定，实现主动退市。主动退市可以分为以下三种模式：上市公司主动申请退市、上市公司回购或收购股票、上市公司因合并或解散而退市。证监会具体给出了 7 种退市情形，如表 2－11 所示。

**表 2－11　上市公司主动退市的 7 种情形**

| 模式 | 主动退市具体情形 |
|---|---|
| 主动申请 | 1. 上市公司在履行必要的决策程序后，主动向证券交易所提出申请，撤回其股票在该交易所的交易，并决定不再在交易所交易 |
| | 2. 上市公司在履行必要的决策程序后，主动向证券交易所提出申请，撤回其股票在该交易所的交易，并转而申请在其他交易场所交易或者转让 |
| 回购/收购 | 3. 上市公司向所有股东发出回购全部股份或者部分股份的要约，导致公司股本总额、股权分布等发生变化不再具备上市条件，其股票按照证券交易所规则退出市场交易 |
| | 4. 上市公司股东向所有其他股东发出收购全部股份或者部分股份的要约，导致公司股本总额、股权分布等发生变化不再具备上市条件，其股票按照证券交易所规则退出市场交易 |
| | 5. 除上市公司股东外的其他收购人向所有股东发出收购全部股份或者部分股份的要约，导致公司股本总额、股权分布等发生变化不再具备上市条件，其股票按照证券交易所规则退出市场交易 |
| 合并/解散 | 6. 上市公司因新设合并或者吸收合并，不再具有独立主体资格并被注销，其股票按照证券交易所规则退出市场交易 |
| | 7. 上市公司股东大会决议解散，其股票按照证券交易所规则退出市场交易 |

强制退市是指上市公司因不满足相关标准或出现重大违法行为，并非出于公司自身的意愿，而被交易所和监管部门被动退市的情况。强制退市可以具体分为四种模式：出现重大违法行为、不满足交易标准、不满足财务指标的标准和证监会规定的其他情况。强制退市的大体情形如表 2－12 所示。

**表 2－12　上市公司强制退市的大体情形**

| 模式 | 强制退市大体情形 |
| --- | --- |
| 违法行为 | 1. 上市公司欺诈发行 |
| | 2. 上市公司重大信息披露违法 |
| | 3. 上市公司其他涉及国家安全、公共安全、生态安全、生产安全和公众健康安全等领域的重大违法行为 |
| 不满足交易标准 | 1. 上市公司不满足关于股本总额、股权分布的退市指标：社会公众持股比例不足公司股份总数 25%；股本总额超过人民币 4 亿元，社会公众持股比例不足公司股份总数 10% |
| | 2. 上市公司不满足关于股票成交量的退市指标：一定期限内股票累计成交量低于交易所规定的最低限额，股票流动性严重不足 |
| | 3. 上市公司不满足关于股票市值的退市指标：公司股票连续 20 个交易日（不含停牌交易日）每日收盘价均低于股票面值 |
| 不满足财务状况 | 1. 上市公司不满足关于公司净利润、净资产、营业收入、审计意见类型的退市指标 |
| | 2. 上市公司不满足关于未在规定期限内依法如实披露的退市指标 |
| 其他规定情况 | 1. 上市公司被暂停上市后，未能在规定期限内恢复上市 |
| | 2. 上市公司被法院宣告破产 |
| | 3. 证券交易所规定的其他情形 |

### （二）退市流程

我国 A 股上市公司主动退市的流程如图 2－3 所示，大致可以分为内部决策阶段和外部申请决定阶段。在内部决策阶段，上市公司应充分披露公司退市的原因以及退市后的发展战略，独立董事应基于披露的信息，权衡利益相关者意见后公布独立意见。随后在召开的股东大会上，如果经过出席会议并拥有表决权的2/3以上的股东和2/3以上的中小股东通过，则上市公司可以作出终止上市的决议，随后进入外部申请决定阶段。上市公司应在规定期限内（15个交易日），向所在的证交所提出退市申请。证交所根据提交材料和对公司状况的考量，作出是否受理的决定。如果受理退市申请，证交所会从保护投资者权益和审查退市程序是否合规两个角度出发，最终公平公正公开地作出是否同意其申请的决定。

我国A股上市公司强制退市的流程如图2－4所示，可以大致分为风险警示、暂停上市和终止上市三个阶段。若上市公司出现重大违法行为，则证交所依法暂停上市、终止上市。当上市公司触发非违法类退市标准（交易或财务标准）时，证交所对上市公司进行风险警示。如果公司在证交所规定的期限内仍不能达到规定，则证交所对其作出暂停上市的决定；同理，若公司在规定期限内仍不能达到上市条件，则证交所应当严格依法，按照“出现一家、退市一家”的原则，作出终止上市的决定。相反地，如果在规定期限内，上市公司通过实质性整改，能够达到规定条件，则可以申请撤销警示、恢复上市或者重新上市。

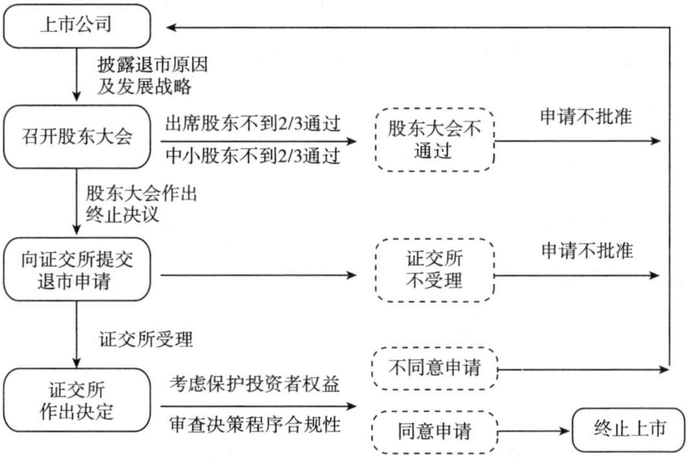


**图2－3 A股主动退市流程**

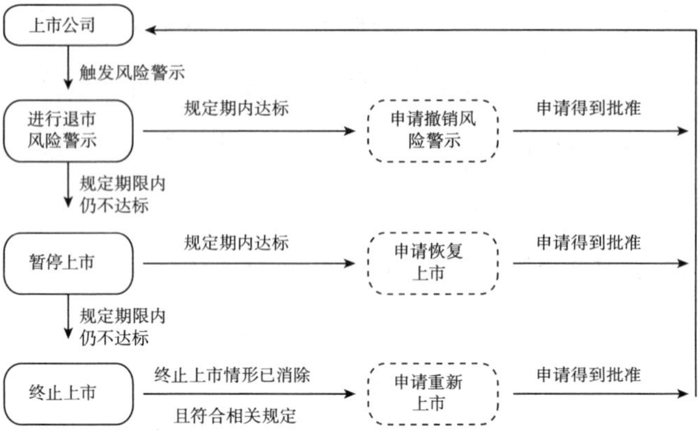


**图 2－4　A 股强制退市流程**

（三）配套制度

我国 A 股上市公司退市的相关配套制度主要包括保护投资者利益、退市后去向、重新上市的规定等。

在保护投资者利益方面，主要包括退市前的信息披露制度、退市过程中限制相关主体的股份减持行为、退市后尽可能进行偿付的机制。

关于退市后股票交易流向，首先，证券交易所为强制退市的公司设置“退市整理期”，即在上市公司真正退市前预留出 30 个交易日的时间，公司的股票进入退市整理板（或风险警示板）进行交易。其次，在 A 股退市的上市公司可以选择在新三板挂牌，或者在规定的间隔期届满后申请重新上市，证交所可以根据当初退市的具体原因不同作出差异化安排。

（四）实施现状

总体说来，我国 A 股市场的退市公司数量及退市率都低于成熟市场的水平。2001—2018 年，我国 A 股退市公司的数量达 99 家，强制退市 55 家，平均每年退市 5.5 家上市公司、强制退市 3 家上市公司；但是上市公司总数却不断增加到 3584 家，平均退市率和强制退市率仅为 0.33% 和 0.2%，从未超过 1% 水平（见图 2－5）。分阶段来看，2001—2007 年，我国处于股权分置改革和股票市场迅速发展的阶段，我国对于上市公司的监管较为严格，再加上 2001 年和 2005 年相关退市制度的完善，因此在这一阶段退市的公司数量较多；而在 2007 年以后，伴随着 A 股上市公司数量的不断增加，A 股退市的公司数量却大幅下降，甚至在 2008—2012 年出现连续五年零强制退市的现象，一方面的原因是退市标准难以操作，但最主要的原因是地方政府为了促进经济增长，而不惜通过政府补贴和相关权力将劣质上市公司强行留在 A 股市场；2012 年以后，随着股票发行由核准制向注册制改革，国家开始重视 A 股退市制度的完善，特别是伴随着 2012 年、2014 年和 2018 年的三次改革，退市的标准变得更加清晰和可操作，A 股市场退市的执行力度加强，但运行效率低，仍未充分发挥优胜劣汰的作用。

通过图 2－6 的对比发现，美股市场的退市执行力度最强，港股次之，A 股最弱。近 5 年来，美股市场年均退市公司为 295 家，而港股年均 11 家，A 股年均只有 4 家；同时，近 5 年来，美股市场的平均退市率为 6.24%，远高于港股的 0.59% 和 A 股的 0.14%。国际上成熟资本市场的退市率在5%～10% 左右，如纽交所平均退市率在 6% 左右，伦敦证券交易所和纳斯达克资本市场退市率高达 10%，但中国 A 股市场退市率却从未超过 1%。

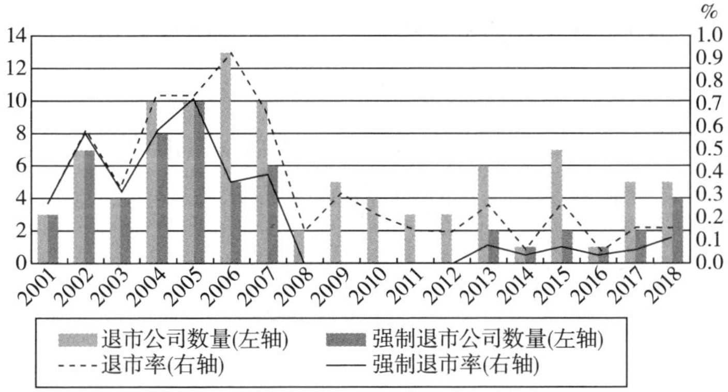


**图 2－5　2001—2018 年退市公司数量及退市率**

资料来源：Wind 资讯。

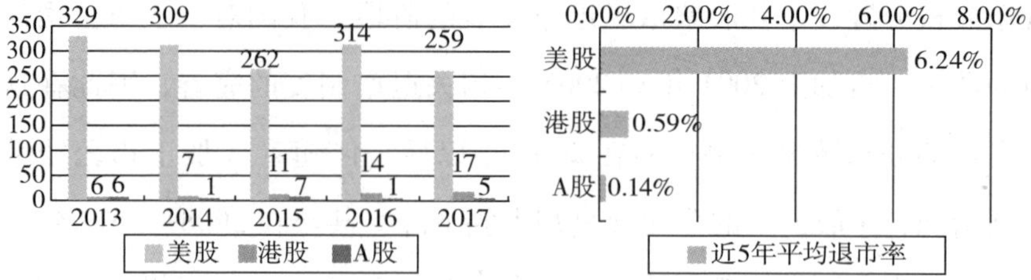


**图 2-6　A 股、港股、美股退市公司数量及退市率对比①**

（五）标志性退市事件

（1）PT 水仙：首例中国证券市场退市

PT 水仙，原名水仙电器，是最早的一批在上交所上市的电器公司，主营洗衣机业务，最辉煌的时候占据了洗衣机市场的 10%，并先后在 A 股和 B 股上市。但 1995 年以后，水仙电器经营业绩开始下滑，且亏损程度大幅增加，1997—1999 年连续三年亏损后，上交所对其实施“特别处理”，水仙电器暂停上市，公司更名为 ST 水仙。ST 水仙意识到仅凭自身无法转亏为赢，转而走上重组之路，上交所对其实施“特别转让”，公司更名为 PT 水仙。但遗憾的是，PT 水仙并没有找到合适的重组企业，多次重组尝试未果，且 2001 年公司公布的 2000 年年报并未扭转之前亏损的局面，最后 2001 年 4 月 23 日，PT 水仙被终止上市，这是我国证券市场上第一例强制退市。

（2）退市博元：首例重大信息披露违法强制退市

退市博元，原名 * ST 博元，是我国 A 股市场上第一家异地上市的公司。在发展期间，公司经历了多次控股股东的更换，多次濒临退市境地却又能起死回生，被称为“不死鸟”。在勋达投资控股期间，勋达投资对股东作出了关于盈利和分配的公开承诺——普通股股东两年累计净利

① 资料来源：海通证券研究所的研究报告《吐故方能纳新——中美港退市制度比较》。

润≥1 亿元的承诺，但实际净利润与承诺相差超过 5 亿元，且勋达投资并未履行当初的承诺。随后，华信泰替代勋达投资成为新一任的控股股东，承诺履行当初的赔偿义务，但实际仅向股东支付了 3000 万元的赔偿款项。最为致命的是，公司在 2011 年 4 月发布了虚假公告，欺骗广大投资者补偿款项已全部偿还，在 2011—2014 年，为了弥补第一个谎言，公司多次进行金融票据的伪造、财务造假和信息的虚假披露。最终，在立案调查后，2015 年 3 月 26 日证监会将 * ST 博元移送公安机关，一年的暂停上市后，* ST 博元在 2016 年 3 月 21 日被上交所终止上市。* ST 博元是 2014 年退市新规颁布之后，我国 A 股市场首家因为重大信息披露违法而被强制退市的公司。

（3）欣泰退：首例欺诈发行退市

欣泰退，原名欣泰电气，是一家设计和生产变电设备的公司。2011 年 3 月，欣泰电气首次 IPO 因“持续盈利能力不足”失败，要想成功上市，必须解决当前公司“经营现金流匮乏、应收账款过大”的缺陷。但是欣泰电气没有从自身问题出发，而是伪造了各种应收账款回收的凭证，通过虚假的数据和凭证，美化其财务报表，试图达到迅速上市的目的。尽管 2014 年欣泰电气成功上市，但终究纸包不住火，2015 年 7 月证监会经过审查发现其财报造假的事实，对其立案调查。2016 年 9 月 22 日，深交所宣布将欣泰电气强制退市，并且不允许其重新上市。欣泰退是我国 A 股市场第一家因欺诈发行而强制退市的公司，为其他想要违法上市的公司敲响了警钟。

（4）中弘退：首例面值退市

“一元退市”规则是指如果上市公司连续 20 个交易日的每日收盘价都低于 1 元，则该公司会被强制退市，“一元退市”实质是在市场机制的作用下，上市公司“物竞天择，适者生存”的体现。

2010年3月，中弘股份借壳“＊ST科苑”上市。2018年8月15日后，中弘股份第一次收盘价低于面值1元，随后围绕1元上下波动，从9月13日至10月18日，中弘股份连续20个交易日的收盘价均在1元以下。2018年11月8日，深交所决定对中弘股份终止上市。2018年12月28日，中弘股份最终从A股市场退市，成为我国历史上第一家面值退市的公司（见图2-7）。

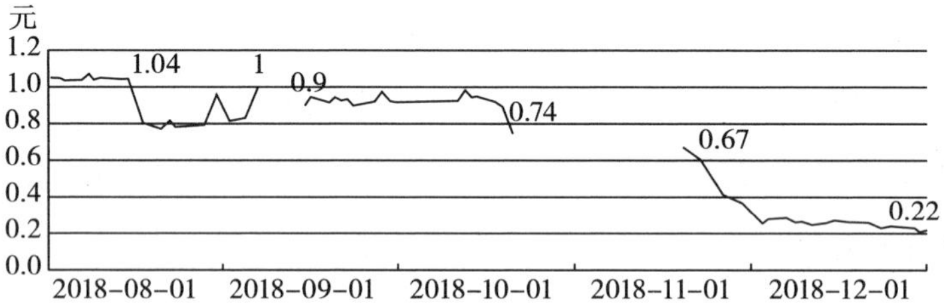


**图2-7　2018-08-01至2018-12-27中弘退收盘价①**

（5）＊ST长生：首例重大违法退市

＊ST长生，原名长生生物，主营业务是研制、生产和销售疫苗。2017年11月，长生生物制造了一批不合规的百白破疫苗，被食药监总局通报批评并勒令其追回流向社会的不合规疫苗，这件事情拉响了医药安全的警报，并大大损害了长生生物的公司形象。但时隔不到一年，2018年7月中旬，国家药监局再次对长生生物违法违规生产疫苗进行通报，狂犬病疫苗造假事件一经通报，引起舆论一片哗然。由于假疫苗事件影响深远且严重地危害了公众健康安全，2018年7月23日，证监会对长生生物立案调查，11月5日，证交所对其实施风险警示处理，同月16日，深交所根据《上市公司重大违法强制退市实施办法》，对＊ST长生强制退市处理。

这是中国A股有史以来第一次因危害公众健康安全而被迅速地强制退市的一家公司，惩罚力度之大、实施惩罚之快，也反映出监管部门对于此

① 资料来源：Wind资讯。

类重大违法行为的容忍度之低。这次 * ST 长生的退市，不仅仅是对该公司的严惩，也是国家和监管部门对于资本市场伦理底线的一次重申。

## 三、科创板从严退市

成熟的资本市场是有进有退、优胜劣汰的动态市场，科创板试点注册制，在降低进入门槛的同时，更应降低退出难度、加速退市流程。再加上在科创板上市的企业多为初创期的科技创新型企业，实力参差不齐，从严退市也有利于提高科创板企业整体的质量。科创板建立了比以往更为严格的退市制度，重点体现在标准更严、程序更严和执行更严三个方面。下面主要从目标公司、退市程序、退市标准、配套机制等方面进行梳理。

### （一）目标公司

《科创板股票上市规则（征求意见稿）》起草说明指出，科创板退市安排主要聚焦于两类公司：一类是存在财务欺诈等重大违法行为的公司，另一类是丧失持续经营能力且恢复无望的主业“空心化”公司。

### （二）退市程序

（1）简化退市环节

借鉴美国、中国香港等境外成熟市场有关退市制度的安排，简化退市环节，取消暂停上市和恢复上市程序，对应当退市的企业直接终止上市，避免重大违法类、主业“空心化”的企业长期滞留市场，扰乱市场预期和定价机制。

（2）压缩退市时间

触及财务类退市指标的公司，第一年实施退市风险警示，第二年仍然触及将直接退市，退市时间较现行标准大幅缩短。不再设置专门的重新上市环节，退市企业符合科创板上市条件的，可以按照股票发行上市注册程序和要求提出申请、接受审核，但因重大违法强制退市的企业，不得提出新的发行上市申请，永久退出市场。

（三）退市标准

科创板将退市情形具体分为重大违法退市、交易类强制退市、财务类强制退市、规范类强制退市四种，并优化了退市指标体系。具体规定如表2-13所示。

**表2-13　四大退市情形规定**

| 退市情形 | 具体规定 |
|---|---|
| 重大违法退市 | 本规则所称重大违法强制退市，包括下列情形：<br>（一）上市公司存在欺诈发行、重大信息披露违法或者其他严重损害证券市场秩序的重大违法行为，且严重影响上市地位，其股票应当被终止上市的情形；<br>（二）上市公司存在涉及国家安全、公共安全、生态安全、生产安全和公众健康安全等领域的违法行为，情节恶劣，严重损害国家利益、社会公共利益，或者严重影响上市地位，其股票应当被终止上市的情形 |
| 交易类强制退市 | 上市公司出现下列情形之一的，本所决定终止其股票上市：<br>（一）通过本所交易系统连续120个交易日实现的累计股票成交量低于200万股；<br>（二）连续20个交易日股票收盘价均低于股票面值；<br>（三）连续20个交易日股票市值均低于3亿元；<br>（四）连续20个交易日股东数量均低于400人；<br>（五）本所认定的其他情形 |
| 财务类强制退市 | 上市公司出现下列情形之一，明显丧失持续经营能力，达到本规则规定标准的，本所将对其股票启动退市程序：<br>（一）主营业务大部分停滞或者规模极低；<br>（二）经营资产大幅减少导致无法维持日常经营；<br>（三）营业收入或者利润主要来源于不具备商业实质的关联交易；<br>（四）营业收入或者利润主要来源于与主营业务无关的贸易业务；<br>（五）其他明显丧失持续经营能力的情形。<br>上市公司出现下列情形之一的，本所对其股票实施退市风险警示：<br>（一）最近一个会计年度经审计的扣除非经营性损益之前或者之后的净利润（含被追溯重述）为负值，且最近一个会计年度经审计的营业收入（含被追溯重述）低于1亿元；<br>（二）最近一个会计年度经审计的净资产（含被追溯重述）为负值；<br>（三）本所认定的其他情形 |

续表

| 退市情形 | 具体规定 |
| --- | --- |
| 规范类强制退市 | 上市公司出现下列情形之一的，本所对其股票实施退市风险警示：<br>（一）因财务会计报告存在重大会计差错或者虚假记载，被中国证监会责令改正但公司未在规定期限内改正，此后公司在股票停牌2个月内仍未改正；<br>（二）未在法定期限内披露年度报告或者半年度报告，此后公司在股票停牌2个月内仍未披露；<br>（三）因信息披露或者规范运作等方面存在重大缺陷，被本所责令改正但公司未在规定期限内改正，此后公司在股票停牌2个月内仍未改正；<br>（四）因公司股本总额或股权分布发生变化，导致连续20个交易日不再具备上市条件，此后公司在股票停牌1个月内仍未解决；<br>（五）最近一个会计年度的财务会计报告被会计师事务所出具无法表示意见或者否定意见的审计报告；<br>（六）公司可能被依法强制解散；<br>（七）法院依法受理公司重整、和解和破产清算申请；<br>（八）本所认定的其他情形 |

资料来源：根据《上海证券交易所科创板股票上市规则（2019年4月修订版）》整理可得。

表2－14分析了主板和创业板退市制度的交易指标和财务指标，结合表2－13中科创板的规定，不难看出，科创板的交易类指标新增市值类退市指标；而财务类指标新增“明显丧失持续经营能力”的定性标准，同时不再适用单一的连续亏损退市指标，引入扣非净利润指标，这使得科创板的退市制度更为细化严格。

**表2－14　主板和创业板退市比较**

| 指标 | 主板退市规定 | 创业板退市规定 |
| --- | --- | --- |
| 交易指标 | （一）发行A股股票的上市公司连续120个交易日（不包含公司股票停牌日，下同）实现的累计股票成交量低于500万股，或者连续20个交易日的每日股票收盘价均低于股票面值；<br>（二）发行B股股票的上市公司连续120个交易日实现的累计股票成交量低于100万股，或者连续20个交易日的每日股票收盘价均低于股票面值；<br>（三）上市公司股东数量连续20个交易日（不含公司首次公开发行股票上市之日起的20个交易日和公司股票停牌日）每日均低于2000人 | （一）连续120个交易日累计股票成交量低于100万股；<br>（二）连续20个交易日股权分布或股东人数不符合上市条件；<br>（三）公司股票连续20个交易日每日收盘价均低于每股面值 |

续表

| 指标 | 主板退市规定 | 创业板退市规定 |
|---|---|---|
| 财务指标 | （一）最近两个会计年度经审计的净利润连续为负值或者被追溯重述后连续为负值；<br>（二）最近一个会计年度经审计的期末净资产为负值或者被追溯重述后为负值；<br>（三）最近一个会计年度经审计的营业收入低于1000万元或者被追溯重述后低于1000万元；<br>（四）最近一个会计年度的财务会计报告被会计师事务所出具无法表示意见或者否定意见的审计报告 | （一）最近三年连续亏损（以最近三年的年度财务会计报告披露的当年经审计净利润为依据）；<br>（二）最近一个年度的财务会计报告显示当年年末经审计净资产为负；<br>（三）最近两个年度的财务会计报告均被注册会计师出具否定或者无法表示意见的审计报告 |

### （四）配套机制

科创板也设置了必要的救济安排：

（1）保留退市整理期

同主板一样，科创板公司退市整理期的交易期限为30个交易日。公司股票在退市整理期内全天停牌的，停牌期间不计入退市整理期，但停牌天数累计不超过5个交易日。

上市公司股票进入退市整理期的，公司及相关信息披露义务人仍应当积极履行信息披露及相关义务，提示投资者注意相关风险。上市公司应当于退市整理期的第1天，发布公司股票已被上交所作出终止上市决定的风险提示公告，说明公司股票进入退市整理期的起始日和终止日等事项。

科创板上市公司应当在退市整理期前25个交易日内，每5个交易日发布一次股票将被终止上市的风险提示公告，在最后5个交易日内每日发布一次股票将被终止上市的风险提示公告。

退市整理期届满后5个交易日内，上交所对公司股票予以摘牌，公司股票终止上市，并转入股份转让场所挂牌转让。公司应保证股票在摘牌之日起45个交易日内可以挂牌转让。

（2）听证和复核程序

上市公司收到本所发出的终止上市事先告知书后，可以在 5 个交易日内，以书面形式向本所提出听证要求，并载明具体事项及理由。上市委员会组织召开听证和审议期间，可以要求上市公司、保荐机构和证券服务机构提供补充材料。

科创板完善了听证和复核程序，以充分保障上市公司的申辩权利，免严格退市对被动“触线”的好公司造成“误伤”。

科创板的退市制度在标准、程序、执行方面都更加严格，这对上市企业的质量与规范运行提出了更大的挑战。首先，扣非净利润为负成为科创板退市指标后，上市企业无法通过出售资产等与正常经营业务不相关的交易来实现保壳；其次，科创板进一步完善了交易类退市指标，市场对于企业“优胜劣汰”的效应会更加明显；最后，科创板增加信息披露或者规范运作存在重大缺陷等合规性退市指标，这将促使上市公司在信息披露与经营运作上更为规范，也将推进注册制的实施。

我国目前主板市场仍然存在退市难的问题，而科创板退市制度的出台，体现出了“宽进严出”的执行理念，我们期待最严退市制度能够真正实现执行最严，并与注册制紧密配合，真正使科创板成为特色鲜明、进退有序的新市场，实现构建多层次资本市场体系的目的。

第三章

# 科创板发行与承销制度分析

2019年1月28日，证监会发布《关于在上海证券交易所设立科创板并试点注册制的实施意见》，指出要构建市场化发行承销机制。科创板市场新股发行价格、规模、节奏主要通过市场化方式决定，强化市场约束。对新股发行定价不设限制，建立以机构投资者为参与主体的询价、定价、配售等机制，充分发挥机构投资者专业能力。试行保荐人相关子公司"跟投"制度。支持科创板上市公司引入战略投资者，科技创新企业高管、员工可以参与战略配售，发挥好超额配售选择权制度的作用，促进股价稳定。加强对定价承销的事中、事后监管，建立上市后交易价格监控机制，约束非理性定价。制定合理的科创板上市公司股份锁定期和减持制度安排。

随着科创板建设进程的推进，2019年3月1日，证监会出台《科创板首次公开发行股票注册管理办法（试行）》，同时，上交所颁布发行与承销配套业务规则文件《上海证券交易所科创板股票发行与承销实施办法》，4月16日又出台了《上海证券交易所科创板股票发行与承销业务指引》。从一系列规则文件的出台可以看出，科创板充分发挥了机构投资者的专业能力，进一步完善了市场化发行与承销机制（见表3－1）。本章后面的内容将对科创板IPO发行与承销机制方面的规则进行解读。

**表3－1　科创板发行与承销相关文件名录**

| | |
|---|---|
| **证监会** | |
| 2018.6.15 | 《证券发行与承销管理办法》（2013年10月8日中国证券监督管理委员会第11次主席办公会议审议通过，根据2014年3月21日、2015年12月30日、2017年9月7日、2018年6月15日中国证券监督管理委员会《关于修改〈证券发行与承销管理办法〉的决定》修订） |
| 2019.1.28 | 《关于在上海证券交易所设立科创板并试点注册制的实施意见》 |
| 2019.3.1 | 《科创板首次公开发行股票注册管理办法（试行）》 |
| **上海证券交易所** | |
| 2019.3.1 | 《上海证券交易所科创板股票发行与承销实施办法》 |
| 2019.4.16 | 《上海证券交易所科创板股票发行与承销业务指引》 |
| 2019.4.30 | 《上海证券交易所科创板股票上市规则》 |

## 第一节 科创板发行与承销相关规定

《上海证券交易所科创板股票发行与承销实施办法》和《上海证券交易所科创板股票发行与承销业务指引》制定和规范了科创板股票发行与承销业务的基本规则，针对网下询价参与者的条件和报价要求、网下初始配售比例、网下网上回拨机制、向战略投资者配售和超额配售选择权等事项作出差异化安排，以更好地满足科创板股票发行上市的投融资需求。

在 IPO 进程中，申请文件获得证监会的核准或同意是前提，之后公司便可以进一步进行 IPO 发行上市工作，不同板块对发行工作的进度也有着不同的规定，主板与中小板核准文件有效期为六个月，而创业板的核准文件有效期为十二个月，科创板的注册决定有效期也为十二个月，这就意味着发行企业在发行方面具有了更大的自由裁量空间，可以提前为未来的股权融资作准备（见表 3－2）。

**表 3－2　IPO 核准文件的有效期**

| | 主板、中小板 | 创业板 | 科创板 |
|---|---|---|---|
| 规定 | 自中国证监会核准发行之日起，发行人应在 6 个月内发行股票；超过 6 个月未发行的，核准文件失效，须重新经中国证监会核准后方可发行 | 发行人应当自中国证监会核准之日起十二个月内发行股票，发行时点由发行人自主选择；超过十二个月未发行的，核准文件失效，须重新经中国证监会核准后方可发行 | 中国证监会同意注册的决定自作出之日起 1 年内有效，发行人应当在注册决定有效期内发行股票，发行时点由发行人自主选择 |
| 来源 | 《首次公开发行股票上市管理办法》 | 《首次公开发行股票并在创业板上市管理办法》 | 《科创板首次公开发行股票注册管理办法（试行）》 |

**表 3－3　发审委通过审核日到首发上市日平均间隔（天）**

| 板块 | 家数 | IPO 发审委通过审核日到首发上市日平均间隔/天 |
|---|---|---|
| 主板 | 692 | 106. 3425 |
| 中小板 | 924 | 132. 9426 |
| 创业板 | 769 | 166. 6047 |
| 科创板 | 28 | 35. 60714 |

从不同板块 A 股上市公司自 IPO 发审委通过审核公告日到首发上市日之间的平均间隔来看，主板平均间隔为 106 天，中小板为 132 天，平均来看都在通过发审委审核后的半年内完成发行成功上市，而创业板平均间隔略高于两板，为 166 天，基本在规定的十二个月内完成发行，而科创板目前刚刚起步，已有通过审核的 28 家公司成功发行上市，平均间隔为 35 天（见表 3－3）。

发行人获得证监会核准发行后，便可以按照规定一步步实施发行程序，包括材料报送、询价、定价、配售等阶段，同时也要注意在特殊情况下需要中止发行（见表 3－4）。

表 3-4 科创板股票发行程序梳理

| 发行程序 | 具体内容 |
|---|---|
| 报送材料 | 发行人和主承销商向上交所报备发行与承销方案，应当包括发行方案、初步询价公告、投资价值研究报告、战略配售方案（如有）、超额配售选择权实施方案（如有）等内容 |
| 同意发行 | 上交所在收到发行与承销方案后5个工作日内表示无异议的，发行人和主承销商可依法刊登招股意向书，启动发行工作 |
| 确定询价对象 | 发行人和主承销商可以根据上交所和中国证券业协会相关自律规则的规定，在《实施办法》第四条规定的网下投资者范围内设置其他条件，并在发行公告中预先披露。<br>发行人和主承销商应当充分重视公募产品（尤其是为满足不符合科创板投资者适当性要求的投资者投资需求而设立的公募产品）、社保基金、养老金、企业年金基金、保险资金和合格境外机构投资者资金等配售对象的长期投资理念，合理设置其参与网下询价的具体条件，引导其按照科学、独立、客观、审慎的原则参与网下询价 |
| 初步询价 | 初步询价时，同一网下投资者填报的拟申购价格中，最高价格与最低价格的差额不得超过最低价格的20%。初步询价结束后，发行人和主承销商应当剔除拟申购总量中报价最高的部分，剔除部分不得低于所有网下投资者拟申购总量的10%；当拟剔除的最高申报价格部分中的最低价格与确定的发行价格（或者发行价格区间上限）相同时，对该价格的申报可不再剔除，剔除比例可低于10%。剔除部分不得参与网下申购。<br>网下申购前，发行人和主承销商应当披露下列信息：<br>（1）剔除最高报价部分后所有网下投资者及各类网下投资者剩余报价的中位数和加权平均数；<br>（2）剔除最高报价部分后公募产品、社保基金、养老金剩余报价的中位数和加权平均数；<br>（3）剔除最高报价部分后公募产品、社保基金、养老金、企业年金基金、保险资金和合格境外机构投资者资金剩余报价的中位数和加权平均数；<br>（4）网下投资者详细报价情况，具体包括投资者名称、配售对象信息、申购价格及对应的拟申购数量、发行价格或发行价格区间确定的主要依据，以及发行价格或发行价格区间的中值所对应的网下投资者超额认购倍数 |

续表

| 发行程序 | 具体内容 |
| --- | --- |
| 定价 | 发行人和主承销商可以通过初步询价确定发行价格，或者在初步询价确定发行价格区间后，通过累计投标询价 确定发行价格。发行人和主承销商确定发行价格区间的，区间上限与下限的差额不得超过区间下限的20%。<br>初步询价结束后，发行人和主承销商应当根据各项中位数和加权平均数，并重点参照剔除最高报价部分后公募产品、社保基金、养老金、企业年金基金、保险资金和合格境外机构投资者资金等配售对象剩余报价中位数和加权平均数的孰低值，审慎合理确定发行价格（或者发行价格区间中值）。<br>发行人和主承销商确定的发行价格若超过一定范围，则需要进行上报和公告：<br>（1）初步询价结束后，发行人和主承销商确定的发行价格（或者发行价格区间中值）不在主承销商出具的投资价值研究报告所明确的估值区间范围内的，发行人和主承销商应当向上交所说明理由及各类网下投资者报价与上述估值区间的差异情况。上交所将上述情况通报中国证券业协会。<br>（2）初步询价结束后，发行人和主承销商确定的发行价格（或者发行价格区间中值）超过《实施办法》第九条规定的中位数、加权平均数的孰低值，超出比例不高于10%的，应当在申购前至少5个工作日发布投资风险特别公告；超出比例超过10%且不高于20%的，应当在申购前至少10个工作日发布2次以上投资风险特别公告；超出比例超过20%的，应当在申购前至少15个工作日发布3次以上投资风险特别公告 |
| 配售 | （1）网下申购；<br>（2）网上申购；<br>（3）回拨机制；<br>（4）向战略投资者配售；<br>（5）超额配售选择权 |
| 中止发行 | （1）发行人预计发行后总市值不满足其在招股说明书中明确选择的市值与财务指标上市标准的，应当中止发行。前款所指预计发行后总市值是指初步询价结束后，按照确定的发行价格（或者发行价格区间下限）乘以发行后总股本（不含采用超额配售选择权发行的股票数量）计算的总市值。<br>（2）发行人和主承销商通过累计投标询价确定发行价格的，应当在T日21：00前向本所提交发行价格及网上中签率公告。未按上述规定提交的，应当中止发行 |

资料来源：《上海证券交易所科创板股票发行与承销业务指引》。

## 第二节 科创板 IPO 定价

### 一、询　价

IPO 询价指的是发行人（拟上市公司）及其承销商（保荐机构）采取向机构投资者询价的方式确定股票最终发行价格。相对于原 A 股市场各板块，科创板询价制度的一大特点是只向七类网下投资者进行询价，相比个人投资者，这七类网下投资者更具规模优势与专业能力，使得询价定价过程更加规范、合理。

（一）询价对象

2019 年 3 月 1 日颁布的《上海证券交易所科创板股票发行与承销实施办法》中，明确了科创板首次公开发行股票应向七类网下投资者进行询价，包括证券公司、基金管理公司、信托公司、财务公司、保险公司、合格境外机构投资者和私募基金管理人等专业机构投资者（以下统称网下投资者）。同时，如果一家机构投资者想作为网下投资者参与科创板首次发行网下申购，首先应当向中国证券业协会注册，接受中国证券业协会自律管理。目前中国证券业协会公示的是参与整个 A 股市场网下询价的投资者名录，未单独列示可参与科创板网下申购的私募基金管理人名单，因此，前六类科创板网下投资者名录情况如表 3－5 所示。

**表 3－5　中国证券业协会前六类网下投资者名录**

| 类型 | 数量/家 |
|---|---|
| 证券公司 | 114 |
| 基金公司 | 160 |
| 信托公司 | 43 |
| 财务公司 | 45 |
| 保险公司 | 58 |
| 合格境外机构投资者 | 89 |

需要注意的是，并非所有的私募基金管理人都可注册为科创板网下投资者。中国证券业协会于 5 月 31 日颁布《科创板首次公开发行股票网下投资者管理细则》，明确上述七类机构投资者在中国证券业协会注册后，可以参与科创板首发股票网下询价，同时特别规定符合下列条件的私募基金管理人才有资格注册为科创板首发股票网下投资者（见表 3－6）。

**表 3－6　科创板网下申购针对私募基金管理人的具体要求**

| 要求 | 具体内容 |
|---|---|
| 完成登记 | 已在中国证券投资基金业协会完成登记 |
| 具备一定的证券投资经验 | 依法设立并持续经营时间达到两年（含）以上，从事证券交易时间达到两年（含）以上 |
| 具有良好的信用记录 | 最近 12 个月未受到相关监管部门的行政处罚、行政监管措施或相关自律组织的纪律处分 |
| 具备必要的定价能力 | 具有相应的研究力量、有效的估值定价模型、科学的定价决策制度和完善的合规风控制度 |
| 具备一定的资产管理实力 | 私募基金管理人管理的在中国证券投资基金业协会备案的产品总规模最近两个季度均为 10 亿元（含）以上，且近三年管理的产品中至少有一只存续期两年（含）以上的产品；申请注册的私募基金产品规模①应为 6000 万元（含）以上、已在中国证券投资基金业协会完成备案，且委托第三方托管人独立托管基金资产 |
| 符合监管部门、协会要求的其他条件 | |

① 私募基金产品规模是指基金产品资产净值。

根据中国证券投资基金业协会的信息公示，目前连续两个季度管理规模在10亿元以上的私募基金管理人共有300家（包括自主发行和顾问管理类型，已去重），在全部9385家私募基金管理人中占比仅约3.2%，因此，大部分的私募基金管理人都被拒之门外，仅有高资质的私募基金管理人才可参与科创板首发网下询价。

在具体的发行过程中，发行人和主承销商可以根据上交所和中国证券业协会相关自律规则的规定，在网下投资者范围内设置其他条件，并在发行公告中预先披露。网下投资者在进行网下申购时，需根据具体条件判断是否满足发行人提出的申购条件，并按照要求提交相关投资者报备材料和资产证明材料，之后发行人和主承销商将对投资者资质进行核查，若未提交相关材料或未通过核查，其申购报价将会被判定为无效报价。

（二）询价内容

在初步询价阶段，参与询价的网下投资者可以为其管理的不同配售对象账户分别填报一个报价，每个报价应当包含配售对象信息、每股价格和该价格对应的拟申购股数。同一网下投资者全部报价中的不同拟申购价格不超过3个，并且同一网下投资者填报的拟申购价格中，最高价格与最低价格的差额不得超过最低价格的20%。

以深圳微芯生物科技股份有限公司（以下简称“微芯生物”）为例，其在2019年7月22日发布了《微芯生物首次公开发行股票并在科创板上市招股意向书》和《微芯生物首次公开发行股票并在科创板上市发行安排及初步询价公告》，并在7月26日9：30—15：00进行初步询价。根据结果披露公告，主承销商通过上交所网下申购平台收到290家网下投资者管理的2996个配售对象的初步询价报价信息，对应的申报数量为1945260万股，报价区间为13.00～27.60元/股。

表 3-7　投资者报价信息统计表部分信息

| 投资者名称 | 配售对象 | 申报价格/元 | 申报数量/万股 |
|---|---|---|---|
| 浙江九章资产管理有限公司 | 浙江九章资产管理有限公司—幻方星月石 5 号私募基金 | 20.57 | 680.00 |
| | 浙江九章资产管理有限公司—九章幻方紫云 1 号私募基金 | 20.47 | 680.00 |
| | 浙江九章资产管理有限公司—幻方恒光 01 号 | 20.37 | 680.00 |
| 百年人寿保险股份有限公司 | 百年人寿保险股份有限公司—平衡自营 | 20.62 | 680.00 |
| | 百年人寿保险股份有限公司—百年分红自营 | 20.62 | 680.00 |
| | 百年人寿保险股份有限公司—传统保险产品 | 20.55 | 680.00 |
| | 百年人寿保险股份有限公司—分红保险产品 | 20.55 | 680.00 |
| | 百年人寿保险股份有限公司—万能保险产品 | 20.55 | 680.00 |
| 国金证券股份有限公司 | 国金证券股份有限公司自营账户 | 20.62 | 680.00 |
| | 国金慧鑫稳进 1 号定向资产管理计划 | 20.56 | 680.00 |
| | 国金慧鑫稳进 9 号定向资产管理计划 | 20.56 | 360.00 |
| | 国金慧鑫稳进 4 号定向资产管理计划 | 20.56 | 430.00 |
| | 国金证券金创鑫 1 号集合资产管理计划 | 20.56 | 660.00 |
| | 国金证券金创鑫 2 号集合资产管理计划 | 20.56 | 370.00 |
| | 国金证券金创鑫 3 号集合资产管理计划 | 20.56 | 410.00 |

资料来源：Wind 资讯。

从投资者报价信息统计表中选取部分报价信息，可以看出浙江九章资产管理有限公司共为 3 个配售对象分别填报了 3 个不同的报价信息，最低价位 20.37 元，因此，最高价只要在 24.44（20.37 ×1.2）元以内便符合规定，而其填报的最高价位 20.57 元，因此符合要求；百年人寿保险股份有限公司共为 5 个配售对象填报了 2 个不同的申报价格；国金证券股份有限公司共为 7 个配售对象填报了 2 个不同的申报价格。因此，只要同一网下投资者全部报价中的不同拟申购价格不超过 3 个，是可以为超过 3 个配售对象填报申购信息的（见表 3-7）。

## 二、定　价

### （一）剔除无效报价与最高报价

初步询价结束后，发行人和主承销商应对投资者提交的配售对象材料和报价信息进行核查，将不符合要求的投资者报价直接剔除，同时还应当剔除拟申购总量中报价最高的部分，剔除部分不得低于所有网下投资者拟申购总量的 10%；当拟剔除的最高申报价格部分中的最低价格与确定的发行价格（或者发行价格区间上限）相同时，对该价格的申报可不再剔除，剔除比例可低于 10%。剔除部分不得参与网下申购。

以微芯生物为例，主承销商对参与初步询价的网下投资者进行核查时，有 4 家投资者管理的 5 个配售对象未通过主承销商科创板网下投资者系统提交核查材料，该 5 个配售对象提交的报价被确定为无效报价予以剔除。剔除无效报价后，共有 289 家网下投资者管理的 2991 个配售对象符合《发行安排及初步询价公告》规定的条件，对应的拟申购数量为 1941860 万股，报价区间为 13.00 ~ 27.60 元/股。

接下来应当剔除拟申购总量中报价最高的部分，剔除部分不得低于所有网下投资者拟申购总量的 10%，也就是 194186 万股，于是发行人和主承销商对所有符合条件的配售对象的报价按照申报价格由高到低、同一申报价格上按配售对象的拟申购数量由小到大、同一申报价格同一拟申购数量上按申购时间由后到先、同一申报价格同一拟申购数量同一申购时间按网下申购平台自动生成的配售对象顺序从后到前的顺序排序，计算累积申报数量，发现 194186 万股落在申报价格 20.60 元，该申报价格段共有 78 个报价，部分报价如表 3 - 8 所示。

表 3－8　部分申报价格等于 20.60 元的报价信息

| 配售对象 | 申报价格/元 | 申报数量/万股 | 累积申报数量/万股 | 投资者名称 |
|---|---|---|---|---|
| 中银互联网＋股票型证券投资基金 | 20.60 | 360.00 | 183720.00 | 中银基金管理有限公司 |
| 宝盈先进制造灵活配置混合型证券投资基金 | 20.60 | 680.00 | 184400.00 | 宝盈基金管理有限公司 |
| 中银健康生活混合型证券投资基金 | 20.60 | 520.00 | 184920.00 | 中银基金管理有限公司 |
| 中银金融地产混合型证券投资基金 | 20.60 | 500.00 | 185420.00 | 中银基金管理有限公司 |
| 中银消费主题混合型证券投资基金 | 20.60 | 380.00 | 185800.00 | 中银基金管理有限公司 |
| 中银研究精选灵活配置混合型证券投资基金 | 20.60 | 680.00 | 186480.00 | 中银基金管理有限公司 |
| 中银鑫利灵活配置混合型证券投资基金 | 20.60 | 680.00 | 187160.00 | 中银基金管理有限公司 |
| 中银新趋势灵活配置混合型证券投资基金 | 20.60 | 680.00 | 187840.00 | 中银基金管理有限公司 |
| 宝盈新兴产业灵活配置混合型证券投资基金 | 20.60 | 680.00 | 188520.00 | 宝盈基金管理有限公司 |
| 宝盈新锐灵活配置混合型证券投资基金 | 20.60 | 680.00 | 189200.00 | 宝盈基金管理有限公司 |
| 宝盈新价值灵活配置混合型证券投资基金 | 20.60 | 680.00 | 189880.00 | 宝盈基金管理有限公司 |
| 宝盈核心优势灵活配置混合型证券投资基金 | 20.60 | 680.00 | 190560.00 | 宝盈基金管理有限公司 |
| 中银新经济灵活配置混合型证券投资基金 | 20.60 | 680.00 | 191240.00 | 中银基金管理有限公司 |
| 宝盈科技 30 灵活配置混合型证券投资基金 | 20.60 | 680.00 | 191920.00 | 宝盈基金管理有限公司 |

续表

| 配售对象 | 申报价格/元 | 申报数量/万股 | 累积申报数量/万股 | 投资者名称 |
|---|---|---|---|---|
| 中银新机遇灵活配置混合型证券投资基金 | 20.60 | 680.00 | 192600.00 | 中银基金管理有限公司 |
| 富国天源沪港深平衡混合型证券投资基金 | 20.60 | 680.00 | 193280.00 | 富国基金管理有限公司 |
| 中银改革红利灵活配置混合型证券投资基金 | 20.60 | 470.00 | 193750.00 | 中银基金管理有限公司 |
| 中欧明睿新常态混合型证券投资基金 | 20.60 | 680.00 | 194430.00 | 中欧基金管理有限公司 |
| 中欧时代先锋股票型发起式证券投资基金 | 20.60 | 680.00 | 195110.00 | 中欧基金管理有限公司 |
| 中欧时代智慧混合型证券投资基金 | 20.60 | 680.00 | 195790.00 | 中欧基金管理有限公司 |

资料来源：微芯生物初步询价明细。

微芯生物发行人和主承销商将拟申购价格高于20.60元/股的配售对象全部剔除；将拟申购价格为20.60元/股，且拟申购数量小于680万股的配售对象全部剔除；将拟申购价格为20.60元/股，拟申购数量等于680万股，且申报时间晚于2019年7月26日（T－3日）13：23：41的配售对象全部剔除；在拟申购价格为20.60元/股，拟申购数量等于680万股，且申报时间同为2019年7月26日（T－3日）13：23：41的配售对象中，按照上交所网下申购平台自动生成的申报顺序，从后向前剔除4个配售对象（“宝盈鸿利收益灵活配置混合型证券投资基金”“宝盈资源优选股票型证券投资基金”“宝盈策略增长混合型证券投资基金”和“宝盈泛沿海区域增长股票证券投资基金”）。因此，微芯生物共剔除52家网下投资者管理的303个配售对象，累计剔除的申购总量为194400万股，占本次初步询价剔除无效报价后拟申购数量总和1941860万股的10.01%。

### （二）发行价格确定方式

《上海证券交易所科创板股票发行与承销实施办法》第五条指出，发行人和主承销商可以通过初步询价确定发行价格，或者在初步询价确定发行价格区间后，通过累计投标询价①确定发行价格。据统计，截至目前，科创板上市的28家公司均通过网下初步询价直接确定发行价格，不再进行网下累计投标询价。

发行人和主承销商需要根据初步询价数据审慎、合理确定发行价格。《上海证券交易所科创板股票发行与承销业务指引》指出了发行价格确定时的参考依据。首先要求发行人和主承销商在网下申购前应当披露下列信息：

（1）剔除最高报价部分后所有网下投资者及各类网下投资者剩余报价的中位数和加权平均数；

（2）剔除最高报价部分后公募产品、社保基金、养老金剩余报价的中位数和加权平均数；

（3）剔除最高报价部分后公募产品、社保基金、养老金、企业年金基金、保险资金和合格境外机构投资者资金剩余报价的中位数和加权平均数；

（4）网下投资者详细报价情况，具体包括投资者名称、配售对象信息、申购价格及对应的拟申购数量、发行价格或发行价格区间确定的主要依据，以及发行价格或发行价格区间的中值所对应的网下投资者超额认购倍数。

同时，发行人和主承销商应当根据以上披露的各项中位数和加权平均

① 累计投标询价是指如果投资者的有效申购总量大于本次股票发行量，但超额认购倍数小于5倍时，以询价下限为发行价；如果超额认购倍数大于5倍时，则从申购价格最高的有效申购开始逐笔向下累计计算，直至超额认购倍数首次超过5倍为止，以此时的价格为发行价。

数，并重点参照（3）中列出的各项孰低值，审慎、合理确定发行价格（或者发行价格区间中值）。发行人和主承销商确定发行价格区间的，区间上限与下限的差额不得超过区间下限的20%。

以微芯生物为例，剔除无效报价和最高报价后，参与初步询价的投资者为262家，配售对象为2688个，报价申购总量为1747460万股，整体申购倍数为513.96倍。发行人和保荐机构（主承销商）根据初步询价结果，综合考虑剔除无效报价和最高报价部分后的初步询价数据、公司盈利能力、未来成长性及可比公司市盈率等因素，协商确定微芯生物发行价格为20.43元/股（见表3-9）。

**表3-9 微芯生物剔除无效报价和最高报价后的询价数据** 单位：元/股

| 项目 | 报价中位数 | 加权平均数 |
| --- | --- | --- |
| 全部投资者合计 | 20.55 | 20.4409 |
| 公募产品+社保基金+养老金小计 | 20.55 | 20.54 |
| 公募产品+社保基金+养老金+企业年金基金+保险资金+QFII小计 | 20.55 | 20.4992 |
| 基金管理公司 | 20.55 | 20.5332 |
| 证券公司 | 20.55 | 20.4670 |
| 保险公司 | 20.55 | 20.0346 |
| 信托公司 | 20.55 | 20.3241 |
| 财务公司 | 20.53 | 20.3633 |
| QFII | 16.69 | 16.7350 |
| 私募基金 | 20.52 | 20.40 |

资料来源：《微芯生物首次公开发行股票并在科创板上市发行公告》。

（三）投资风险特别公告

为了保护投资者，发行人和主承销商确定的发行价格若是超过一定标准便需要发布投资风险特别公告。《上海证券交易所科创板股票发行与承销实施办法》规定，发行人和主承销商应当在申购前披露以下四数信息：

（1）网下投资者剔除最高报价部分后有效报价的中位数；

（2）网下投资者剔除最高报价部分后有效报价的加权平均数；

（3）公开募集方式设立的证券投资基金和其他偏股型资产管理产品（以下简称公募产品）、全国社会保障基金（以下简称社保基金）和基本养老保险基金（以下简称养老金）的报价中位数；

（4）公开募集方式设立的证券投资基金和其他偏股型资产管理产品（以下简称公募产品）、全国社会保障基金（以下简称社保基金）和基本养老保险基金（以下简称养老金）的加权平均数。

而发行人和主承销商确定的发行价格（或者发行价格区间中值）如果超过了以上四数的孰低值，发行人和主承销商应当发布包含以下内容的投资风险特别公告：

（1）说明确定的发行价格（或者发行价格区间中值）超过第九条规定的中位数、加权平均数的孰低值的理由及定价依据；

（2）提请投资者关注发行价格（或者发行价格区间）与网下投资者报价之间的差异；

（3）提请投资者关注投资风险，审慎研判发行定价的合理性，理性作出投资决策；

（4）上交所认为应当披露的其他内容。

投资风险特别公告的具体发布时间根据超出比例规定如表3－10所示。

**表3－10　投资风险特别公告的具体发布时间**

| 条件 | 规　定 |
|---|---|
| 超出比例≤10% | 应当在申购前至少5个工作日发布投资风险特别公告 |
| 10%＜超出比例≤20% | 应当在申购前至少10个工作日发布2次以上投资风险特别公告 |
| 超出比例＞20% | 应当在申购前至少15个工作日发布3次以上投资风险特别公告 |

资料来源：《上海证券交易所科创板股票发行与承销业务指引》。

目前还没有科创板上市公司的发行价格高于以上四数，从而没有发布关于以上事项的投资风险特别公告。以微芯生物为例，发行人和主承销商确定的发行价格20.43元/股大于网下投资者剔除最高报价部分后全部剩余报价的中位数和加权平均数，以及公募产品、社保基金和养老金的报价中位数和加权平均数四个数中的最低值（见表3－11）。

**表3－11　微芯生物投资者报价数据**

| 指　标 | 数值（元/股） |
|---|---|
| 网下投资者剔除最高报价部分后有效报价的中位数 | 20.55 |
| 网下投资者剔除最高报价部分后有效报价的加权平均数 | 20.4409 |
| 公开募集方式设立的证券投资基金和其他偏股型资产管理产品（以下简称公募产品）、全国社会保障基金（以下简称社保基金）和基本养老保险基金（以下简称养老金）的报价中位数 | 20.55 |
| 公开募集方式设立的证券投资基金和其他偏股型资产管理产品（以下简称公募产品）、全国社会保障基金（以下简称社保基金）和基本养老保险基金（以下简称养老金）的加权平均数 | 20.54 |
| 以上四数的最低值 | 20.4409 |
| 发行人和主承销商确定的发行价格 | 20.43 |

从28家科创板上市公司发行价格来看，有23家公司发行价都在20元以上，柏楚电子发行价最高，达到了68.58元/股，发行价格最低的为中国通号，为5.85元/股（见图3－1、表3－12）。

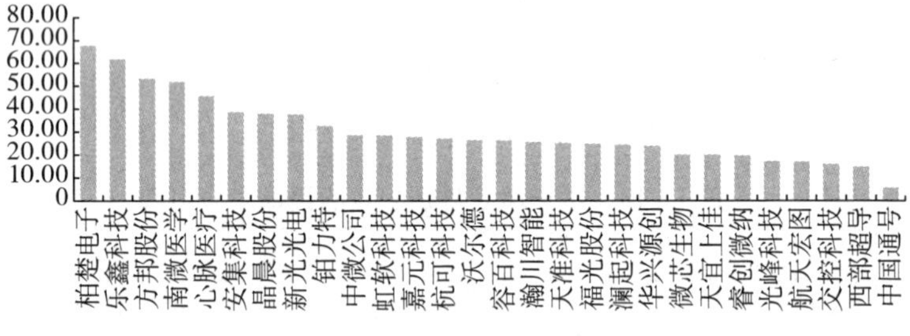


**图3－1　28家科创板上市公司发行价格**

表 3-12　28 家科创板上市公司 IPO 相关信息

| 代码 | 名称 | 发行价格（元/股） | 发行数量/万股 | 募资总额/亿元 |
|---|---|---|---|---|
| 688001. SH | 华兴源创 | 24. 26 | 4010. 00 | 9. 73 |
| 688002. SH | 睿创微纳 | 20. 00 | 6000. 00 | 12. 00 |
| 688003. SH | 天准科技 | 25. 50 | 4840. 00 | 12. 34 |
| 688005. SH | 容百科技 | 26. 62 | 4500. 00 | 11. 98 |
| 688006. SH | 杭可科技 | 27. 43 | 4100. 00 | 11. 25 |
| 688007. SH | 光峰科技 | 17. 50 | 6800. 00 | 11. 90 |
| 688008. SH | 澜起科技 | 24. 80 | 11298. 14 | 28. 02 |
| 688009. SH | 中国通号 | 5. 85 | 180000. 00 | 105. 30 |
| 688010. SH | 福光股份 | 25. 22 | 3880. 00 | 9. 79 |
| 688011. SH | 新光光电 | 38. 09 | 2500. 00 | 9. 52 |
| 688012. SH | 中微公司 | 29. 01 | 5348. 62 | 15. 52 |
| 688015. SH | 交控科技 | 16. 18 | 4000. 00 | 6. 47 |
| 688016. SH | 心脉医疗 | 46. 23 | 1800. 00 | 8. 32 |
| 688018. SH | 乐鑫科技 | 62. 60 | 2000. 00 | 12. 52 |
| 688019. SH | 安集科技 | 39. 19 | 1327. 71 | 5. 20 |
| 688020. SH | 方邦股份 | 53. 88 | 2000. 00 | 10. 78 |
| 688022. SH | 瀚川智能 | 25. 79 | 2700. 00 | 6. 96 |
| 688028. SH | 沃尔德 | 26. 68 | 2000. 00 | 5. 34 |
| 688029. SH | 南微医学 | 52. 45 | 3334. 00 | 17. 49 |
| 688033. SH | 天宜上佳 | 20. 37 | 4788. 00 | 9. 75 |
| 688066. SH | 航天宏图 | 17. 25 | 4150. 00 | 7. 16 |
| 688088. SH | 虹软科技 | 28. 88 | 4600. 00 | 13. 28 |
| 688099. SH | 晶晨股份 | 38. 50 | 4112. 00 | 15. 83 |
| 688122. SH | 西部超导 | 15. 00 | 4420. 00 | 6. 63 |
| 688188. SH | 柏楚电子 | 68. 58 | 2500. 00 | 17. 15 |
| 688321. SH | 微芯生物 | 20. 43 | 5000. 00 | 10. 22 |
| 688333. SH | 铂力特 | 33. 00 | 2000. 00 | 6. 60 |
| 688388. SH | 嘉元科技 | 28. 26 | 5780. 00 | 16. 33 |

资料来源：Wind 资讯。

## 第三节 科创板 IPO 配售

股票发行价格或发行价格区间确定后，网上网下投资者便可在申购日（T 日）进行申购，同时，发行人和主承销商应当在 T－2 日下午 15：30 前向上交所提交发行公告，公开初步询价结果及定价情况，介绍本次发行战略配售、网下发行和网上发行的具体流程及时间安排。

### 一、网下申购

网下初始询价确定了发行价格后，发行人和主承销商需要根据申报信息确定有效报价网下投资者的范围，所谓有效报价，是指网下投资者申报的不低于主承销商和发行人确定的发行价格或发行价格区间下限，且未作为最高报价部分被剔除，同时符合主承销商和发行人事先确定且公告的其他条件的报价。被认定为有效报价的网下投资者必须参与网下申购，申购价格为发行人和主承销商所确定的发行价格，申购数量为其在初步询价阶段提交的有效报价所对应的有效报价数量。

之后，发行人和主承销商将会根据网下投资者申购信息进行配售，并公布网下初步配售结果，获得配售的网下投资者便可进行认购资金的缴付。

从28家科创板上市公司网下配售情况来看，有效申购配售对象家数最多的是微芯生物，共有2466家网下投资者获得了配售，达到2000家以上申购的还有柏楚电子和南微医学。有效申购配售对象家数最少的天准科技也有1197家网下投资者获得配售。从网下认购倍数来看，网下认购倍数基本都在200倍以上，最高的微芯生物达到了530.58倍，最少的中国通号和晶晨股份分别为143.13倍和192.44倍（见图3-2、图3-3、表3-13）。

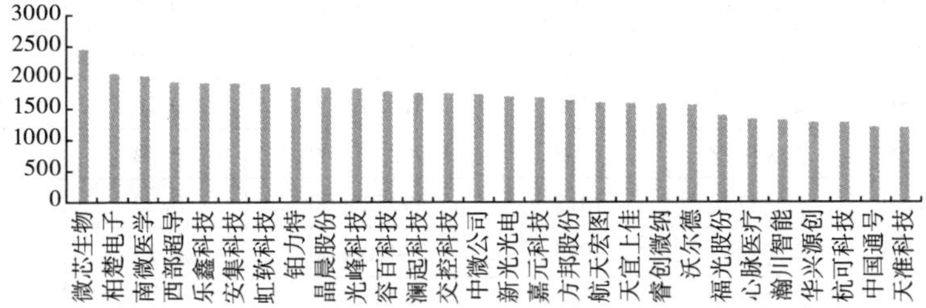


**图3-2　28家科创板上市公司网下有效申购配售对象家数**

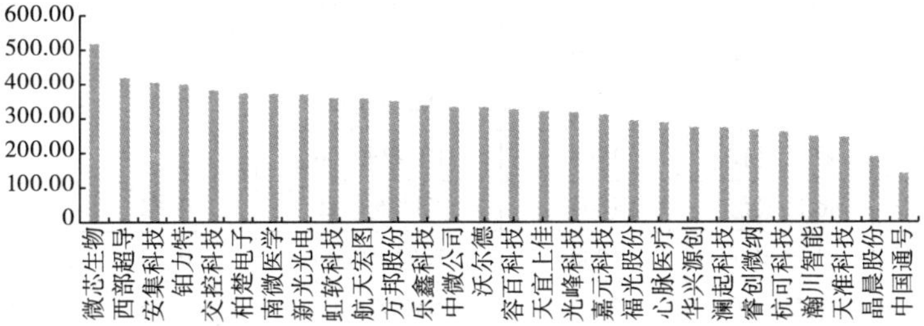


**图3-3　28家科创板上市公司网下认购倍数**

**表3-13　28家科创板上市公司网下配售情况**

| 代码 | 名称 | 网下有效申购配售对象家数 | 网下有效申购数量/万股 | 网下有效申购获配比例/% | 网下认购倍数 |
|---|---|---|---|---|---|
| 688001. SH | 华兴源创 | 1285 | 758130. 00 | 0. 36 | 280. 93 |
| 688002. SH | 睿创微纳 | 1580 | 1045410. 00 | 0. 37 | 272. 67 |
| 688003. SH | 天准科技 | 1197 | 702600. 00 | 0. 40 | 250. 72 |
| 688005. SH | 容百科技 | 1785 | 1014630. 00 | 0. 30 | 334. 53 |

续表

| 代码 | 名称 | 网下有效申购配售对象家数 | 网下有效申购数量/万股 | 网下有效申购获配比例/% | 网下认购倍数 |
|---|---|---|---|---|---|
| 688006. SH | 杭可科技 | 1281 | 737210. 00 | 0. 37 | 266. 78 |
| 688007. SH | 光峰科技 | 1831 | 1399670. 00 | 0. 31 | 324. 77 |
| 688008. SH | 澜起科技 | 1757 | 1543210. 00 | 0. 36 | 278. 75 |
| 688009. SH | 中国通号 | 1208 | 12624400. 00 | 0. 70 | 143. 13 |
| 688010. SH | 福光股份 | 1398 | 675210. 00 | 0. 33 | 299. 66 |
| 688011. SH | 新光光电 | 1702 | 545510. 00 | 0. 26 | 378. 04 |
| 688012. SH | 中微公司 | 1736 | 1230440. 00 | 0. 29 | 340. 71 |
| 688015. SH | 交控科技 | 1755 | 816260. 00 | 0. 26 | 390. 75 |
| 688016. SH | 心脉医疗 | 1338 | 262930. 00 | 0. 34 | 294. 29 |
| 688018. SH | 乐鑫科技 | 1918 | 394528. 00 | 0. 29 | 345. 37 |
| 688019. SH | 安集科技 | 1915 | 304200. 00 | 0. 24 | 415. 06 |
| 688020. SH | 方邦股份 | 1642 | 414820. 00 | 0. 28 | 358. 22 |
| 688022. SH | 瀚川智能 | 1320 | 390710. 00 | 0. 39 | 253. 87 |
| 688028. SH | 沃尔德 | 1562 | 387970. 00 | 0. 29 | 340. 32 |
| 688029. SH | 南微医学 | 2032 | 736810. 00 | 0. 26 | 380. 29 |
| 688033. SH | 天宜上佳 | 1590 | 1055730. 00 | 0. 31 | 327. 59 |
| 688066. SH | 航天宏图 | 1602 | 866260. 00 | 0. 27 | 366. 21 |
| 688088. SH | 虹软科技 | 1908 | 1054790. 00 | 0. 27 | 367. 59 |
| 688099. SH | 晶晨股份 | 1844 | 533260. 00 | 0. 52 | 192. 44 |
| 688122. SH | 西部超导 | 1938 | 1262150. 00 | 0. 23 | 429. 41 |
| 688188. SH | 柏楚电子 | 2073 | 557780. 00 | 0. 26 | 382. 38 |
| 688321. SH | 微芯生物 | 2466 | 1602340. 00 | 0. 19 | 530. 58 |
| 688333. SH | 铂力特 | 1852 | 543950. 00 | 0. 24 | 408. 99 |
| 688388. SH | 嘉元科技 | 1687 | 1069670. 00 | 0. 31 | 318. 01 |

资料来源：Wind 资讯。

## 二、网上申购

《上海证券交易所科创板股票发行与承销实施办法》规定，应根据投资者持有的市值确定其网上可申购额度，符合科创板投资者适当性条件且持有市值达到10000元以上的投资者方可参与网上申购。每5000元市值可申购一个申购单位，不足5000元的部分不计入申购额度。每一个新股申购单位为500股，申购数量应当为500股或其整数倍，但最高申购数量不得超过当次网上初始发行数量的千分之一，且不得超过9999.95万股，如超过则该笔申购无效。

当网上申购结束后，如果网上有效申购数量小于或等于最终网上发行数量，则无须进行摇号抽签，所有配号都是中签号码，投资者按其有效申购量认购股票；如果网上申购总量大于网上发行总量时，则采取摇号抽签确定中签号码的方式进行配售。上交所按照每500股配一个号的规则对有效申购进行统一连续配号，主承销商在公证机构监督下根据总配号量和中签率①组织摇号抽签，每一个中签号可认购500股新股。抽签结束后，主承销商将会公布中签结果，中签投资者便可进行认购资金的缴付。

表3－14为截至2019年8月31日科创板成功上市的28家公司网上发行情况，网上有效申报户数均为300万户左右，认购倍数除了中国通号为443.69外，普遍达到了2000倍左右，最高的为柏楚电子，网上认购倍数达到了2213.81倍。较高认购倍数则意味着较低的网上中签率，仅中国通号中签率超过0.1%，其余均在0.05%左右（见图3－4、图3－5）。

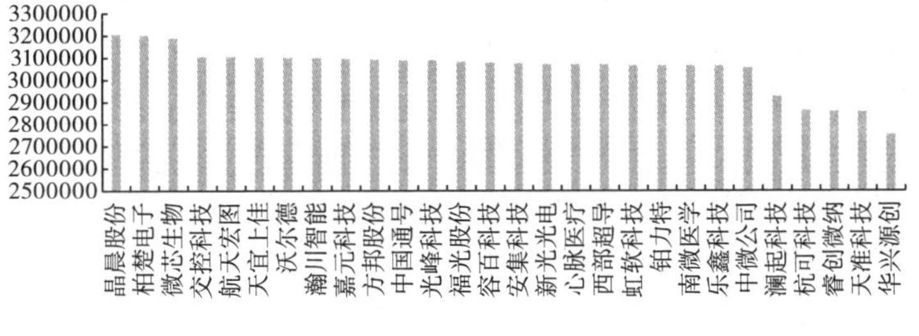


**图3－4　28家科创板上市公司网上有效申购户数**

① 中签率＝（最终网上发行数量/网上有效申购总量）×100%。

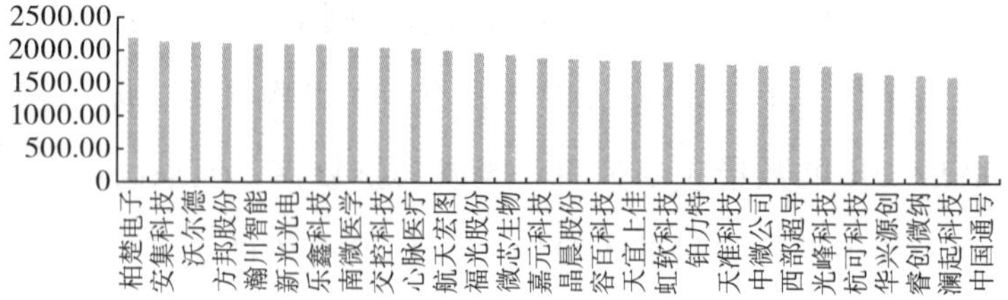


**图 3-5　28 家科创板上市公司网上认购倍数**

**表 3-14　28 家科创板上市公司网上配售情况**

| 代码 | 名称 | 网上有效申购户数 | 网上有效申购股数/万股 | 中签率/% | 网上认购倍数 |
|---|---|---|---|---|---|
| 688001. SH | 华兴源创 | 2756272. 00 | 1915428. 35 | 0. 059853 | 1670. 75 |
| 688002. SH | 睿创微纳 | 2860498. 00 | 2698597. 25 | 0. 060254 | 1659. 65 |
| 688003. SH | 天准科技 | 2859242. 00 | 3354943. 10 | 0. 054965 | 1819. 33 |
| 688005. SH | 容百科技 | 3082850. 00 | 2416599. 25 | 0. 053257 | 1877. 70 |
| 688006. SH | 杭可科技 | 2866390. 00 | 1999307. 70 | 0. 05865 | 1705. 02 |
| 688007. SH | 光峰科技 | 3093758. 00 | 3174402. 45 | 0. 055549 | 1800. 21 |
| 688008. SH | 澜起科技 | 2929790. 00 | 3873564. 25 | 0. 061252 | 1632. 59 |
| 688009. SH | 中国通号 | 3094292. 00 | 16771479. 35 | 0. 225383 | 443. 69 |
| 688010. SH | 福光股份 | 3087126. 00 | 2924574. 65 | 0. 050200 | 1992. 01 |
| 688011. SH | 新光光电 | 3075792. 00 | 2018855. 80 | 0. 047155 | 2120. 65 |
| 688012. SH | 中微公司 | 3059728. 00 | 2775313. 40 | 0. 055143 | 1813. 46 |
| 688015. SH | 交控科技 | 3109747. 00 | 2826704. 70 | 0. 048305 | 2070. 16 |
| 688016. SH | 心脉医疗 | 3074959. 00 | 1192675. 00 | 0. 048571 | 2058. 82 |
| 688018. SH | 乐鑫科技 | 3068179. 00 | 1470354. 05 | 0. 047172 | 2119. 89 |
| 688019. SH | 安集科技 | 3079616. 00 | 1050276. 40 | 0. 046435 | 2153. 53 |
| 688020. SH | 方邦股份 | 3096624. 00 | 1625781. 75 | 0. 046870 | 2133. 57 |
| 688022. SH | 瀚川智能 | 3105685. 00 | 2175964. 40 | 0. 047152 | 2120. 82 |
| 688028. SH | 沃尔德 | 3105924. 00 | 1630707. 40 | 0. 046606 | 2145. 67 |
| 688029. SH | 南微医学 | 3069561. 00 | 2663107. 25 | 0. 048143 | 2077. 14 |
| 688033. SH | 天宜上佳 | 3106855. 00 | 2570057. 95 | 0. 053263 | 1877. 46 |
| 688066. SH | 航天宏图 | 3109076. 00 | 3197259. 45 | 0. 049323 | 2027. 43 |
| 688088. SH | 虹软科技 | 3070189. 00 | 2149399. 50 | 0. 053834 | 1857. 57 |
| 688099. SH | 晶晨股份 | 3212558. 00 | 2253568. 40 | 0. 05259 | 1901. 50 |

续表

| 代码 | 名称 | 网上有效申购户数 | 网上有效申购股数/万股 | 中签率/% | 网上认购倍数 |
|---|---|---|---|---|---|
| 688122. SH | 西部超导 | 3074747. 00 | 2283774. 60 | 0. 055159 | 1812. 95 |
| 688188. SH | 柏楚电子 | 3207596. 00 | 2111534. 30 | 0. 045171 | 2213. 81 |
| 688321. SH | 微芯生物 | 3194480. 00 | 2512814. 40 | 0. 050939 | 1963. 14 |
| 688333. SH | 铂力特 | 3070108. 00 | 1047058. 00 | 0. 054438 | 1836. 94 |
| 688388. SH | 嘉元科技 | 3101103. 00 | 4222938. 60 | 0. 052194 | 1915. 95 |

资料来源：Wind 资讯。

## 三、回拨机制

回拨机制是指在同一次发行中采取网下配售和网上发行时，先初始假定不同发行方式下的发行数量，然后根据认购结果，按照预先公布的规则在两者之间适当调整发行数量。科创板首次公开发行股票的网下初始发行比例需满足以下规定（见表 3－15）。

表 3－15　网下初始发行比例

| 序号 | 具体规定 |
|---|---|
| 1 | 公开发行后总股本不超过 4 亿股的，网下初始发行比例不低于本次公开发行股票数量的 70% |
| 2 | 公开发行后总股本超过 4 亿股或者发行人尚未盈利的，网下初始发行比例不低于本次公开发行股票数量的 80% |
| 3 | 应当安排不低于本次网下发行股票数量的 50% 优先向公募产品（包括为满足不符合科创板投资者适当性要求的投资者投资需求而设立的公募产品）、社保基金、养老金、根据《企业年金基金管理办法》设立的企业年金基金（以下简称企业年金基金）和符合《保险资金运用管理办法》等相关规定的保险资金（以下简称保险资金）配售 |
| 4 | 公募产品、社保基金、养老金、企业年金基金和保险资金有效申购不足安排数量的，发行人和主承销商可以向其他符合条件的网下投资者配售剩余部分 |
| 5 | 对网下投资者进行分类配售的，同类投资者获得配售的比例应当相同。公募产品、社保基金、养老金、企业年金基金和保险资金的配售比例应当不低于其他投资者 |
| 6 | 安排向战略投资者配售股票的，应当扣除向战略投资者配售部分后确定网下网上发行比例 |

资料来源：《上海证券交易所科创板股票发行与承销实施办法》。

通过比较网下投资者申购与初始发行量、网上投资者申购与初始发行量，可以在网上网下之间调整发行数量，具体规则如表 3－16 所示。

**表 3－16　网下网上回拨机制**

| 条　件 | 规　则 |
|---|---|
| 网下投资者申购数量＜网下初始发行量 | 中止发行 |
| 网上投资者申购数量＜网上初始发行量 | 可以回拨给网下投资者 |
| 50 倍＜网上投资者有效申购倍数①≤100 倍 | 从网下向网上回拨，回拨比例为本次公开发行股票数量的 5% |
| 网上投资者有效申购倍数＞100 倍 | 从网下向网上回拨，回拨比例为本次公开发行股票数量的 10% |
| 回拨后无限售期的网下发行数量原则上不超过本次公开发行股票数量的 80%。公开发行股票数量应当按照扣除设定限售期的股票数量计算 | |

资料来源：《上海证券交易所科创板股票发行与承销实施办法》。

以微芯生物为例，发行人最初拟通过战略配售、网下发行和网上发行三种方式发行股份 5000 万股，约占发行后总股本 41000 万股的 12.20%。其中，初始战略配售数量为 750 万股，占发行总数量的 15.00%；回拨机制启动前，网下初始发行数量为 3400 万股，占扣除初始战略配售数量后发行数量的 80.00%；网上初始发行数量为 850 万股，占扣除初始战略配售数量后发行数量的 20.00%。

在确定发行价格后，经过协商，微芯生物最终战略配售数量 700 万股与初始战略配售数量 750 万股不同，按照规定差额部分 50 万股首先回拨至网下发行，因此在网上网下回拨机制启动前，网下发行数量调整为 3450 万股。

网上申购结束后，微芯生物网上发行有效申购户数为 3194480 户，有效申购股数为 25128144000 股，计算得出网上初步有效申购倍数为 2956.25 倍，远超 100 倍，因此，发行人和主承销商启动回拨机制，将 430 万股股票由网下回拨至网上。回拨机制启动后，网下最终发行数量为 3020 万股，占

① 网上投资者初步有效申购倍数＝网上有效申购数量/回拨前网上发行数量。

扣除最终战略配售数量后发行数量的 70.23%，占本次发行总量的 60.40%；网上最终发行数量为 1280 万股，占扣除最终战略配售数量后发行数量的 29.77%，占本次发行总量的 25.60%（见表 3－17）。

**表 3－17　微芯生物两次发行数量调整**

单位：万股

| | 初始确定数量 | 第一次调整 | 调整后数量 | 回拨机制 | 最终确定数量 |
|---|---|---|---|---|---|
| 战略配售 | 750.00 | －50.00 | 700.00 | | 700.00 |
| 网下初始发行 | 3400.00 | 50.00 | 3450.00 | －430 | 3020.00 |
| 网上初始发行 | 850.00 | | 850.00 | 430 | 1280.00 |
| 合计 | 5000.00 | | 5000.00 | | 5000.00 |

资料来源：《微芯生物首次公开发行股票并在科创板上市发行结果公告》。

表 3－18 为截至 2019 年 8 月 31 日科创板成功上市的 28 家公司回拨情况及网上网下发行占比。因为所有公司的网上认购倍数都超过了 100 倍，所以均从网下向网上回拨公开发行股票数量的 10%。回拨之后 28 家公司网下配售比例也均在 60% 以上，中国通号和澜起科技网下配售比例均达到了 79%，而南微医学网下配售比例最低，为 61.54%（见图 3－6）。

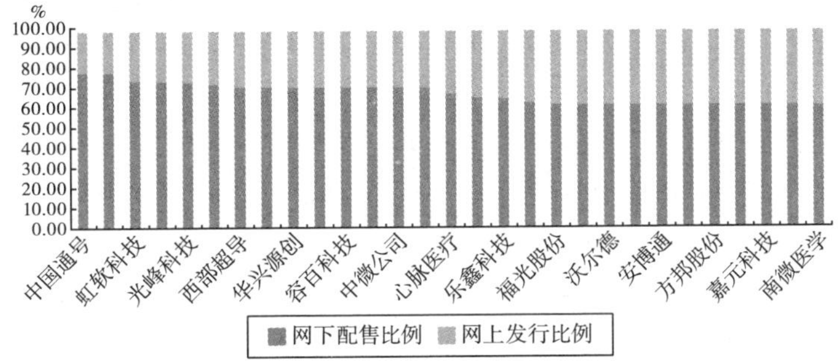


**图 3－6　28 家科创板上市公司网上网下发行比例**

表 3-18　28 家科创板 IPO 回拨情况

| 代码 | 名称 | 新股发行数量/万股 | 网下配售数量/万股 | 网下配售比例/% | 网上发行数量/万股 | 网上发行比例/% | 回拨比例/% |
|---|---|---|---|---|---|---|---|
| 688001. SH | 华兴源创 | 4010. 00 | 2863. 55 | 71. 41 | 1146. 45 | 28. 59 | 10 |
| 688002. SH | 睿创微纳 | 6000. 00 | 4374. 00 | 72. 90 | 1626. 00 | 27. 10 | 10 |
| 688003. SH | 天准科技 | 4840. 00 | 2995. 95 | 61. 90 | 1844. 05 | 38. 10 | 10 |
| 688005. SH | 容百科技 | 4500. 00 | 3213. 00 | 71. 40 | 1287. 00 | 28. 60 | 10 |
| 688006. SH | 杭可科技 | 4100. 00 | 2927. 40 | 71. 40 | 1172. 60 | 28. 60 | 10 |
| 688007. SH | 光峰科技 | 6800. 00 | 5036. 65 | 74. 07 | 1763. 35 | 25. 93 | 10 |
| 688008. SH | 澜起科技 | 11298. 14 | 8925. 49 | 79. 00 | 2372. 65 | 21. 00 | 10 |
| 688009. SH | 中国通号 | 180000. 00 | 142200. 00 | 79. 00 | 37800. 00 | 21. 00 | 10 |
| 688010. SH | 福光股份 | 3880. 00 | 2411. 85 | 62. 16 | 1468. 15 | 37. 84 | 10 |
| 688011. SH | 新光光电 | 2500. 00 | 1548. 00 | 61. 92 | 952. 00 | 38. 08 | 10 |
| 688012. SH | 中微公司 | 5348. 62 | 3818. 22 | 71. 39 | 1530. 40 | 28. 61 | 10 |
| 688015. SH | 交控科技 | 4000. 00 | 2634. 55 | 65. 86 | 1365. 45 | 34. 14 | 10 |
| 688016. SH | 心脉医疗 | 1800. 00 | 1220. 70 | 67. 82 | 579. 30 | 32. 18 | 10 |
| 688018. SH | 乐鑫科技 | 2000. 00 | 1306. 40 | 65. 32 | 693. 60 | 34. 68 | 10 |
| 688019. SH | 安集科技 | 1327. 71 | 840. 01 | 63. 27 | 487. 70 | 36. 73 | 10 |
| 688020. SH | 方邦股份 | 2000. 00 | 1238. 00 | 61. 90 | 762. 00 | 38. 10 | 10 |
| 688022. SH | 瀚川智能 | 2700. 00 | 1674. 00 | 62. 00 | 1026. 00 | 38. 00 | 10 |
| 688028. SH | 沃尔德 | 2000. 00 | 1240. 00 | 62. 00 | 760. 00 | 38. 00 | 10 |
| 688029. SH | 南微医学 | 3334. 00 | 2051. 90 | 61. 54 | 1282. 10 | 38. 46 | 10 |
| 688033. SH | 天宜上佳 | 4788. 00 | 3419. 10 | 71. 41 | 1368. 90 | 28. 59 | 10 |
| 688066. SH | 航天宏图 | 4150. 00 | 2573. 00 | 62. 00 | 1577. 00 | 38. 00 | 10 |
| 688088. SH | 虹软科技 | 4600. 00 | 3442. 90 | 74. 85 | 1157. 10 | 25. 15 | 10 |
| 688099. SH | 晶晨股份 | 4112. 00 | 2926. 85 | 71. 18 | 1185. 15 | 28. 82 | 10 |
| 688122. SH | 西部超导 | 4420. 00 | 3160. 30 | 71. 50 | 1259. 70 | 28. 50 | 10 |
| 688188. SH | 柏楚电子 | 2500. 00 | 1546. 20 | 61. 85 | 953. 80 | 38. 15 | 10 |
| 688321. SH | 微芯生物 | 5000. 00 | 3720. 00 | 74. 40 | 1280. 00 | 25. 60 | 10 |
| 688333. SH | 铂力特 | 2000. 00 | 1430. 00 | 71. 50 | 570. 00 | 28. 50 | 10 |
| 688388. SH | 嘉元科技 | 5780. 00 | 3575. 90 | 61. 87 | 2204. 10 | 38. 13 | 10 |

资料来源：Wind 资讯。

## 四、向战略投资者配售

战略投资者通常是指符合国家法律、法规和规定要求、与发行人具有合作关系或合作意向和潜力并愿意按照发行人配售要求与发行人签署战略投资配售协议的法人，是与发行公司业务联系紧密，且欲长期持有融资企业股份的法人。因此，战略投资者通常具有资金、技术、管理、市场、人才优势，能够促进产业结构升级，增强企业核心竞争力和创新能力，拓展企业产品市场占有率，致力于长期投资合作，谋求获得长期利益回报和企业可持续发展。在科创板新股发行中引入战略投资者，不仅对发行人未来的发展有好处，而且可以起到示范效应，增强潜在投资者信心，提高其申购意愿，从而提升新股发行的成功率。

《上海证券交易所科创板股票发行与承销实施办法》和《上海证券交易所科创板股票发行与承销业务指引》中均对科创板首次公开发行股票向战略投资者配售的要求作出了规定。首先，从参与主体来看，参与科创板发行人战略配售的投资者主要包括：

（1）与发行人经营业务具有战略合作关系或长期合作愿景的大型企业或其下属企业；

（2）具有长期投资意愿的大型保险公司或其下属企业、国家级大型投资基金或其下属企业；

（3）以公开募集方式设立，主要投资策略包括投资战略配售股票，且以封闭方式运作的证券投资基金；

（4）参与跟投的保荐机构相关子公司；

（5）发行人的高级管理人员与核心员工参与本次战略配售设立的专项资产管理计划；

（6）符合法律法规、业务规则规定的其他战略投资者。

战略投资者也有诸多限制，例如，参与战略配售的投资者不得同时参与公开发行股票网上发行与网下发行，且除保荐机构相关子公司外的战略投资者应当承诺获得本次配售的股票持有期限不少于12个月，持有期自公开发行的股票上市之日起计算。同时，根据公开发行股票数量规模不同，战略投资者获得配售的股票总量和战略投资者的数量也有不同的规定（见表3－19）。

**表3－19　战略投资者数量及获配股票数量相关规定**

<table>
<tr><th>条　件</th><th>战略投资者获得配售的股票总量</th><th>战略投资者的数量</th></tr>
<tr><td>首次公开发行股票数量 <1 亿股</td><td>≤本次公开发行股票数量的 20%</td><td>≤10 名</td></tr>
<tr><td>1 亿股≤首次公开发行股票数量 <4 亿股</td><td rowspan="2">原则上≤本次公开发行股票数量的 30%，超过的应当在发行方案中充分说明理由</td><td>≤20 名</td></tr>
<tr><td>首次公开发行股票数量≥4 亿股</td><td>≤30 名</td></tr>
<tr><td colspan="3">证券投资基金参与战略配售的，应当以基金管理人的名义作为 1 名战略投资者参与发行。同一基金管理人仅能以其管理的 1 只证券投资基金参与本次战略配售。<br>发行人和主承销商应当根据首次公开发行股票数量、股份限售安排以及实际需要，合理确定参与战略配售的投资者家数和比例，保障股票上市后必要的流动性。</td></tr>
</table>

资料来源：《上海证券交易所科创板股票发行与承销业务指引》。

科创板战略配售的一大亮点是试行了保荐机构相关子公司跟投制度，保荐机构相关子公司指的是发行人的保荐机构依法设立的相关子公司或者实际控制该保荐机构的证券公司依法设立的其他相关子公司，且应当使用自有资金进行跟投，并应当事先与发行人签署配售协议，承诺按照股票发行价格认购发行人首次公开发行股票数量2%～5%的股票，具体比例根据发行人首次公开发行股票的规模分档确定。同时，相较别的战略投资者，保荐机构相关子公司获配股票的限售期更长，不得少于发行人首次公开发行并上市之日起24个月（见表3－20）。

**表3－20　保荐机构相关子公司跟投比例及规模**

| 发行规模/亿元 | 跟投比例/% | 跟投规模/亿元 |
|---|---|---|
| <10 | 5 | ≤0.4 |

续表

| 发行规模/亿元 | 跟投比例/% | 跟投规模/亿元 |
|---|---|---|
| 10≤发行规模<20 | 4 | ≤0.6 |
| 20≤发行规模<50 | 3 | ≤1 |
| ≥50 | 2 | ≤10 |

资料来源：《上海证券交易所科创板股票发行与承销业务指引》。

以微芯生物为例，其战略配售由两大部分组成：一是保荐机构相关子公司跟投；二是发行人高级管理人员与核心员工参与战略配售设立的专项资产管理计划。

（1）安信证券投资有限公司

安信证券投资有限公司作为保荐机构依法设立的另类投资子公司参与战略配售，获配的股票数量为200万股，获配金额为4086万元，限售期为24个月。

（2）安信证券微芯生物高管参与科创板战略配售集合资产管理计划

公司高级管理人员通过安信证券微芯生物高管参与科创板战略配售集合资产管理计划参与战略配售，获配的股票数量为500万股，获配金额为10215万元，限售期为12个月。高级管理人员的姓名、职务、持有专项计划份额比例及通过专项计划间接配售股份数量情况如表3-21所示。

**表3-21 安信证券微芯生物高管参与科创板战略配售集合资产管理计划**

| 序号 | 姓名 | 职 务 | 专项计划份额/% | 股份数量/万股 |
|---|---|---|---|---|
| 1 | XIANPINGLU | 董事长、总经理、核心技术人员 | 57 | 285 |
| 2 | 宁志强 | 副总经理 | 10 | 50 |
| 3 | 李志斌 | 副总经理 | 10 | 50 |
| 4 | 黎建勋 | 董事、副总经理、财务负责人 | 8 | 40 |
| 5 | 海鸥 | 董事、副总经理、董事会秘书 | 6 | 30 |
| 6 | 赵疏梅 | 副总经理 | 5 | 25 |
| 7 | 佘亮基 | 副总经理 | 4 | 20 |
| 总计 | | | 100 | 500 |

截至2019年8月31日，28家科创板上市公司均采用了战略配售的方式。战略投资者数量最多的是中国通号，共有12家战略投资者参与了新股配售，其次是5家战略投资者获得配售的澜起科技，心脉医疗和虹软科技以3家战略投资者参与并列第三，有6家上市公司获得两家战略投资者跟投，除1家为保荐机构相关子公司跟投外，其余多为员工或高管参与科创板战略配售的集合资产管理计划，而有18家仅有1家战略投资者获得配售，且均为保荐机构相关子公司跟投（见图3－7、表3－22）。

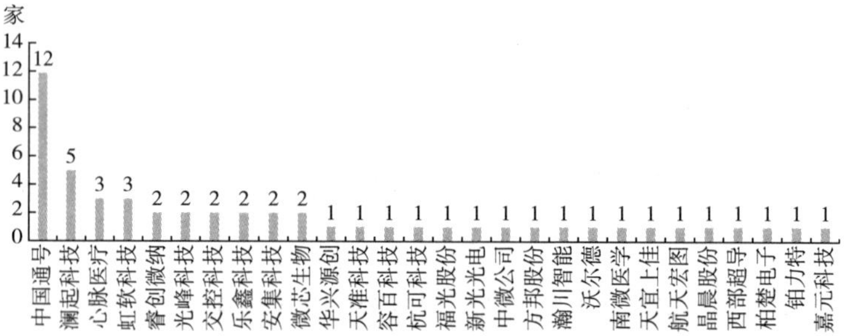


**图3－7　战略投资者配售情况**

**表3－22　战略投资者配售情况**

| 代码 | 名称 | 战略投资者名称 | 获配数量/股 | 锁定期/月 |
|---|---|---|---|---|
| 688001. SH | 华兴源创 | 华泰创新投资有限公司 | 1648804 | 24 |
| 688002. SH | 睿创微纳 | 华泰睿创微纳创科睿知1号员工持股集合资产管理计划 | 3000000 | 12 |
| | | 中信证券投资有限公司 | 2400000 | 24 |
| 688003. SH | 天准科技 | 海通创新证券投资有限公司 | 1936000 | 24 |
| 688005. SH | 容百科技 | 中信证券投资有限公司 | 1800000 | 24 |
| 688006. SH | 杭可科技 | 国信资本有限责任公司 | 1640000 | 24 |
| 688007. SH | 光峰科技 | 华泰创新投资有限公司 | 2720000 | 24 |
| | | 华泰光峰科技员工持股计划家园1号集合资产管理计划 | 4548685 | 12 |

续表

| 代码 | 名称 | 战略投资者名称 | 获配数量/股 | 锁定期/月 |
|---|---|---|---|---|
| 688008. SH | 澜起科技 | 深圳市静水投资有限公司 | 1785000 | 12 |
| | | 中信证券投资有限公司 | 3389441 | 24 |
| | | 中国互联网投资基金（有限合伙） | 15420000 | 12 |
| | | 英特尔半导体（大连）有限公司 | 11298139 | 12 |
| | | 上海徐汇国有资产投资（集团）有限公司 | 2000000 | 12 |
| 688009. SH | 中国通号 | 中信兴业投资集团有限公司 | 11839000 | 12 |
| | | 国新投资有限公司 | 85470000 | 12 |
| | | 上海国际集团资产管理有限公司 | 11602000 | 12 |
| | | 中国人寿保险股份有限公司 | 11839000 | 12 |
| | | 国铁（天津）股权投资合伙企业（有限合伙） | 11839000 | 12 |
| | | 湖南轨道交通控股集团有限公司 | 23677500 | 12 |
| | | 中银金融资产投资有限公司 | 6037500 | 12 |
| | | 四川交投创新投资发展有限公司 | 11839000 | 12 |
| | | 新华人寿保险股份有限公司 | 11839000 | 12 |
| | | 华夏 3 年封闭运作战略配售灵活配置混合型证券投资基金（LOF） | 11839000 | 12 |
| | | 中国中投证券有限责任公司 | 36000000 | 24 |
| | | 博时科创主题 3 年封闭运作灵活配置混合型证券投资基金 | 11839000 | 12 |
| 688010. SH | 福光股份 | 兴证投资管理有限公司 | 1586042 | 24 |
| 688011. SH | 新光光电 | 中信建投投资有限公司 | 1050144 | 24 |
| 688012. SH | 中微公司 | 海通创新证券投资有限公司 | 2068252 | 24 |
| 688015. SH | 交控科技 | 中国中投证券有限责任公司 | 2000000 | 24 |
| | | 中金公司丰众 6 号员工参与科创板战略配售集合资产管理计划 | 3456000 | 12 |

续表

| 代码 | 名称 | 战略投资者名称 | 获配数量/股 | 锁定期/月 |
|---|---|---|---|---|
| 688016. SH | 心脉医疗 | 国泰君安君享科创板心脉1号战略配售集合资产管理计划 | 1542139 | 12 |
| | | 华菁证券投资有限公司 | 865239 | 24 |
| | | 国泰君安证裕投资有限公司 | 865239 | 24 |
| 688018. SH | 乐鑫科技 | 招商资管乐鑫员工参与科创板战略配售集合资产管理计划 | 840575 | 12 |
| | | 招商证券投资有限公司 | 800000 | 24 |
| 688019. SH | 安集科技 | 中信证券安集科技员工参与科创板战略配售集合资产管理计划 | 407200 | 12 |
| | | 申银万国创新证券投资有限公司 | 663855 | 24 |
| 688020. SH | 方邦股份 | 华泰创新投资有限公司 | 800000 | 24 |
| 688022. SH | 瀚川智能 | 安信证券投资有限公司 | 1350000 | 24 |
| 688028. SH | 沃尔德 | 中信建投投资有限公司 | 1000000 | 24 |
| 688029. SH | 南微医学 | 南京蓝天投资有限公司 | 1143946 | 24 |
| 688033. SH | 天宜上佳 | 中信建投投资有限公司 | 1963672 | 24 |
| 688066. SH | 航天宏图 | 国信资本有限责任公司 | 2075000 | 24 |
| 688088. SH | 虹软科技 | 中信建投投资有限公司 | 1840000 | 24 |
| | | 华泰创新投资有限公司 | 1840000 | 24 |
| | | 华泰虹软家园1号科创板员工持股计划集合资产管理计划 | 2054478 | 12 |
| 688099. SH | 晶晨股份 | 国泰君安证裕投资有限公司 | 1558441 | 24 |
| 688122. SH | 西部超导 | 中信建投投资有限公司 | 2210000 | 24 |
| 688188. SH | 柏楚电子 | 中信证券投资有限公司 | 874890 | 24 |
| 688321. SH | 微芯生物 | 安信证券投资有限公司 | 2000000 | 24 |
| | | 安信证券微芯生物高管参与科创板战略配售集合资产管理计划 | 5000000 | 12 |
| 688333. SH | 铂力特 | 中信建投投资有限公司 | 1000000 | 24 |
| 688388. SH | 嘉元科技 | 东兴证券投资有限公司 | 2123142 | 24 |

资料来源：Wind 资讯。

## 五、超额配售选择权

超额配售选择权（Over - AllotmentOption）也叫绿鞋期权（Green - ShoeOption），由美国名为波士顿绿鞋制造公司 1963 年首次公开发行股票（IPO）时率先使用而得名，主要在市场气氛不佳、对发行结果不乐观或难以预料的情况下使用。目的是防止新股发行上市后股价下跌至发行价或发行价以下，增强参与一级市场认购的投资者的信心，实现新股股价由一级市场向二级市场的平稳过渡。

超额配售选择权是指发行人在股票上市后一段时间内授予主承销商的一项选择权，获此授权的主承销商按同一发行价格超额发售不超过包销数额 15% 的股份，即主承销商按不超过包销数额 115% 的股份向投资者发售。在本次增发包销部分的股票上市之日起 30 日内，当股票股价上扬时，主承销商即以发行价行使绿鞋期权，从发行人处购得超额的 15% 股票以冲掉自己超额发售的空头，并收取超额发售的费用。此时不必花高价去市场购买，只需发行人多发行相应数量的股份给包销商即可，实际总发行数量为原定的 115%。当股价下跌时，主承销商将不行使该期权，而是从股票二级市场上购回超额发行的股票以支撑价格并对冲空头（平仓），以赚取中间差价。此时实际发行数量与原定数量相等，即 100%。由于此时市价低于发行价，主承销商这样做也不会受到损失。

超额配售选择权在中国出现的时间较晚。2006 年证监会修订《证券发行与承销管理办法》，指出首次公开发行股票数量在 4 亿股以上的，发行人和主承销商可以在发行方案中采用超额配售选择权。2006 年 10 月 27 日，工商银行 IPO 首次运用了超额配售选择权。不过由于 A 股发行市盈率的限制以及炒新情绪较好，A 股的短期发行破发率很低，对超额配售选择权的需求度不高，因而 A 股 IPO 采用超额配售选择权的公司也极为鲜见，后续仅有农业银行和光大银行两家。如今科创板对超额配售选择权作出规定，截至2019年7月11日，科创板已有147家公司上报，共有75家公司在招股说明书中披露允许采用超额配售选择权，整体占比为51.4%。

（一）科创板超额配售选择权相关规定

《上海证券交易所科创板股票发行与承销业务指引》第二十一条规定发行人和主承销商可以在发行方案中采用超额配售选择权，采用超额配售选择权发行股票数量不得超过首次公开发行股票数量的15%，主承销商采用超额配售选择权，应当与参与本次配售并同意作出延期交付股份安排的投资者达成协议。

发行人股票上市之日起30个自然日内，主承销商有权使用超额配售股票募集的资金，从二级市场购买发行人股票，但每次申报的买入价不得高于本次发行的发行价。主承销商可以根据超额配售选择权行使情况，要求发行人按照超额配售选择权方案发行相应数量股票。主承销商应当在超额配售选择权行使期届满或者累计行使数额达到采用超额配售选择权发行股票数量限额的5个工作日内，根据超额配售选择权行使情况，向发行人支付超额配售股票募集的资金，向同意延期交付股票的投资者交付股票。

（二）超额配售权的具体操作

发行人和主承销商在审慎评估采用超额配售选择权的可行性、预期目标后，确定采用超额配售权的，应首先征集投资者认购意向，明确投资者预先付款并同意向其延期交付股票，与投资者达成协议。主承销商应当将超额配售股票募集的资金存入其在商业银行开设的独立账户，并向中国结算上海分公司申请开立使用超额配售股票募集的资金买入股票的专门账户。

在发行人股票上市之日起30个自然日内，若发行人股票的市场交易价格低于发行价格的，主承销商有权使用超额配售股票募集的资金，在连续竞价时间以《上海证券交易所科创板股票交易特别规定》规定的本方最优价格申报方式购买发行人股票，且申报买入价格不得超过本次发行的发行价；若主承销商购买股票数量未达到全额行使超额配售选择权拟发行股票数量的，可以要求发行人按照发行价格增发股票。

在发行人股票上市之日起 30 个自然日内，若发行人股票的市场交易价格高于发行价格的，主承销商不需要在二级市场购买股票，可以要求发行人按照发行价格增发股票。

主承销商有向投资者支付股票和向发行人支付资金的责任。在超额配售选择权行使期届满或者累计购回股票数量达到采用超额配售选择权发行股票数量限额的 5 个工作日内，主承销商应当将超额配售选择权专门账户上所有股份向同意延期交付股票的投资者交付；同时，还应当将应付给发行人的资金[①]（如有）支付给发行人；除了购回股票使用的资金及划转给发行人增发股票部分的资金（如有）外，若还有剩余资金，主承销商应当将剩余资金向中国证券投资者保护基金有限责任公司交付，纳入证券投资者保护基金。

### （三）超额配售选择权的信息披露要求

采用超额配售选择权的发行人和主承销商应当在招股意向书和招股说明书中披露超额配售选择权实施方案，包括实施目标、操作策略、可能发生的情形以及预期达到的效果等；在发行公告中披露全额行使超额配售选择权拟发行股票的具体数量。

在超额配售选择权行使期届满或者累计购回股票数量达到采用超额配售选择权发行股票数量限额的 2 个工作日内，发行人与主承销商应当披露

① 应付资金按以下公式计算：发行人因行使超额配售选择权的募集资金 = 发行价 ×（超额配售选择权累计行使数量 - 主承销商从二级市场买入发行人股票的数量）- 因行使超额配售选择权而发行新股的承销费用。

以下情况：

（1）超额配售选择权行使期届满或者累计购回股票数量达到采用超额配售选择权发行股票数量限额的日期；

（2）超额配售选择权实施情况是否合法、合规，是否符合所披露的有关超额配售选择权的实施方案要求，是否实现预期达到的效果；

（3）因行使超额配售选择权而发行的新股数量；如未行使或部分行使，应当说明买入发行人股票的数量及所支付的总金额、平均价格、最高与最低价格；

（4）发行人本次筹资总金额；

（5）上交所要求披露的其他信息。

主承销商应当保留使用超额配售股票募集资金买入股票的完整记录，保存时间不得少于10年。所保存的记录应当及时更新以下使用超额配售股票募集资金的有关信息：

（1）每次申报买入股票的时间、价格与数量；

（2）每次申报买入股票的价格确定情况；

（3）买入股票的每笔成交信息，包括成交时间、成交价格、成交数量等。

在全部发行工作完成后10个工作日内，获授权的主承销商应当将超额配售选择权的实施情况以及使用超额配售股票募集资金买入股票的完整记录报上交所备案。

# 第四节　科创板发行承销制度与国内外市场的对比

## 一、科创板与 A 股其他板块的对比

首先来回顾一下我国 IPO 定价制度的发展历史。2000 年以前，我国新股发行遵循审批制，新股首发价格的制定与新股审批制配套，以政府指导为主，发行市盈率相对刚性，1990—1993 年新股以非市场化的固定价格定价发行；1993—1998 年，以固定市盈率定价发行，新股发行市盈率一般在 12～15 倍之间。证监会曾在 1994 年尝试采用网上竞价来实现新股市场化定价，但最终因市场尚未成熟而搁浅。1998 年随着新股定价方式的创新，市盈率开始突破 15 倍上限。

2000 年以后，我国 IPO 制度改审批制为核准制。核准制下，我国的 IPO 定价机制得到进一步发展，先是经历了 2000—2004 年网上竞价发行和按市值配售发行的网上累计投标定价阶段，从 2004 年开始，我国 IPO 定价机制逐步走向市场化询价制度，先后经历了新股发行定价由证监会窗口指导、2009 年取消窗口指导、2014 年指导新股定价 23 倍市盈率等阶段，其间 A 股新股定价机制不断完善，在探索中走向市场化，最终在科创板迎来

了全面的市场化询价制度。

科创板相比A股主板、中小板和创业板，在发行承销方面进行了更多的市场化改革，可以进一步发挥机构投资者的专业优势，督促发行人制定更加市场化的发行价格，具体体现在以下几个方面。

### （一）询价对象仅为专业机构投资者

从询价对象来看，A股主板、中小板和创业板包括机构投资者与符合要求的个人，而科创板的询价对象仅为专业机构投资者。由于科创板对投资者的投资经验和风险承受能力要求较高，个人投资者被科创板排除在询价对象之外。相较个人投资者，机构投资者能接触到的企业与市场信息更加充分，投资经验也更为丰富，因此，对拟发行公司的价值判断将更加准确，其对新股的定价也将更为合理。

### （二）定价过程全面市场化

A股其他板块规定，对于公开发行股票数量在2000万股（含）以下且无老股转让计划的，可以通过直接定价的方式确定发行价格，并且全部向网上投资者发行，不进行网下询价和配售。而科创板取消了这一规定，对所有新股采用全面的市场化询价制度，不再有直接定价方式，使得发行价格的制定更加公允真实。科创板具体询价流程与A股现行的询价流程相似，既可以通过初步询价确定发行价格；也可以先进行初步询价确定发行价格区间，再通过累计投标询价确定发行价格。

### （三）报价中位数与加权平均数约束定价

科创板规定，初步询价结束后，如确定的发行价格（或价格区间中值）超过剔除最高报价部分后有效报价的中位数和加权平均数，以及公募产品、社保基金和养老金等机构投资者报价的加权平均数和中位数孰低值的，应当在申购前至少一周发布投资风险特别公告并充分说明理由，约束发行人与承销商必须严格依照询价结果进行定价。

### （四）配售环节提高网下比例

A股其他板块关于网下初始发行比例的规定为，公开发行后总股本在4亿股（含）以下的，网下初始发行比例不低于本次公开发行股票数量的60%；公开发行后总股本超过4亿股的，网下初始发行比例不低于本次公开发行股票数量的70%。其中，应当安排不低于本次网下发行股票数量的40%优先向公募基金、社保基金和养老金配售。而科创板将这些比例均提高10%，规定公开发行后总股本在4亿股（含）以下的，网下初始发行比例不低于本次公开发行股票数量的70%；公开发行后总股本超过4亿股的，网下初始发行比例不低于本次公开发行股票数量的80%。其中，应当安排不低于本次网下发行股票数量的50%优先向公募基金、社保基金和养老金配售。科创板这一举措加大了网下机构投资者的获配额度。

### （五）回拨机制进一步向网下倾斜

当网上投资者有效申购倍数较高时，A股实施了较大比例的网下向网上回拨，这将会减少网下投资者获得配售的股票数量，而科创板大幅下调了回拨比例，并且取消了当网上投资者有效申购倍数超过150倍时，回拨后网下发行比例不超过10%的规定。科创板更高的网下申购比例强化了网下投资者的报价约束，从而引导投资者理性参与，与此同时，科创板也规定了回拨后无限售期的网下发行数量原则上不超过80%，保障了网上中小投资者的申购比例（见表3-23）。

**表3-23　不同板块网下向网上回拨比例规定**

| | A股其他板块 | 科创板 |
|---|---|---|
| 50 < 网上投资者有效申购倍数≤100 | 20% | 5% |
| 网上投资者有效申购倍数 > 100 | 40% | 10% |
| 网上投资者有效申购倍数 > 150 | 回拨后网下发行比例不超过10% | |

### （六）完善战略配售机制

A 股原有板块允许首次公开发行股票数量在 4 亿股以上的公司向战略投资者配售股票。科创板规定，首次公开发行股票数量在 1 亿股以上的，可以向战略投资者配售不超过本次公开发行股票数量的 30%；不足 1 亿股的，可配售不超过 20%，较 A 股原有板块 4 亿股发行数量的门槛大幅降低。引入战略投资者既可以向其他投资人说明发行股票的价格合理性，保障新股的成功发行，也有助于发行企业的长远发展。

在战略配售对象上，科创板允许保荐机构相关子公司和发行人高管与核心员工参与。在 A 股原来板块中，保荐机构及其相关子公司被禁止参与新股认购，但科创板规定，发行人的保荐机构依法设立的相关子公司或者实际控制该保荐机构的证券公司依法设立的其他相关子公司，参与本次发行战略配售，并对获配股份设定不低于 24 个月的限售期。科创板引入保荐机构相关子公司跟投制度主要是加大对主承销商的约束，在一定程度上约束了保荐机构更加合理审慎地定价。同时科创板规定，发行人的高管与核心员工可以设立专项资产管理计划参与战略配售，获配的股票数量不得超过 IPO 股票数量的 10%，限售期为不少于 12 个月。高管与核心员工间接参与公司新股配售，既可以提高对高管和核心员工的长期激励，同时也向投资者传达了积极的信号，有助于新股定价被其他投资者认可。

### （七）引入超额配售选择权

A 股原有板块规定首发数量在 4 亿股以上的，发行人和主承销商可以采用超额配售选择权，而科创板没有受到发行数量限制，所有发行人和主承销商都可以采用超额配售选择权，同时超额配售选择权发行股票数量不得超过首发数量的 15%。

科创板的设立加快了我国资本市场改革的脚步，同样，2009 年正式落地的创业板在经历了十年的发展后，也迎来新的改革契机，2019 年 8 月 18

日，《中共中央国务院关于支持深圳建设中国特色社会主义先行示范区的意见》出台，指出要提高金融服务实体经济能力，研究完善创业板发行上市、再融资和并购重组制度，创造条件推动注册制改革。从长远来看，创业板推行注册制改革将进一步扩大其包容性，更好地发挥金融资本对实体经济的服务功能，支持更多优秀企业打破资金瓶颈实现长远发展。同时，推动创业板注册制改革也是资本市场增量带动存量，稳步推进注册制改革的重要体现，是我国资本市场市场化成熟化的关键一步。下面重点对科创板和创业板的发行承销制度进行对比，从中发现科创板的制度优势，并探寻创业板改革的方向（见表3－24）。

表 3-24 科创板和创业板发行承销制度对比

| 发行环节 | | 科创板 | 创业板 |
|---|---|---|---|
| 询价 | 询价对象 | 证券公司、基金管理公司、信托公司、财务公司、保险公司、QFII 和私募基金管理人等专业机构投资者；无个人投资者 | （1）证券公司、基金公司、信托公司、财务公司、保险公司以及 QFII 等机构投资者以及符合要求的个人投资者；<br>（2）网下投资者报价时应当持有不少于 1000 万元市值的非限售股份或非限售存托凭证（合并计算），机构投资者持有的市值应当以其管理的各个产品为单位单独计算 |
| | 申报价格 | （1）网下投资者可以为其不同配售对象分别填报一个报价，每个报价应当包含配售对象信息、每股价格和对应拟申购股数；<br>（2）同一网下投资者全部报价中的不同拟申购价格不超过 3 个 | （1）网下投资者报价应当包含每股价格和该价格对应的拟申购股数，且只能有一个报价；<br>（2）非个人投资者应当以机构为单位进行报价 |
| 定价 | 定价方式 | 向网下投资者询价的定价方式，可以通过初步询价确定发行价格；也可以初步询价确定发行价格区间后，通过累计投标询价确定发行价格；无直接定价 | （1）可以采用向网下投资者询价的方式确定股票发行价格，也可以采用自主协商直接定价等其他合法可行的方式确定发行价格；<br>（2）首次公开发行股票数量在 2000 万股（含）以下且无老股转让计划的，可以通过直接定价的方式确定发行价格。采用直接定价方式的，全部向网上投资者发行，不进行网下询价和配售 |
| | 定价流程 | （1）剔除最高报价部分；<br>（2）根据“四数”（即网下投资者剔除最高报价部分后有效报价的中位数和加权平均数，以及公开募集方式设立的证券投资基金和其他偏股型资产管理产品、全国社会保障基金和基本养老保险基金的报价中位数和加权平均数，）确定发行价格（或价格区间） | （1）剔除报价的最高部分，剔除部分不得低于拟申购总量的 10%；<br>（2）根据剩余报价及拟申购数量协商确定发行价格（或区间） |

续表

| 发行环节 | | 科创板 | 创业板 |
| --- | --- | --- | --- |
| 定价 | 相关信息披露要求 | （1）主承销商应当向网下投资者提供投资价值研究报告；<br>（2）应当披露“四数”等信息 | （1）投资者名称、申购价格及对应的拟申购数量；<br>（2）剔除最高报价有关情况；<br>（3）剔除最高报价部分后网下投资者报价的中位数和加权平均数以及公募基金报价的中位数和加权平均数；<br>（4）有效报价和发行价格（或区间）的确定过程；发行价格（或区间）及对应的市盈率及计算方式；<br>（5）网下网上的发行方式和发行数量 |
| | 风险特别提示 | 初步询价结束后，如确定的发行价格（或价格区间中值）超过“四数”孰低值的，应当在申购前至少一周发布投资风险特别公告。内容至少包括：<br>（1）说明确定的发行价格（或者价格区间中值）超过“四数”孰低值的理由及定价依据；<br>（2）提请投资者关注发行价格（或者发行价格区间）与网下投资者报价之间的差异；<br>（3）提请投资者关注投资风险，审慎研判发行定价的合理性，理性做出投资决策。<br>市盈率高于同行业上市公司二级市场平均市盈率的不要求发布投资风险特别公告 | 如公告的发行价格（或发行价格区间上限）市盈率高于同行业上市公司二级市场平均市盈率，应发投资风险特别公告。内容至少包括：<br>（1）比较分析发行人与同行业上市公司的差异及该差异对估值的影响；提请投资者关注发行价格与网下投资者报价之间存在的差异；<br>（2）提请投资者关注投资风险，审慎研判发行定价的合理性，理性做出投资决策 |

续表

| 发行环节 | | 科创板 | 创业板 |
| --- | --- | --- | --- |
| 配售 | 初始比例分配 | (1)公开发行后总股本不超过4亿股的,网下初始发行比例不低于本次公开发行股票数量的70%;<br>(2)公开发行后总股本超过4亿股或者发行人尚未盈利的,网下初始行比例不低于本次公开发行股票数量的80% | (1)首次公开发行股票采用询价方式的,公开发行股票后总股本4亿股(含)以下的,网下初始发行比例不低于本次公开发行股票数量的60%;<br>(2)发行后总股本超过4亿股的,网下初始发行比例不低于70% |
| | 网下优先配售 | 公募、社保、养老金、年金、保险不低于50% | 公募、社保、养老金不低于40% |
| | 回拨机制 | (1)网上投资者有效申购倍数超过50倍且不超过100倍的,应当从网下向网上回拨,回拨比例为本次公开发行股票数量的5%;<br>(2)网上投资者有效申购倍数超过100倍的,回拨比例为10%,回拨后无限售期的网下发行数量原则上不超过80% | (1)网上投资者有效申购倍数超过50倍、低于100倍(含)的,应当从网下向网上回拨,回拨比例为本次公开发行股票数量的20%;<br>(2)网上投资者有效申购倍数超过100倍的,回拨比例为40%;<br>(3)网上投资者有效申购倍数超过150倍的,回拨后网下发行比例不超过10% |
| | 网上配售 | (1)每5000元市值可申购500股;<br>(2)超额认购时,摇号配售 | (1)上海每10000元市值可申购1000股、深圳每5000元市值可申购500股;<br>(2)超额认购时,摇号配售 |

续表

| 发行环节 | | 科创板 | 创业板 |
|---|---|---|---|
| 配售 | 战略配售 | （1）无特殊要求，具体比例为：首发数量在1亿股以上的，战略投资者配售比例不超过30%，超过的应当在发行方案中充分说明理由；首发数量不足1亿股的，战略投资者配售比例不超过20%；<br>（2）战略投资者限售期不少于12个月；<br>（3）增加保荐机构相关子公司跟投制度；<br>（4）发行人的高级管理人员与核心员工也可以设立专项资产管理计划参与发行战略配售 | （1）首发数量在4亿股以上的，可以向战略投资者配售；<br>（2）战略投资者不参与网下询价，限售期不少于12个月；首发网下配售不得向发行人及其股东、实际控制人、董事、监事、高级管理人员和其他员工进行配售；不得向过去6个月内与主承销商存在保荐、承销业务关系的公司及其持股5%以上的股东、实际控制人、董事、监事、高级管理人员进行配售 |
| 配售 | 超额配售选择权 | （1）无特殊要求，发行人和主承销商可以采用超额配售选择权；<br>（2）超额配售选择权发行股票数量不得超过首发数量的15%；<br>（3）发行人股票上市之日起30个自然日内，主承销商有权使用超额配售资金从二级市场购买发行人股票，申报买入价不得高于本次发行价 | （1）首发数量在4亿股以上的，发行人和主承销商可以采用超额配售选择权；<br>（2）根据《关于开展创新企业境内发行股票或存托凭证试点的若干意见》认定的试点企业在境内发行股票或存托凭证的，根据需要采用超额配售选择权 |
| 中止发行 | | （1）预计发行后总市值不满足选定市值与财务指标上市标准，应当中止发行；<br>（2）首次公开发行股票网下投资者申购数量低于网下初始发行量的，应当中止发行 | （1）剔除最高报价部分后有效报价投资者数量不足的，应当中止发行；<br>（2）网下和网上投资者缴款认购的新股或可转换公司债券数量合计不足本次公开发行数量的70%时，可以中止发行；<br>（3）首次公开发行股票网下投资者申购数量低于网下初始发行量的，应当中止发行 |

## 二、科创板与港股和纳斯达克的对比

香港创业板成立于1999年11月25日，宗旨是为新兴有增长潜力的企业提供一个筹集资金的渠道，它是主板以外的一个完全独立的新的股票市场，与主板市场具有同等的地位，但其在上市条件、交易方式、监管方法和内容上都与主板市场有很大差别。

1971年，纳斯达克（NASDAQ）是全美证券交易商协会组织和管理的一个自动报价系统，成立之初，纳斯达克并无撮合交易功能，交易通过证券商达成；不设立挂牌标准，只要有做市场愿意做市就可以挂牌出现在报价系统中。1982年，纳斯达克开发出了全国市场系统，成了一个具备交易功能的场外市场（OTC），2006年1月，美国证监会SEC正式批准纳斯达克注册成为继NYSE和AMEX之后的美国第三家全国性证券交易所。纳斯达克成功抓住了20世纪80年代的PC浪潮与90年代开始的互联网浪潮，作为一个新兴的股票交易市场吸纳了一批新兴的科技公司，帮助上市公司在成长期获得融资，上市企业的迅速发展让投资者对纳斯达克市场拥有更多信心。

与成熟的港股创业板和纳斯达克相比，我国刚刚成立的科创板还处于起步阶段，各项制度设计仍需不断完善。下面对科创板、港股和纳斯达克在发行承销方面的制度进行初步比较（见表3-25）。

**表 3－25　科创板与港股和纳斯达克的对比**

| 制度 | 科创板 | 港股创业板 | 纳斯达克 |
| --- | --- | --- | --- |
| 询价对象 | 证券公司、基金管理公司、信托公司、财务公司、保险公司、QFII 和私募基金管理人等专业机构投资者 | 基石投资者、锚定投资者等机构投资者与认购金额超过 800 万港币的个人投资者 | 养老基金、人寿保险基金、财产保险基金、共同基金、信托基金、对冲基金等机构投资者和个人投资者 |
| 定价 | 向网下投资者询价，可以通过初步询价确定发行价格；也可以初步询价确定发行价格区间后，通过累计投标询价确定发行价格 | 累计投标询价＋固定价格发行的混合定价机制 | 市场化的累计投标询价制，包括基础分析、市场调查以及路演定价三个阶段 |
| 配售 | 网上发行＋网下配售，我国承销商没有完全的自主配售权，但可以协商确定网下询价投资者的条件，之后采取比例配售方式向机构投资者配售 | 国际配售（类同网下发行）＋公开发售（类同网上发行）<br>（1）公开发售部分至少要占总发行的 10%，这部分新股采用固定价格发行，由散户投资者公开认购；<br>（2）国际配售部分由承销商售给经其甄选的投资机构及专业投资者，占比招股总额达到 85%～90%，采用累计投标询价的定价机制，由发行人与承销商根据投资者的需求信息进行定价并进行自主配售 | 网上发行＋网下配售，机构投资者认购部分占发行规模的比例一般为 90%，并且美股承销商有自主配售权利，可以按照一定的标准自主选择机构投资者并确定投资者获配数量 |
| 回拨机制 | （1）网上投资者有效申购倍数超过 50 倍且不超过 100 倍的，应当从网下向网上回拨，回拨比例为本次公开发行股票数量的 5%；<br>（2）网上投资者有效申购倍数超过 100 倍的，回拨比例为 10%，回拨后无限售期的网下发行数量原则上不超过 80% | （1）网上认购倍数为 15－50 倍时，公开发售部分增加到 30%；<br>（2）网上认购倍数为 50－100 倍时，公开发售部分增加到 40%；<br>（3）网上认购倍数 100 倍及以上时，公开发售比例增加到 50% | 具有较大灵活性的回拨机制，网下向网上回拨比例最大可达到 50% |

续表

| 制度 | 科创板 | 港股创业板 | 纳斯达克 |
|---|---|---|---|
| 战略配售 | 五类战略投资者为与发行人经营业务具有战略合作关系或长期合作愿景的大型企业或其下属企业；具有长期投资意愿的大型保险公司或其下属企业、国家级大型投资基金或其下属企业；以公开募集方式设立，主要投资策略包括投资战略配售股票，且以封闭方式运作的证券投资基金；参与跟投的保荐机构相关子公司；发行人的高级管理人员与核心员工参与本次战略配售设立的专项资产管理计划；战略投资者限售期不少于 12 个月，保荐机构相关子公司限售期不少于 24 个月 | （1）通过战略配售引入基石投资者，主要是专业机构投资者、大型企业集团等，并设定 3～6 个月的限售期；<br>（2）发行人及其附属公司或联营公司的雇员及其家属、或前雇员及其家属，或为该等人士利益而设立的信托基金、公积金或退休金计划可按优惠条件认购不超过总数 10% 的新股 | 通过战略配售引入投资者，主要是专业机构投资者、大型企业集团等，并设定 3～6 个月的限售期 |
| 超额配售选择权 | （1）无特别超额配售条件；<br>（2）超额配售对象为战略投资者；<br>（3）超额配售选择权发行股票数量不得超过首发数量的 15%；<br>（4）锁定期不少于 12 个月；<br>（5）不得卖出为稳定股价而购入的股票，稳定股价所获价差收益需交付证券投资者保护基金 | （1）超额配售条件：只有在国际配售超额的时候才可以额外发售；<br>（2）超额配售对象为国际配售承配人；<br>（3）发行人授权的主承销商可在股票上市之日起 30 天内，按同一发行价格超额发售不超过包销数额 15% 的股份；<br>（4）基石投资者锁定期不少于 6 个月；<br>（5）在买入二级市场股票同时是可以卖出的，价差收益归主承销商 | （1）超额配售条件：全球平均日交易额至少 100 万美元；公众持有的普通股市值至少 1.5 亿美元；<br>（2）超额配售对象为国际配售承配人；<br>（3）发行人授权的主承销商可在股票上市之日起 30 天内，按同一发行价格超额发售不超过包销数额 15% 的股份；<br>（4）超额配售股份的锁定期由发行人与投资者禁售协议确定；<br>（5）在买入二级市场股票同时是可以卖出的，价差收益归主承销商 |

# 第四章

# 科创板交易制度分析

2019年1月28日，证监会发布《关于在上海证券交易所设立科创板并试点注册制的实施意见》，指出要完善科创板交易制度。在交易安排方面，科创板采取独立交易模块和独立行情显示。交易日历、证券账户、申报成交等安排与上交所主板一致。基于科创板上市公司特点和投资者适当性要求，建立更加市场化的交易机制，研究制定股票日涨跌幅等标准。适当提高每笔最低交易股票数量。稳妥、有序将科创板股票纳入融资融券标的，促进融资融券业务均衡发展。在竞价交易基础上，条件成熟时引入做市商机制。

随着科创板建设进程的推进，2019年3月1日，上交所密集颁布了一系列科创板交易配套业务规则文件，包括《上海证券交易所科创板股票盘后固定价格交易指引》《上海证券交易所科创板股票交易特别规定》《上海证券交易所科创板股票交易风险揭示书必备条款》等，4月30日发布《科创板转融通证券出借和转融券业务实施细则》，6月14日发布《上海证券交易所科创板股票异常交易实时监控细则（试行）》。表4－1即为科创板交易制度相关的部分文件目录，本章后面的内容将对科创板二级市场交易方面的规则进行解读。

**表4－1　科创板交易制度相关文件名录**

| | |
|---|---|
| **上海证券交易所** | |
| 2019.3.1 | 《上海证券交易所科创板股票盘后固定价格交易指引》 |
| 2019.3.1 | 《上海证券交易所科创板股票交易特别规定》 |
| 2019.4.30 | 《科创板转融通证券出借和转融券业务实施细则》 |
| 2019.4.30 | 《上海证券交易所科创板股票上市规则》 |
| 2019.6.14 | 《上海证券交易所科创板股票异常交易实时监控细则（试行）》 |
| 2019.7.15 | 《关于科创板战略投资者参与证券出借业务有关事项的通知》 |
| 2019.8.9 | 《上海证券交易所融资融券交易实施细则》 |
| 2019.8.9 | 《关于扩大融资融券标的股票范围的通知》 |
| **中国证券业协会** | |
| 2019.5.31 | 《科创板首次公开发行股票网下投资者管理细则》 |
| **深交所** | |
| 2019.8.9 | 《关于扩大融资融券标的股票范围的通知》 |

## 第一节 科创板交易机制

### 一、交易主体

相比 A 股其他板块，科创板设置了更高的投资门槛。《上海证券交易所科创板股票交易特别规定》第三条指出，科创板股票交易实行投资者适当性管理制度，会员应当制定科创板股票投资者适当性管理的相关工作制度，对投资者进行适当性管理，而会员指的是上交所会员，是具备一定条件、经申请并经过上交所批准承认、允许其参加证券交易活动的正式成员。参与科创板股票交易的投资者应当符合上交所规定的适当性管理要求，个人投资者还应当通过会员组织的科创板股票投资者适当性综合评估。

（一）个人投资者条件

个人投资者参与科创板股票交易，应当符合下列条件：

（1）申请权限开通前 20 个交易日证券账户及资金账户内的资产日均不低于人民币 50 万元（不包括该投资者通过融资融券融入的资金和证券）；

（2）参与证券交易 24 个月以上。

### （二）会员对投资者的核查

上交所会员需要对参与科创板交易的投资者进行一系列的核查工作，确保其有资格参与科创板交易。

（1）会员应当对投资者是否符合科创板股票投资者适当性条件进行核查，并对个人投资者的资产状况、投资经验、风险承受能力和诚信状况等进行综合评估。

（2）会员应当重点评估个人投资者是否了解科创板股票交易的业务规则与流程，以及是否充分知晓科创板股票投资风险。

（3）会员应当动态跟踪和持续了解个人投资者交易情况，至少每两年进行一次风险承受能力的后续评估。

（4）会员应当全面了解参与科创板股票交易的投资者情况，提出明确的适当性匹配意见，不得接受不符合适当性管理要求的投资者参与科创板股票交易。

会员应当通过适当方式，向投资者充分揭示科创板股票交易风险事项，提醒投资者关注投资风险，引导其理性、规范地参与科创板股票交易。

（5）会员应当要求首次委托买入科创板股票的客户，以纸面或电子形式签署科创板股票交易风险揭示书，风险揭示书应当充分揭示科创板的主要风险特征。客户未签署风险揭示书的，会员不得接受其申购或者买入委托。

投资者自身应当充分知悉和了解科创板股票交易风险事项、法律法规和本所业务规则，结合自身风险认知和承受能力，审慎判断是否参与科创板股票交易。

## 二、交易方式

投资者可以通过三种方式参与科创板股票交易，除竞价交易和大宗交易外，还增加了独特的盘后固定价格交易。

### （一）交易申报要求

首先了解一下股票交易申报要求，客户可以提交限价委托或市价委托进行限价申报和市价申报。限价委托是指客户委托会员按其限定的价格买卖证券，会员必须按限定的价格或低于限定的价格申报买入证券；按限定的价格或高于限定的价格申报卖出证券。市价委托是指客户委托会员按市场价格买卖证券。

买卖科创板股票，申报价格应当符合价格涨跌幅限制相关规定，否则为无效申报。在连续竞价阶段的限价申报，应当符合下列要求：①买入申报价格不得高于买入基准价格的102%；②卖出申报价格不得低于卖出基准价格的98%。这里所称买入（卖出）基准价格，为即时揭示的最低卖出（最高买入）申报价格；无即时揭示的最低卖出（最高买入）申报价格的，为即时揭示的最高买入（最低卖出）申报价格；无即时揭示的最高买入（最低卖出）申报价格的，为最新成交价；当日无成交的，为前收盘价。这一有效价格申报范围机制也被称为“价格笼子”制度，具体总结如表4－2所示，其中股票委托买入，价格由高到低依次排队，出价最高者为买一，同理，股票委托卖出，价格由低到高依次排队，出价最低者为卖一。

**表4－2　连续竞价阶段的限价申报规定**

| 买一价 | 卖一价 | 买入申报价格 | 卖出申报价格 |
|---|---|---|---|
| 有申报 | 有申报 | 不得高于卖一价的102% | 不得低于买一价的98% |
| 有申报 | 无申报 | 不得高于买一价的102% | 不得低于卖一价的98% |
| 无申报 | 有申报 | 不得高于卖一价的102% | 不得低于卖一价的98% |
| 无申报 | 无申报 | 不得高于最新成交价的102% | 不得低于最新成交价的98% |
| 无成交且无申报 | 无成交且无申报 | 不得高于前收盘价的102% | 不得低于前收盘价的98% |

买卖科创板股票，在连续竞价阶段的市价申报，申报内容应当包含投资者能够接受的最高买价（买入保护限价）或者最低卖价（卖出保护限价）。上交所交易系统处理前款规定的市价申报时，买入申报的成交价格

和转为限价申报的申报价格不高于买入保护限价，卖出申报的成交价格和转为限价申报的申报价格不低于卖出保护限价。

（二）竞价交易

科创板股票交易实行竞价交易，条件成熟时引入做市商机制，做市商可以为科创板股票提供双边报价服务。做市商应当根据本所业务规则和做市协议，承担为科创板股票提供双边持续报价、双边回应报价等义务。科创板股票做市商的条件、权利、义务以及监督管理等事宜，由本所另行规定，并经中国证监会批准后生效。

市价申报适用于有价格涨跌幅限制股票与无价格涨跌幅限制股票连续竞价期间的交易。根据市场需要，上交所可以接受下列方式的市价申报：

（1）最优五档即时成交剩余撤销申报，即该申报在对手方实时 5 个最优价位内以对手方价格为成交价逐次成交，剩余未成交部分自动撤销。

（2）最优五档即时成交剩余转限价申报，即该申报在对手方实时 5 个最优价位内以对手方价格为成交价逐次成交，剩余未成交部分按本方申报最新成交价转为限价申报；如该申报无成交的，按本方最优报价转为限价申报；如无本方申报的，该申报撤销。

（3）本方最优价格申报，即该申报以其进入交易主机时，集中申报簿中本方最优报价为其申报价格。

（4）对手方最优价格申报，即该申报以其进入交易主机时，集中申报簿中对手方最优报价为其申报价格。

（5）上交所规定的其他方式。

本方最优价格申报进入交易主机时，集中申报簿中本方无申报的，申报自动撤销。对手方最优价格申报进入交易主机时，集中申报簿中对手方无申报的，申报自动撤销。

上交所对科创板股票竞价交易实行价格涨跌幅限制，涨跌幅比例为

20%。科创板股票涨跌幅价格的计算公式为：涨跌幅价格 = 前收盘价 ×（1 ± 涨跌幅比例）。首次公开发行上市的股票，上市后的前5个交易日不设价格涨跌幅限制。

通过限价申报买卖科创板股票的，单笔申报数量应当不小于200股，且不超过10万股；通过市价申报买卖的，单笔申报数量应当不小于200股，且不超过5万股。卖出时，余额不足200股的部分，应当一次性申报卖出。

（三）盘后固定价格交易

盘后固定价格交易，指在收盘集合竞价结束后，上交所交易系统按照时间优先顺序对收盘定价申报进行撮合，并以当日收盘价成交的交易方式（见表4－3）。

**表4－3　盘后固定价格交易规定**

| 环节 | 具体内容 |
| --- | --- |
| 提交收盘定价委托指令 | 客户通过盘后固定价格交易买卖科创板股票的，应当向会员提交收盘定价委托指令。收盘定价委托指令应当包括：证券账户号码、证券代码、买卖方向、限价、委托数量等内容 |
| 时间规定 | 上交所接受交易参与人收盘定价申报的时间为每个交易日9：30—11：30、13：00—15：30<br>盘后固定价格交易的时间为每个交易日的15：05—15：30 |
| 有关停牌股票的特殊规定 | （1）开市期间停牌的，停牌期间可以继续申报；<br>（2）停牌当日复牌的，已接受的申报参加当日该股票复牌后的盘后固定价格交易；<br>（3）当日15：00仍处于停牌状态的，上交所交易主机后续不再接受收盘定价申报，当日已接受的收盘定价申报无效 |
| 申报有效期 | （1）收盘定价申报当日有效；<br>（2）接受申报的时间内，未成交的申报可以撤销。撤销指令经上交所交易主机确认方为有效 |
| 申报数量要求 | 单笔申报数量应当不小于200股，且不超过10万股。卖出时，余额不足200股的部分，应当一次性申报卖出 |

续表

| 环节 | 具体内容 |
| --- | --- |
| 撮合成交 | 若收盘价高于收盘定价买入申报指令的限价，则该笔买入申报无效；若收盘价低于收盘定价卖出申报指令的限价，则该笔卖出申报无效；<br>上交所以收盘价为成交价、按照时间优先原则对收盘定价申报进行逐笔连续撮合 |
| 即时行情 | 每个交易日 9：30—15：05，收盘定价申报不纳入即时行情；<br>15：05—15：30，盘后固定价格交易阶段的申报及成交纳入即时行情；<br>即时行情内容包括：证券代码、证券简称、收盘价、盘后固定价格交易当日累计成交数量、盘后固定价格交易当日累计成交金额以及买入或卖出的实时申报数量 |
| 计入成交量等 | 盘后固定价格交易量、成交金额在盘后固定价格交易结束后计入该股票当日总成交量、总成交金额 |
| 减持规定 | 通过盘后固定价格交易减持股份的，视同竞价交易执行股份减持的相关规定 |

### （四）大宗交易

大宗交易，又称大宗买卖，是指达到规定的最低限额的证券单笔买卖申报，买卖双方经过协议达成一致并经交易所确定成交的证券交易。需要注意的是，科创板股票大宗交易不适用《上海证券交易所交易规则》中关于固定价格申报相关规定。上交所每个交易日接受科创板股票大宗交易成交申报的时间为 9：30—11：30、13：00—15：30。在上交所进行的证券买卖符合以下条件的，可以采用大宗交易方式：A 股单笔买卖申报数量应当不低于 30 万股，或者交易金额不低于 200 万元人民币。

上交所接受下列大宗交易申报：

（1）意向申报：意向申报指令应当包括证券账号、证券代码、买卖方向等。意向申报应当真实有效。申报方价格不明确的，视为至少愿以规定的最低价格买入或最高价格卖出；数量不明确的，视为至少愿以大宗交易单笔买卖最低申报数量成交。当意向申报被会员接受（包括其他会员报出比意向申报更优的价格）时，申报方应当至少与一个接受意向申报的会员进行成交申报。

（2）成交申报：买卖双方就大宗交易达成一致后，应当委托会员通过交易业务单元向本所交易系统提出成交申报，申报指令应当包括以下内容：证券代码、证券账号、买卖方向、成交价格、成交数量、本所规定的其他内容；成交申报的证券代码、成交价格和成交数量必须一致；有价格涨跌幅证券的成交申报价格，由买方和卖方在当日价格涨跌幅限制范围内确定；无价格涨跌幅限制证券的成交申报价格，由买卖双方在前收盘价格的上下30%或当日已成交的最高、最低价格之间自行协商确定。

（3）上交所认可的其他大宗交易申报。

每个交易日9：30—15：30时段确认的成交，于当日进行清算交收。

会员应当保证大宗交易参与者实际拥有与其申报相对应的证券或者资金。持有或者租用本所交易业务单元的机构参与大宗交易，应当通过持有或者租用的交易业务单元提出申报，并确保拥有与申报相对应的证券或者资金。

## 第二节 股票异常交易实时监控

2019 年 6 月 14 日，上交所颁布了《上海证券交易所科创板股票异常交易实时监控细则（试行）》，对科创板股票交易期间的异常波动、异常交易行为监控及监督管理作出了明确的规定。这一规定充分考虑了科创板运行中的交易风险，从交易机制可以看出，科创板在新股上市的前 5 个交易日不设置涨跌幅，之后每个交易日涨跌幅为 20%，而目前 A 股其他板块新股上市首日涨跌幅为 44%，之后每个交易日涨跌幅为 10%，科创板的股价波动相比 A 股其他板块要高出很多。因此，上交所针对新股上市的前 5 个交易日设置了盘中临时停牌制度，针对每个正常交易日设置了异常波动和严重异常波动的判定和监控机制，从而维护科创板股票交易秩序，保护投资者合法权益，防范交易风险。

### 一、无价格涨跌幅限制时

科创板虽然对上市后的前 5 个交易日的股票不设价格涨跌幅限制，但规定了盘中异常波动时的盘中临时停牌制度。实施盘中临时停牌后，上交所将通过官方网站（www. sse. com. cn）和卫星传输系统对外发布公告，具体停复牌时间，以上交所公告为准（见表4－4、图4－1）。

**表4－4　上市后的前5个交易日盘中异常波动时的盘中临时停牌制度**

<table>
<tr><th>异常波动表现</th><th>临时停牌操作</th></tr>
<tr><td>无价格涨跌幅限制的股票盘中交易价格较当日开盘价格首次上涨或下跌达到或超过30%的</td><td rowspan="3">当出现三种异常波动现象中的任意一项时，便可以启动临时停牌，单次盘中临时停牌的持续时间为10分钟；停牌时间跨越14：57的，于当日14：57复牌；盘中临时停牌期间，可以继续申报，也可以撤销申报，复牌时对已接受的申报实行集合竞价撮合</td></tr>
<tr><td>无价格涨跌幅限制的股票盘中交易价格较当日开盘价格首次上涨或下跌达到或超过60%的</td></tr>
<tr><td>中国证监会或者本所认定属于盘中异常波动的其他情形</td></tr>
</table>

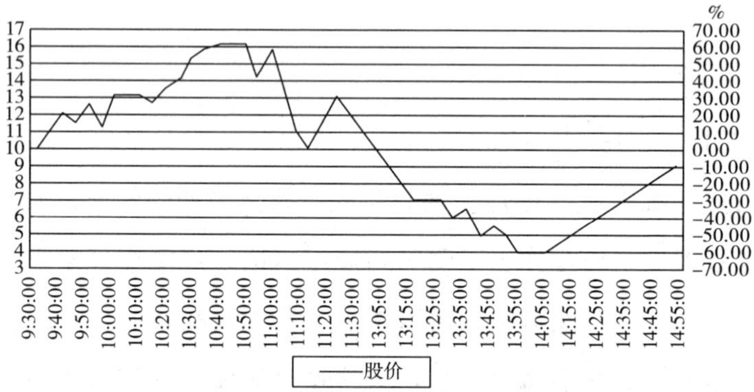


**图4－1　上市后的前5个交易日盘中异常波动时的盘中临时停牌制度**

## 二、有价格涨跌幅限制时

### （一）公布买入卖出金额前5家

有价格涨跌幅限制的股票竞价交易出现下列情形之一的，上交所公布当日买入、卖出金额最大的5家会员营业部的名称及其买入、卖出金额。

（1）日收盘价格涨跌幅达到±15%的各前5只股票。

（2）日价格振幅达到30%的前5只股票，价格振幅的计算公式为：价格振幅＝（当日最高价格－当日最低价格）/当日最低价格×100%。

（3）日换手率达到30%的前5只股票，换手率的计算公式为：换手率＝成交股数/无限售流通股数×100%。收盘价格涨跌幅、价格振幅或换手率相同的，依次按成交金额和成交量选取。

### （二）异常波动

科创板股票竞价交易出现下列情形之一的，属于异常波动，本所公告该股票交易异常波动期间累计买入、卖出金额最大5家会员营业部的名称及其买入、卖出金额：

（1）连续3个交易日内日收盘价格涨跌幅偏离值[①]累计达到±30%；

（2）中国证监会或者本所认定属于异常波动的其他情形。

### （三）严重异常波动

科创板股票竞价交易出现下列情形之一的，属于严重异常波动，本所公告严重异常波动期间的投资者分类交易统计等信息：

（1）连续10个交易日内3次出现第十二条规定的同向异常波动情形；

（2）连续10个交易日内日收盘价格涨跌幅偏离值累计达到+100%（-50%）；

（3）连续30个交易日内日收盘价格涨跌幅偏离值累计达到+200%（-70%）；

（4）中国证监会或者本所认定属于严重异常波动的其他情形。

科创板股票交易出现严重异常波动的多种情形的，上交所一并予以公告。科创板股票交易出现严重异常波动情形的，上市公司应当按照《上市规则》规定及时予以核查并采取相应措施。经上市公司核查后无应披露未披露重大事项，也无法对异常波动原因作出合理解释的，除按照《上市规

---

① 收盘价格涨跌幅偏离值为单只股票涨跌幅与对应基准指数涨跌幅之差。基准指数由上交所向市场公告。

则》规定处理外，上交所可根据市场情况，加强异常交易监控，并要求会员采取有效措施向客户提示风险。

投资者应当按照上交所相关规定，审慎开展股票交易，不得滥用资金、持股等优势进行集中交易，影响股票交易价格正常形成机制。可能对市场秩序造成重大影响的大额交易，投资者应当选择适当的交易方式，根据市场情况分散进行。

（四）异常交易行为监控

上交所根据《上海证券交易所科创板股票异常交易实时监控细则（试行）》规定的异常交易行为类型，结合申报数量和频率、股票交易规模、市场占比、价格波动情况、股票基本面、上市公司重大信息和市场整体走势等因素进行定性与定量分析，对投资者异常交易行为进行认定（见表4－5）。

投资者在科创板股票交易中实施异常交易行为的，上交所可对其实施以下监管措施或者纪律处分：

（1）口头警示；

（2）书面警示；

（3）将账户列为重点监控账户；

（4）要求投资者提交合规交易承诺书；

（5）暂停投资者账户交易；

（6）限制投资者账户交易；

（7）认定为不合格投资者；

（8）上交所规定的其他监管措施或者纪律处分。

表 4－5　投资者异常交易行为认定

| 行为 | 描述 | 表　现 |
|---|---|---|
| 虚假申报 | 不以成交为目的，通过大量申报并撤销等行为，引诱、误导或者影响其他投资者正常交易决策的异常交易行为 | 1. 开盘集合竞价阶段同时存在下列情形的，本所对有关交易行为予以重点监控：<br>（1）以偏离前收盘价 5% 以上的价格申报买入或者卖出；<br>（2）累计申报数量或者金额较大；<br>（3）累计申报数量占市场同方向申报总量的比例较高；<br>（4）累计撤销申报数量占累计申报数量的 50% 以上；<br>（5）以低于申报买入价格反向申报卖出或者以高于申报卖出价格反向申报买入；<br>（6）股票开盘集合竞价虚拟参考价涨（跌）幅 5% 以上。<br>2. 连续竞价阶段多次同时存在下列情形且累计撤销申报数量占累计申报数量的 50% 以上的，本所对有关交易行为予以重点监控：<br>（1）最优 5 档内申报买入或者卖出；<br>（2）单笔申报后，在实时最优 5 档内累计剩余有效申报数量或者金额巨大，且占市场同方向最优 5 档剩余有效申报总量的比例较高；<br>（3）申报后撤销申报。<br>3. 连续竞价阶段，股票交易价格处于涨（跌）幅限制状态，同时存在下列情形 2 次以上的，本所对有关交易行为予以重点监控：<br>（1）单笔以涨（跌）幅限制价格申报后，在该价格剩余有效申报数量或者金额巨大，且占市场该价格剩余有效申报总量的比例较高；<br>（2）单笔撤销以涨（跌）幅限制价格的申报后，在涨（跌）幅限制价格的累计撤销申报数量占以该价格累计申报数量的 50% 以上 |

续表

| 行为 | 描述 | 表现 |
| --- | --- | --- |
| 拉抬打压股价 | 大笔申报、连续申报、密集申报或者明显偏离股票最新成交价的价格申报成交，其间股票交易价格明显上涨（下跌）的异常交易行为 | 1. 在有价格涨跌幅限制股票的开盘集合竞价阶段，同时存在下列情形的，本所对有关交易行为予以重点监控：<br>（1）成交数量或者金额较大；<br>（2）成交数量占成交期间市场成交总量的比例较高；<br>（3）股票开盘价涨（跌）幅5%以上。<br>2. 连续竞价阶段任意3分钟内同时存在下列情形的，本所对有关交易行为予以重点监控：<br>（1）买入成交价呈上升趋势或者卖出成交价呈下降趋势；<br>（2）成交数量或者金额较大；<br>（3）成交数量占成交期间市场成交总量的比例较高；<br>（4）股票涨（跌）幅4%以上。<br>3. 收盘集合竞价阶段同时存在下列情形的，本所对有关交易行为予以重点监控：<br>（1）成交数量或者金额较大；<br>（2）成交数量占期间市场成交总量的比例较高；<br>（3）股票涨（跌）幅3%以上 |
| 维持涨（跌）幅限制价格 | 通过大笔申报、连续申报、密集申报，维持股票交易价格处于涨（跌）幅限制状态的异常交易行为 | 1. 连续竞价阶段同时存在下列情形的，本所对有关交易行为予以重点监控：<br>（1）股票交易价格处于涨（跌）幅限制状态；<br>（2）单笔以涨（跌）幅限制价格申报后，在该价格剩余有效申报数量或者金额巨大，占市场该价格剩余有效申报总量的比例较高，且持续10分钟以上。<br>2. 收盘集合竞价阶段同时存在下列情形的，本所对有关交易行为予以重点监控：<br>（1）连续竞价结束时股票交易价格处于涨（跌）幅限制状态；<br>（2）连续竞价结束时和收盘集合竞价结束时，市场涨（跌）幅限制价格剩余有效申报数量或者金额巨大；<br>（3）收盘集合竞价结束时，收盘集合竞价阶段新增涨（跌）幅限制价格申报的剩余有效申报数量或者金额较大；<br>（4）收盘集合竞价结束时，涨（跌）幅限制价格剩余有效申报数量占市场该价格剩余有效申报总量的比例较高 |

续表

| 行为 | 描述 | 表　现 |
| --- | --- | --- |
| 自买自卖和互为对手方交易 | 在自己实际控制的账户之间或者关联账户之间大量进行股票交易，影响股票交易价格或者交易量的异常交易行为 | 1. 股票交易同时存在下列情形的，本所对有关交易行为予以重点监控：<br>（1）在自己实际控制的账户之间频繁、大量交易；<br>（2）成交数量占股票全天累计成交总量的 10% 以上或者收盘集合竞价阶段成交数量占成交期间市场成交总量的 30% 以上。<br>2. 股票交易同时存在下列情形的，本所对有关交易行为予以重点监控：<br>（1）两个或者两个以上涉嫌关联的证券账户之间互为对手方进行频繁、大量交易；<br>（2）成交数量占股票全天累计成交总量的 10% 以上或者收盘集合竞价阶段成交数量占成交期间市场成交总量的 30% 以上 |
| 严重异常波动股票申报速率异常 | 违背审慎交易原则，在股票交易出现严重异常波动情形后的 10 个交易日内，利用资金优势、持股优势，在短时间内集中申报加剧股价异常波动的异常交易行为 | 股票交易出现严重异常波动情形后 10 个交易日内，连续竞价阶段 1 分钟内单向申报买入（卖出）单只严重异常波动股票金额超过 1000 万元的，上交所对有关交易行为予以重点监控 |

投资者实施异常交易行为具有下列情形之一的，上交所从重实施监管措施或者纪律处分：

（1）在一定时间内反复、连续实施异常交易行为；

（2）对严重异常波动股票实施异常交易行为；

（3）实施异常交易行为的同时存在反向交易；

（4）实施异常交易行为涉嫌市场操纵；

（5）因异常交易行为受到过本所纪律处分，或者因内幕交易、市场操纵等证券违法行为受到过行政处罚或者刑事制裁；

（6）上交所认定的其他情形。

## 第三节　融资融券业务

融资融券交易又称证券信用交易或保证金交易，是指投资者向具有融资融券业务资格的证券公司提供担保物，借入资金买入证券（融资交易）或借入证券并卖出（融券交易）的行为（见图4－2）。我国于2010年正式启动融资融券业务，但当时证券公司只能用自有资金和证券开展融资融券业务，使得融资融券交易的额度受到约束，2011年转融通业务正式推出，当年10月28日中国证券金融股份有限公司（以下简称“中证金融公司”）成立，这是中国境内唯一从事转融通业务的金融机构，中证金融公司可以将自有或者依法筹集的资金和证券出借给证券公司，以供其办理融资融券业务，进一步拓宽了证券公司融资融券业务资金和证券来源。转融通具体包括转融资业务和转融券业务。2012年，为促进转融通业务的进行，我国开始试行转融通证券出借业务，即证券出借人可以以一定费率通过交易所平台向中证金融公司出借上市证券，中证金融公司到期归还所借证券及其相应权益补偿并支付费用。这一系列业务打通了融资融券交易流程，改善了我国资本市场“单边市”的局面，从而可以建立更加完善的资本市场交易机制（见图4－3、表4－6）。

**图 4－2　融资融券、转融通与转融通证券出借业务**

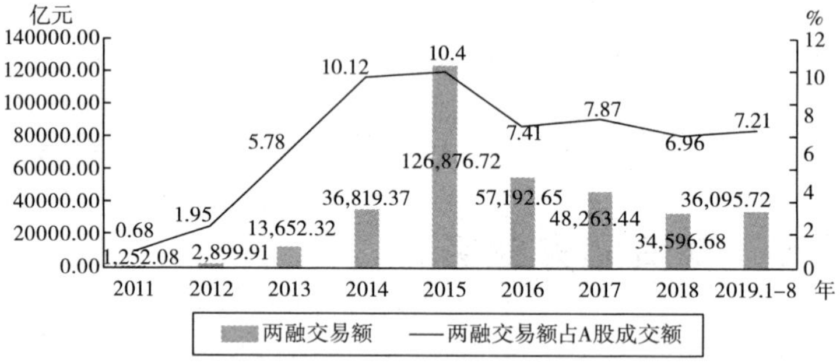


**图 4－3　2011 年以来两融交易额**

**表 4－6　融资融券交易额及占比**

| 年份 | 融资买入额/亿元 | 融资买入额占比/% | 融券卖出额/亿元 | 融券卖出额占比/% |
|---|---|---|---|---|
| 2011 | 1133. 66 | 90. 54 | 118. 42 | 9. 46 |
| 2012 | 2329. 6 | 80. 33 | 570. 31 | 19. 67 |
| 2013 | 12130. 23 | 88. 85 | 1522. 09 | 11. 15 |
| 2014 | 34347. 6 | 93. 29 | 2471. 77 | 6. 71 |
| 2015 | 120193 | 94. 73 | 6683. 75 | 5. 27 |
| 2016 | 57011. 89 | 99. 68 | 180. 76 | 0. 32 |
| 2017 | 47738. 25 | 98. 91 | 525. 18 | 1. 09 |
| 2018 | 34094. 91 | 98. 55 | 501. 77 | 1. 45 |
| 2019 | 35605. 37 | 98. 64 | 490. 35 | 1. 36 |

从两融发展情况来看，2011 年实施之后两融交易额规模不断增加，到 2015 年达到了 12 万亿元，占到 A 股成交额的 10.4%，而股灾之后，两融交易额便不断下降。从融资融券结构来看，融资买入占比一直在 90% 以上，融券卖出占比则不断下降，2016 年以来一直维持在 1% 左右。而科创板上市以来，融资融券交易活跃度不断增加，并且呈现出融资和融券均衡发展的态势，一个多月以来，融资余额和融券余额几乎以相同的速度增长（见图 4－4）。

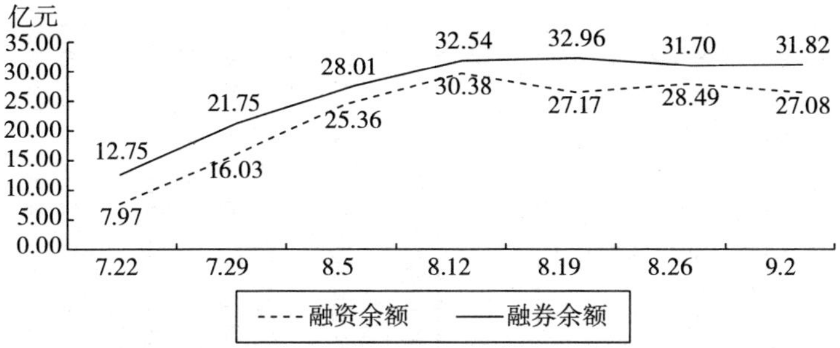


**图4－4　科创板上市以来融资融券余额**

## 一、融资融券标的范围

《上海证券交易所科创板股票交易特别规定》第十三条指出，科创板股票自上市首日起可作为融资融券标的，同时证券公司可以按规定借入科创板股票，具体事宜另行规定。

除科创板外，我国A股其他板块的融资融券标的范围也在扩大，2019年8月9日，证监会指导沪深交易所修订的《融资融券交易实施细则》正式出台，指导交易所进一步扩大融资融券标的范围，上交所选取275只股票作为新增标的股票，扩大范围后标的股票数量为800只，深交所选取375只股票作为新增标的股票，融资融券标的股票范围由现有425只扩大到800只。至此，融资融券标的股票数量由之前的950只扩大至1600只，市场融资融券标的市值占总市值比重由约70%达到80%以上，中小板、创业板股票市值占比大幅提升。

## 二、证券公司与投资者之间的融资融券业务

两大交易所对融资融券业务的主体参与资格和具体参与流程都作出了明确规定，无论是科创板还是其他各板块标的股票，证券公司和客户在开展融资融券业务时均需要满足以下规定（见表4－7）。

**表 4－7　融资融券业务具体规定**

| 规定 | 融资业务 | 融券业务 |
|---|---|---|
| 证券公司资格 | 只有取得证监会融资融券业务许可的证券公司，方可开展融资融券业务 | |
| 投资者资格 | 会员应当加强客户适当性管理，明确客户参与融资融券交易应具备的资产、交易经验等条件，引导客户在充分了解融资融券业务特点的基础上合法合规参与交易；<br>对从事证券交易时间不足半年、缺乏风险承担能力、最近 20 个交易日日均证券类资产低于 50 万元或者有重大违约记录的客户以及本公司股东、关联人，会员不得为其开立信用账户；<br>专业机构投资者参与融资、融券，可不受前款从事证券交易时间及证券类资产条件限制 | |
| 投资者开立账户 | 会员在向客户融资、融券前，应当为其开立信用证券账户和信用资金账户 | |
| 交易方式 | 竞价交易方式 | |
| 申报数量 | 融资买入、融券卖出股票的申报数量应当为 100 股（份）或其整数倍 | |
| 期限要求 | 会员与客户约定的融资、融券期限自客户实际使用资金或使用证券之日起计算，融资、融券期限最长不得超过 6 个月 | |
| 了结方式 | 客户融资买入证券后，可通过卖券还款或直接还款的方式向会员偿还融入资金。<br>（1）卖券还款是指客户通过其信用证券账户申报卖券，结算时卖出证券所得资金直接划转至会员融资专用资金账户的一种还款方式。<br>（2）以直接还款方式偿还融入资金的，具体操作按照会员与客户之间的约定办理 | 客户融券卖出后，自次一交易日起可通过买券还券或直接还券的方式向会员偿还融入证券。<br>（1）买券还券是指客户通过其信用证券账户申报买券，结算时买入证券直接划转至会员融券专用证券账户的一种还券方式。<br>（2）以直接还券方式偿还融入证券的，按照会员与客户之间约定以及交易所指定登记结算机构的有关规定办理 |
| 保证金 | 会员向客户融资、融券，应当向客户收取一定比例的保证金。保证金可以交易所上市交易的股票、证券投资基金、债券，货币市场基金、证券公司现金管理产品及交易所认可的其他证券充抵，且会员公布的可充抵保证金证券的折算率，不得高于交易所规定的标准 | |

续表

| 规定 | 融资业务 | 融券业务 |
| --- | --- | --- |
| 保证金比例 | 融资保证金比例不得低于100%；<br>融资保证金比例 = 保证金/(融资买入证券数量 × 买入价格) × 100% | 融券保证金比例不得低于50%；<br>融券保证金比例 = 保证金/(融券卖出证券数量 × 卖出价格) × 100% |
| 保证金可用余额 | 投资者融资买入或融券卖出时所使用的保证金不得超过其保证金可用余额。保证金可用余额是指投资者用于充抵保证金的现金、证券市值及融资融券交易产生的浮盈经折算后形成的保证金总额，减去投资者未了结融资融券交易已占用保证金和相关利息、费用的余额 | |
| 维持担保比例 | (1)会员应当对客户提交的担保物进行整体监控，并计算其维持担保比例。维持担保比例是指客户担保物价值与其融资融券债务之间的比例；维持担保比例 =（现金 + 信用证券账户内证券市值总和 + 其他担保物价值）/（融资买入金额 + 融券卖出证券数量 × 当前市价 + 利息及费用总和）。<br>(2)会员应当根据市场情况、客户资信和公司风险管理能力等因素，审慎评估并与客户约定最低维持担保比例要求 | |
| 风险控制 | (1)单只股票的融资监控指标达到25%时，交易所可以在次一交易日暂停其融资买入。<br>(2)该股票的融资监控指标降低至20%以下时，交易所可以在次一交易日恢复其融资买入 | (1)单只股票的融券余量达到该股票上市可流通量的25%时，交易所可以在次一交易日暂停其融券卖出。<br>(2)该股票的融券余量降低至20%以下时，交易所可以在次一交易日恢复其融券卖出 |

资料来源：《上海证券交易所融资融券交易实施细则》《深圳证券交易所融资融券交易实施细则》。

下面以A客户为例说明融资融券业务的具体操作。假设A客户向信用账户转入了200万元现金，及B股票50万股，市价10元/股；假设B股票折算率为70%，计算融资融券的利息和费用忽略不计，A客户的融资保证金比例为70%，融券保证金比例为80%，最低维持担保比例为130%。

此时A客户的保证金 $=200+50\times10\times70\%=550$ 万元。

（1）融资业务

假设几天后，A客户以8元/股的价格融资买入C股票25万股，当日B股票市价为11元/股。假设C股票折算率为70%。

执行该笔交易后保证金可用余额 $=200+50\times11\times70\%-25\times8\times70\%=44$ 万元。

此时账户的维持担保比例 $=(200+50\times11+25\times8)/(25\times8)=475\%$。

（2）融券业务

假设几天后，A客户以10元/股价格融券卖出D股票10万股；当日B股票市价为10.5元/股，C股票市价为9元/股。假设D股票折算率为70%。

执行该笔交易后保证金可用余额 $=200+10\times10+50\times10.5\times70\%+25\times(9-8)\times70\%-10\times10-25\times8\times70\%-10\times10\times80\%=365$ 万元。

此时账户的维持担保比例 $=(200+100+50\times10.5+25\times9)/(25\times8+10\times10)=350\%$。

## 三、中证金融公司与证券公司之间的转融通业务

中证金融公司对转融通业务作出了如下规定（见表4-8）。

表 4－8　转融资与转融通业务相关规定

| | 转融资业务 | 转融券业务 |
|---|---|---|
| 定义 | 中证金融公司将自有或者依法筹集的资金出借给证券公司，供其办理融资业务 | 中证金融公司将自有或者融入的证券出借给证券公司，供其办理融券业务的经营活动 |
| 借入人 | 符合下列条件的证券公司可以成为转融通借入人：<br>(1)具有融资融券业务资格，且业务运作规范；<br>(2)业务管理制度和风险控制制度健全，具有切实可行的业务实施方案；<br>(3)技术系统准备就绪；<br>(4)参与转融通业务应当具备的其他条件 | |
| 证券公司开立账户 | 证券公司与中证金融公司签订转融通业务合同后，应当向本公司申请开立转融通担保证券明细账户和转融通担保资金明细账户，用于记载其交存的担保证券和担保资金的明细数据 | |
| 转融通标的证券 | 中证金融公司根据融资融券标的证券相关管理规则和市场状况，合理确定转融通标的证券名单，在每一交易日开市前公布 | |
| 申报时间 | 中证金融公司接受证券公司转融资申报指令的时间为每个交易日 9:30—11:30、13:00—15:00，申报指令当日有效，在 15:00 前可撤销 | |
| 期限 | 转融资期限分为 7 天、14 天、28 天三个档次 | 转融券期限分为 3 天、7 天、14 天、28 天、182 天五个档次 |
| 费率 | 中证金融公司按照不同期限档次设置相应的转融资、转融券费率，在每一交易日开市前公布，当日固定，次一交易日可以调整 | |
| 成交日 | 转融资成交当日，中证金融公司向结算公司发送转融资成交数据，通过结算公司将出借资金划付证券公司 | 转融券成交当日，中证金融公司向结算公司发送转融券成交数据，通过结算公司将出借证券划付证券公司 |
| 归还日 | 转融资归还日，证券公司向结算公司提交归还本金和支付费用的资金划付指令，通过结算公司将相应资金划付中证金融公司 | 转融券归还日，证券公司向结算公司提交归还证券的证券划付指令和支付费用的资金划付指令，通过结算公司将相应证券和费用划付中证金融公司 |

资料来源：《中国证券金融股份有限公司转融通业务规则》。

## 四、科创板转融通证券出借和转融券业务

2019年4月30日，上海证券交易所、中国证券金融股份有限公司、中国证券登记结算有限责任公司联合发布了《科创板转融通证券出借和转融券业务实施细则》，对科创板转融券业务作出明确规定（见表4-9）。

**表4-9　科创板转融通证券出借与转融券规定**

| | 科创板转融通证券出借 | 科创板转融券 |
|---|---|---|
| 定义 | 证券出借人以一定的费率通过上海证券交易所综合业务平台向中国证券金融股份有限公司出借科创板证券，中国中证金融公司到期归还所借证券及相应权益补偿并支付费用 | 中国中证金融公司将自有或者依法筹集的科创板证券出借给科创板转融券借入人，供其办理融券 |
| 交易方式 | 约定申报和非约定申报。中国中证金融公司分别与出借人、借入人进行科创板证券出借、科创板转融券业务。通过约定申报方式参与科创板证券出借以及科创板转融券业务的，由出借人、借入人协商确定约定申报的数量、期限、费率等要素 | |
| 交易平台 | 中国中证金融公司提供信息交互平台，出借人、借入人可以通过信息交互平台发布出借意愿、借入意愿等信息 | |
| 交易主体 | 符合条件的公募基金、社保基金、保险资金等机构投资者以及参与科创板发行人首次公开发行的战略投资者，可以作为出借人，通过约定申报和非约定申报方式参与科创板证券出借 | 符合以下条件的证券公司，可以作为借入人通过约定申报和非约定申报方式参与科创板转融券业务：（1）具有融资融券业务资格，并已开通转融通业务权限；（2）业务管理制度和风险控制制度健全，具有切实可行的业务实施方案；（3）技术系统准备就绪；（4）参与科创板转融券业务应当具备中国中证金融公司规定的其他条件 |

续表

| | 科创板转融通证券出借 | 科创板转融券 |
|---|---|---|
| 证券范围和类型 | 科创板证券出借的标的证券范围，与上交所公布的可融券卖出的科创板标的证券范围一致；<br>可通过约定申报和非约定申报方式参与科创板证券出借的证券类型包括：<br>（一）无限售流通股；<br>（二）战略投资者配售获得的在承诺的持有期限内的股票；<br>（三）符合规定的其他证券 | 中国中证金融公司根据市场状况，确定可以参与科创板转融券业务的标的证券名单，在每一交易日开市前公布。<br>中国中证金融公司可以根据市场需求，将借入的战略投资者配售股票出借给证券公司，供其办理融券业务。借出期限届满后，中国中证金融公司应当将借入的股票返还给战略投资者。该部分股票归还至战略投资者后，继续按战略投资者获配取得的股份管理 |
| 约定申报方式下的出借期限 | 通过约定申报方式参与科创板证券出借的，证券出借期限可在 1 天至 182 天的区间内协商确定 | 通过约定申报方式参与科创板转融券业务的，转融券期限可在 1 天至 182 天的区间内协商确定 |
| 申报时间 | 上交所接受约定申报方式下出借人的出借申报时间为每个交易日的 9：30—11：30、13：00—15：00。约定申报当日有效。未成交的申报，15：00 前可以撤销 | 中国中证金融公司接受借入人科创板转融券约定申报指令的时间为每个交易日 9：30—11：30、13：00—15：00。科创板转融券约定申报指令未成交的，借入人可在 15：00 前撤销 |
| 申报数量 | 通过约定申报方式参与科创板证券出借的，申报数量应当符合以下规定：<br>（1）单笔申报数量应当为 100 股（份）的整数倍。<br>（2）最低单笔申报数量不得低于 1000 股（份），最大单笔申报数量不得超过 1000 万股（份）。<br>通过非约定申报方式参与科创板证券出借的，申报数量除了符合以上两项规定外，还应符合下面规定：中国中证金融公司最低单笔申报数量不得低于 1000 股（份），最大单笔申报数量不得超过 1 亿股（份） | 借入人以约定申报方式和非约定申报方式提交的科创板转融券申报指令应当符合以下规定：<br>（1）单笔申报数量应当为 100 股（份）的整数倍。<br>（2）最低单笔申报数量不得低于 1000 股（份），最大单笔申报数量不得超过 1000 万股（份） |

续表

| | 科创板转融通证券出借 | 科创板转融券 |
|---|---|---|
| 撮合成交 | 上交所对科创板证券出借约定申报进行实时撮合成交，生成成交数据，并对中国中证金融公司和出借人的账户可交易余额进行实时调整 | （1）约定申报：中国中证金融公司按照一一对应原则，对科创板转融券约定申报实时撮合成交，生成科创板转融券约定申报成交数据，并实时发送上交所。上交所接受科创板转融券约定申报成交数据的时间为每个交易日9：30至11：30、13：00至15：10。科创板转融券约定申报成交数据当日有效。<br>（2）非约定申报：对科创板转融券非约定申报，盘中申报、盘后一次性按比例撮合成交，中国结算日终根据中国中证金融公司直接发送的成交数据进行证券划转 |
| 清算交收 | 当日交易结束后，中国证券登记结算有限责任公司（以下简称中国结算）根据上交所的成交数据，对通过约定申报方式达成的科创板证券出借以多边净额结算方式进行清算交收 | 上交所接受中国中证金融公司发送的科创板转融券约定申报成交数据后，对中国中证金融公司和借入人的账户可交易余额进行实时调整确认，并向中国中证金融公司反馈调整结果；当日交易结束后上交所将中国中证金融公司该部分科创板转融券约定申报成交数据发送中国结算，中国结算据此对科创板转融券约定申报的成交以多边净额结算方式进行清算交收 |

## 第四节　科创板交易制度与国内外市场的对比

### 一、科创板与 A 股其他板块交易制度对比

科创板在交易机制上进行了多项创新，从交易方式、涨跌幅、申报数量和最小价格变动单位上都作出了重新设计，从而在维持良好交易秩序的基础上更好地满足市场流动性需求。首先，科创板提高了投资者的进入门槛只有证券账户及资金账户资产不低于 50 万元，并有 2 年以上的证券交易经验的个人才可以直接进入科创板，但未满足适当性要求的投资者也可以通过购买公募基金等方式参与科创板；从交易方式来看，科创板在原有的竞价交易和大宗交易基础上新增了盘后固定价格交易方式，可以满足投资者在竞价撮合时段之外以确定性价格成交的交易需求，提升成交效率，且避免大额交易直接冲击股价；从涨跌幅来看，科创板前 5 个交易日不设涨跌幅，之后的交易日涨跌幅为 20%，相比之前 10% 扩大了一倍，科创板的股价波动幅度将进一步加大；从申报数量来看，科创板将市价订单和限价订单单笔申报数量最低值从 100 股调增至 200 股，市价订单单笔申报最大数量为 5 万股，限价订单单笔申报最大数量为 10 万股，在提高市场流动性的同时降低了大单对市场的

冲击；从申报价格最小变动单位来看，不同于 A 股其他板块 0.01 元/股的规定，科创板可以根据股价高低，实施不同的申报价格最小变动单位，从而降低低价股的买卖价差，提升市场流动性（见表 4－10）。

**表 4－10　科创板与 A 股其他板块交易制度对比**

<table>
<tr><th></th><th>科创板</th><th>主板、中小板、创业板</th></tr>
<tr><td>交易方式</td><td>竞价交易<br>盘后固定价格交易<br>大宗交易</td><td>竞价交易<br>大宗交易</td></tr>
<tr><td rowspan="3">交易时间</td><td colspan="2">采用竞价交易方式的，每个交易日的 9：15—9：25 为开盘集合竞价时间，9：30—11：30、13：00—14：57 为连续竞价时间，14：57—15：00 为收盘集合竞价时间</td></tr>
<tr><td>采用大宗交易的（不含固定价格申报），申报和交易每个交易日的 9：30—11：30、13：30—15：30</td><td>采用大宗交易的，申报和交易每个交易日的 9：30—11：30、13：30—15：30，固定价格申报时间为每个交易日 15：0—15：30</td></tr>
<tr><td>采用盘后固定价格交易的，上交所接受申报的时间为每个交易日 9：30—11：30、13：00—15：30<br>盘后固定价格交易的时间为每个交易日的 15：05—15：30</td><td>无</td></tr>
<tr><td>交易机制</td><td colspan="2">T＋1 交易</td></tr>
<tr><td>市价申报</td><td>（1）最优五档即时成交剩余撤销申报；<br>（2）最优五档即时成交剩余转限价申报；<br>（3）本方最优价格申报；<br>（4）对手方最优价格申报；<br>（5）上交所规定的其他方式。<br>买卖科创板股票，在连续竞价阶段的市价申报，申报内容应当包含投资者能够接受的最高买价（买入保护限价）或者最低卖价（卖出保护限价）</td><td>（1）最优五档即时成交剩余撤销申报；<br>（2）最优五档即时成交剩余转限价申报</td></tr>
<tr><td>限价申报</td><td>在连续竞价阶段的限价申报，应当符合下列要求：<br>（1）买入申报价格不得高于买入基准价格的 102%；<br>（2）卖出申报价格不得低于卖出基准价格的 98%</td><td>申报价格应符合涨跌幅限制</td></tr>
</table>

续表

| | 科创板 | 主板、中小板、创业板 |
|---|---|---|
| 数量规定 | 通过限价申报买卖科创板股票的，单笔申报数量应当不小于200股，且不超过10万股；<br>通过市价申报买卖的，单笔申报数量应当不小于200股，且不超过5万股；<br>盘后固定价格申报时：单笔申报数量应当不小于200股，且不超过100万股。卖出时，余额不足200股的部分，应当一次性申报卖出 | 通过竞价交易买入股票、基金、权证的，申报数量应当为100股（份）或其整数倍。<br>卖出股票时，余额不足100股的部分，应当一次性申报卖出。<br>股票单笔申报最大数量应当不超过100万股 |
| 涨跌幅限制 | （1）首发上市的股票，上市后的前5个交易日不设涨跌幅限制；<br>（2）其他每个交易日涨跌幅限制20% | （1）新股上市首日，连续竞价阶段、开市期间停牌阶段和收盘集合竞价阶段，有效申报价格不得高于发行价格的144%；<br>（2）其他每个交易日涨跌幅限制10% |
| 价格最小变动单位 | 交易所可以根据股价高低，实施不同的申报价格最小变动单位，具体事宜由交易所另行规定 | 0.01元人民币 |

## 二、科创板与港股和纳斯达克的对比

科创板作为我国资本市场改革的重要实践，在向市场化交易迈进的过程中做出了很多制度创新，但在一些方面还没有达到成熟的股票市场的标准。在涨跌幅限制上，科创板虽然前5日不设涨跌幅，但之后的交易日涨跌幅限制为20%，而港股与纳斯达克则不进行涨跌幅限制；在做空机制上，科创板通过扩大券源和完善转融通进一步推进融资融券业务发展，反观港股做空机制，允许沽空的标的市值约占全市场的90%，而纳斯达克所有股票都可作为做空标的，并且除融券外，还有股指期货、ETF、期权等其他做空方式（见表4－11）。

表 4－11 科创板与港股和纳斯达克的对比

| | 科创板 | 港股 | 纳斯达克 |
|---|---|---|---|
| 个人投资者参与门槛 | 证券账户及资金账户资产不低于 50 万元，并有 2 年以上的证券交易经验 | 无要求 | 无要求 |
| 交易时间 | （1）上午股票交易时间：9：30—11：30；<br>（2）下午股票交易时间：13：00—15：00；<br>（3）盘后固定价格交易时间：15：05—15：30，当日 15：00 仍处于停牌状态的股票不参与盘后固定价格交易 | 在周一至周五进行交易，交易时间如下：<br>（1）开市前时段 ：上午 9：00—上午 9：30<br>上午 9：00—上午 9：15（竞价买卖盘时段）<br>上午 9：15—上午 9：20（对盘前时段）<br>上午 9：20（对盘时段）<br>上午 9：20—上午 9：30（暂停时段）<br>（2）持续交易时段：<br>早市：上午 9：30—中午 12：00（注：若因节假日产生半日市将在 12：08—12：10 随机收市）<br>午市：下午 13：00—下午 16：08—16：10（随机收市） | 每周一至周五，美国东部时间 9：30—16：00 |
| 涨跌幅限制 | （1）涨跌幅限制 20%；<br>（2）首发上市前 5 个交易日不设置涨跌幅限制 | 无限制，但设置市场波动调节机制，适用恒生指数及恒生国企指数成份股，当价格相对 5 分钟前的最后交易价变动幅度超过 ±10% 时，市调机制会被触发，为市场提供 5 分钟冷静期，冷静期内交易仍然可在触发时 5 分钟前最后一次交易价格的 ±10% 范围内继续进行 | 无限制，但设置熔断机制，以防止股价剧烈波动，目前美国指数熔断机制的基准指数为标普 500，当指数较前一天收盘点位下跌 7%、13% 时，全美证券市场交易将暂停 15 分钟；当指数较前一天收盘点位下跌 20% 时，当天交易停止 |

续表

| | 科创板 | 港股 | 纳斯达克 |
|---|---|---|---|
| 盘后交易制度 | 按照时间优先顺序对收盘定价申报进行撮合，并以当日收盘价进行成交 | 无 | 盘后交易制度：<br>（1）按市场价格进行成交；<br>（2）时间：设置盘前和盘后两个交易时间段；<br>（3）所有投资者均可参与 |
| 做空机制 | 通过融券业务实现做空，科创板股票自上市首日起可作为融资融券标的 | 只有被列为可进行卖空的指定证券，投资者才可进行卖空，如今允许对 718 只股票和 221 只 ETF 和上市基金进行卖空，相关标的市值达了全市场的 90% 以上 | 做空机制：<br>（1）做空标的：全部股票；<br>（2）做空方式：除融券外，还有股指期货、ETF、期权等其他做空方式 |
| 交易数量 | （1）单笔申报数量不少于 200 股，但每笔申报只要超过了 200 股，便可以 1 股为单位递增；<br>（2）卖出时，余额不足 200 股的部分，应当一次性申报卖出 | 最小的交易单位为一手。每手的数量由上市公司决定 | 无限制 |
| 价格最小变动单位 | 根据股价高低，实施不同的申报价格最小变动单位 | 根据股价高低，实施不同的申报价格最小变动单位 | 绝大部分为 0.01 美元 |

## 三、科创板与国内主板融资融券制度对比

为提高市场定价效率，科创板对融券业务作出调整。科创板股票自上市首日起可作为融资融券标的，此外，《科创板转融通证券出借和转融券业务实施细则》明确了战略投资者获配的在限售期内的股票也可作为转融通出借券源。在科创板战略配售条件较为宽松，且战略投资者包含相关大型企业、大型保险公司、证券投资基金、保荐机构相关子公司及专项资产管理计划等，券源相对充足，且持股周期较长，出借股票的意愿或较为强烈，能够更好地推动融券业务的开展，抑制科创板股票的炒作，进一步平衡多空力量，从而建立合理的价格与估值体系。此外，科创板可以以更加市场化的方式设定转融券费率，放宽了约定申报下的期限协定，降低了保证金比例，进一步推升机构出借证券的意愿，有望改善“单边市”问题，提高转融通及融资融券业务效率，充分发挥市场价格发现功能（见表4－12）。

**表4－12　科创板与国内主板融资融券制度对比**

| | 科创板 | 主板 |
|---|---|---|
| 融资融券标的股票 | （1）无限售流通股（所有科创板上市股票）；<br>（2）战略投资者配售获得的在承诺的持有期限内的股票 | 交易所筛选确定的无限售流通股（目前为1600只） |
| 费率市场化 | 科创板转融券费率差按中国中证金融公司公布的标准执行。中国中证金融公司可以根据市场供求等因素调整科创板转融券费率差。<br>通过约定申报方式参与科创板转融券业务的，转融券费率应符合以下要求：<br>（一）借入人申报的费率＝出借人申报的费率＋科创板转融券费率差；<br>（二）借入人申报的费率不得低于或等于科创板转融券费率差 | 中证金融按照不同期限档次设置相应的转融资、转融券费率，在每一交易日开市前公布，当日固定，次一交易日可以调整。<br>其中，以央行规定的金融机构半年期人民币贷款基准利率为参考，根据市场资金供求情况公布每一交易日转融资费率；根据转融通标的证券供求情况等因素公布每一交易日转融券费率 |

续表

| | 科创板 | 主板 |
|---|---|---|
| 期限协商确定 | 通过约定申报方式参与科创板证券出借的，证券出借期限可在 1 天至 182 天的区间内协商确定 | 证券出借交易实行固定期限，分为 3 天、7 天、14 天、28 天和 182 天共 5 个档次 |
| 保证金比降低 | 中国中证金融公司可根据借入人资信情况和转融通担保证券、资金明细账户的资产情况，按照一定的综合比例，确定对借入人开展科创板转融券业务应收取的保证金。前款应收取的保证金比例可低于 20%，其中货币资金占应收取保证金的比例不得低于 15% | 中证金融根据征信情况对证券公司设置不同档次的保证金比例要求，最高为 50%，最低为 20%。中证金融可以根据风险控制需要，调整保证金比例的档次 |
| 转融券效率提高 | （1）“T+0”：有愿意出借标的券的股东，在科创板企业上市首日便可以将标的券出借给中证金融，中证金融随即交付给券商，券商当天即可将股票提供给客户融券卖空，投资者在科创板企业上市首日就能实现融券交易。<br>（2）通过约定申报方式成交的，上交所对出借人、中证金融、借入人的账户可交易余额进行实时调整，从而使借入人可实时借入证券，办理相关业务。<br>注：转融券是出借“T+0”，归还证券是“T+1”，即借出证券后，最早第二个交易日方可归还 | （1）“T+1”：融券申报成功后，第 2 日方可融券卖出。<br>（2）对约定申报，按照一一对应原则撮合成交。双方的约定号、期限档次、证券代码、证券数量、费率等各项要素均相符时则成交，任意一项不匹配则不成交 |

# 第五章

# 科创板投资指南

2019 年 7 月 16 日，对于科创板投资者适当性要求的相关问题，中国证监会市场监管部副主任皮六一表示，经过近 30 年的实践，投资者适当性已经成为资本市场一项基础性制度。近年来的多项新业务如创业板、融资融券、新三板、沪港通、深港通、股票期权、沪伦通均有相应的适当性安排。科创企业商业模式新，技术迭代快，业绩波动和经营风险相对较大，有必要实施投资者适当性制度。从数据测算看，50 万资产门槛和 2 年证券交易经验的适当性要求相对合适。现有 A 股市场符合条件的个人投资者 400 多万人，加上机构投资者，交易占比超过 70%，总体来看，目前的标准兼顾了投资者风险承受能力和科创板市场的流动性。实施投资者适当性制度后，不符合投资者适当性要求的投资者可以通过公募基金等产品参与科创板。对于预计参与科创板的投资者数量，通过科创板首批上市企业的“打新”情况进行估算，参与网上申购的账户超过 310 万户，参与科创板的投资者数量呈逐步增加的趋势。

## 第一节 科创板投资渠道

### 一、个人投资者门槛

为了规范上海证券交易所科创板股票交易行为，维护证券市场秩序，保护投资者合法权益，2019 年 3 月 1 日，上海证券交易所发布《上海证券交易所科创板股票交易特别规定》。科创板股票交易实行投资者适当性管理制度，个人投资者参与科创板股票交易，应当符合下列条件：

申请权限开通前 20 个交易日证券账户及资金账户内的资产日均不低于人民币 50 万元（不包括该投资者通过融资融券融入的资金和证券）；参与证券交易 24 个月以上。

2019 年 3 月 19 日，上交所发布《关于科创板投资者教育与适当性管理相关事项的通知》，再次声明参与科创板股票交易（含发行申购）的投资者应当符合上交所规定的适当性管理要求，并公布投资者适当性条件核查具体认定标准。

#### （一）证券账户及资金账户内资产的认定

（1）可用于计算个人投资者资产的证券账户，应为中国证券登记结算有限责任公司（以下简称中国结算）开立的证券账户，以及个人投资者在会员开立的账户。中国结算开立的账户包括 A 股账户、B 股账户、封闭式基金账户、开放式基金账户、衍生品合约账户及中国结算根据业务需要设立的其他证券账户。

可用于计算个人投资者资产的资金账户，包括客户交易结算资金账户、股票期权保证金账户等。

（2）中国结算开立的证券账户内，可计入个人投资者资产的资产包括：股票（包括 A 股、B 股、优先股、通过港股通买入的港股和全国中小企业股份转让系统挂牌股票）、公募基金份额、债券、资产支持证券、资产管理计划份额、股票期权合约（其中权利仓合约按照结算价计增资产，义务仓合约按照结算价计减资产）、本所认定的其他证券资产。

（3）在会员开立的账户内，可计入个人投资者资产的资产包括：公募基金份额、私募基金份额、银行理财产品、贵金属资产等。

（4）资金账户内，可计入个人投资者资产的资产包括：客户交易结算资金账户内的交易结算资金、股票期权保证金账户内的交易结算资金（包括义务仓对应的保证金）、本所认定的其他资金资产。

（5）计算个人投资者各类融资类业务相关资产时，应按照净资产计算，不包括融入的证券和资金。

投资者应当遵守证券账户实名制要求，不得出借自己的证券账户，不得借用他人的证券账户。

### （二）参与证券交易经验的认定

个人投资者参与 A 股、B 股和全国中小企业股份转让系统挂牌股票交易的，均可计入其参与证券交易的时间。相关交易经历自个人投资者本人一码通账户下任一证券账户在本所、深圳证券交易所及全国中小企业股份转让系统发生首次交易起算。首次交易日期可通过会员向中国结算查询。

## 二、投资者交易方式

投资者参与科创板股票交易，应当使用沪市A股证券账户。投资者可通过多种方式参与科创板股票交易，除竞价交易外，还有盘后固定价格交易、大宗交易。

盘后固定价格交易，指在收盘集合竞价结束后，本所交易系统按照时间优先顺序对收盘定价申报进行撮合，并以当日收盘价成交的交易方式。根据上交所2019年3月1日公布的《上海证券交易所科创板股票盘后固定价格交易指引》，通过收盘定价申报买卖科创板股票的，单笔申报数量应当不小于200股，且不超过100万股。

大宗交易，是指达到规定的最低限额的证券单笔买卖申报，买卖双方经过协议达成一致并经交易所确定成交的证券交易。根据《上海证券交易所交易规则（2018年修订）》，采用大宗交易进行证券买卖交易时，A股单笔买卖申报数量应当不低于30万股，或者交易金额不低于200万元人民币。

## 三、个人投资者投资渠道

### （一）网上申购

除在二级市场通过A股证券账户直接进行股票交易外，个人投资者亦可以在网上申购首次公开发行的股票和存托凭证。根据2018年6月15日上交所发布的《上海市场首次公开发行股票网上发行实施细则（2018年修订）》，投资者若欲通过上交所交易系统并采用网上按市值申购首次公开发行股票和存托凭证，需满足细则要求：持有上海市场非限售A股股份和非限售存托凭证总市值（以下简称"市值"）1万元以上（含1万元）的投资者方可参与网上发行。

投资者持有的市值以投资者为单位，按其 T－2 日（T 日为发行公告确定的网上申购日，下同）前 20 个交易日（含 T－2 日）的日均持有市值计算，投资者相关证券账户开户时间不足 20 个交易日的，按 20 个交易日计算日均持有市值。投资者持有多个证券账户的，多个证券账户的市值合并计算。

根据投资者持有的市值确定其网上可申购额度，每 1 万元市值可申购一个申购单位，不足 1 万元的部分不计入申购额度。每一个新股申购单位为 1000 股，申购数量应当为 1000 股或其整数倍，但最高不得超过当次网上初始发行股数的千分之一，且不得超过 9999.9 万股，如超过则该笔申购无效。T 日有多只新股发行的，同一投资者参与当日每只新股网上申购的可申购额度均按其 T－2 日前 20 个交易日（含 T－2 日）的日均持有市值确定。

投资者可以根据其持有市值对应的网上可申购额度，使用所持上海市场证券账户在 T 日申购在上交所发行的新股，申购时间为 T 日 9：30—11：30、13：00—15：00。申购数量超过其持有市值对应的网上可申购额度部分为无效申购，投资者在进行申购时无须缴付申购资金。

### （二）通过公募基金等产品投资科创板

2019 年 7 月 16 日，中国证监会市场监管部副主任皮六一在接受央视财经采访时认为，从数据测算看，50 万资产门槛和 2 年证券交易经验的适当性要求是比较合适的。现有 A 股市场符合条件的个人投资者 400 多万人，加上机构投资者，交易占比超过 70%，总体来看，目前的标准兼顾了投资者风险承受能力和科创板市场的流动性。需要强调的是，实施投资者适当性制度后，不符合投资者适当性要求的投资者可以通过公募基金等产品参与科创板。

截至2019年8月16日，市场上共有22只科创主题的公募基金，投资者可以通过购买相应的公募基金间接参与科创板的投资（见表5－1）。除公募基金外，投资者亦可以通过投资战略配售基金参与科创板投资活动，截至2019年8月16日，市场上共有6只战略配售基金，均采用封闭式管理（见表5－2）。

**表5－1　22只科创主题的公募基金**

| 代码 | 名称 | 成立日期 | 发行份额/亿元 | 投资类型 |
|---|---|---|---|---|
| 007340. OF | 南方科技创新A | 2019－05－06 | 9. 7151 | 偏股混合型基金 |
| 007341. OF | 南方科技创新C | 2019－05－06 | 0. 1692 | 偏股混合型基金 |
| 007343. OF | 嘉实科技创新 | 2019－05－07 | 9. 8867 | 偏股混合型基金 |
| 007345. OF | 富国科技创新 | 2019－05－06 | 9. 8821 | 灵活配置型基金 |
| 007346. OF | 易方达科技创新 | 2019－04－29 | 9. 8854 | 偏股混合型基金 |
| 007349. OF | 华夏科技创新A | 2019－05－06 | 9. 8836 | 偏股混合型基金 |
| 007350. OF | 华夏科技创新C | 2019－05－06 | — | 偏股混合型基金 |
| 007353. OF | 工银科技创新3年 | 2019－05－06 | 9. 8948 | 偏股混合型基金 |
| 007355. OF | 汇添富科技创新A | 2019－05－06 | 8. 5358 | 灵活配置型基金 |
| 007356. OF | 汇添富科技创新C | 2019－05－06 | 1. 3827 | 灵活配置型基金 |
| 007501. OF | 万家科创主题3年C | 2019－06－12 | — | 灵活配置型基金 |
| 501073. SH | 华安科创主题3年 | 2019－06－11 | 9. 8857 | 灵活配置型基金 |
| 501075. SH | 万家科创主题3年A | 2019－06－12 | 9. 6640 | 灵活配置型基金 |
| 501076. SH | 鹏华科创主题3年封闭运作 | 2019－06－10 | 9. 8894 | 灵活配置型基金 |
| 501077. SH | 富国科创主题3年 | 2019－06－11 | 9. 8853 | 灵活配置型基金 |
| 501078. SH | 广发科创主题3年封闭运作 | 2019－06－11 | 9. 8898 | 灵活配置型基金 |
| 501079. SH | 大成科创主题3年封闭运作 | 2019－07－18 | 8. 6322 | 灵活配置型基金 |
| 501080. SH | 中金科创主题3年封闭运作 | 2019－07－11 | 9. 9130 | 灵活配置型基金 |
| 501081. SH | 中欧科创主题3年封闭运作 | 2019－06－28 | 9. 8879 | 灵活配置型基金 |

续表

| 代码 | 名称 | 成立日期 | 发行份额/亿元 | 投资类型 |
| --- | --- | --- | --- | --- |
| 501082. SH | 博时科创主题3年封闭运作 | 2019－06－27 | 9. 9679 | 灵活配置型基金 |
| 501083. SH | 银华科创主题3年封闭运作 | 2019－07－05 | 9. 8974 | 灵活配置型基金 |
| 501085. SH | 财通科创主题3年封闭运作 | 2019－07－11 | 7. 7560 | 灵活配置型基金 |

资料来源：Wind资讯。

**表5－2　6只战略配售基金**

| 基金代码 | 基金简称 | 基金发行日 | 基金成立日 | 发行总份额/亿份 |
| --- | --- | --- | --- | --- |
| 501186. SH | 华夏3年战略配售 | 2018－06－11 | 2018－07－05 | 113. 2233 |
| 501188. OF | 汇添富3年战略配售 | 2018－06－11 | 2018－07－05 | 144. 3624 |
| 501189. SH | 嘉实3年战略配售 | 2018－06－11 | 2018－07－05 | 119. 5091 |
| 160142. SZ | 南方3年战略配售 | 2018－06－11 | 2018－07－05 | 180. 6422 |
| 161131. OF | 易方达3年战略配售 | 2018－06－11 | 2018－07－05 | 244. 3741 |
| 161728. SZ | 招商3年战略配售 | 2018－06－11 | 2018－07－05 | 247. 0810 |

资料来源：Wind资讯。

个人投资者参与投资的科创主题的公募基金和战略配售基金，能够以机构投资者或战略投资者的身份通过网下申购或战略配售直接参与科创板投资（见表5－3）。

**表 5-3 个人投资者参与科创板方式**

| 分类 | 二级市场交易 | 网上申购 | 网下申购 | 战略配售 |
|---|---|---|---|---|
| 面向投资者 | 1. 符合适当性管理制度要求的个人投资者；<br>2. 机构投资者参与科创板股票交易，应当符合法律法规及本所业务规则的规定 | 1. 符合适当性管理制度的个人投资者。除此之外，还需持有上海市场非限售 A 股股份和非限售存托凭证总市值 1 万元以上。<br>2. 未参与新股网下发行报价或申购的投资者 | 1. 证券公司；<br>2. 基金管理公司；<br>3. 信托公司；<br>4. 财务公司；<br>5. 保险公司；<br>6. 合格境外机构投资者；<br>7. 符合一定条件的私募基金管理人等专业机构投资者 | 1. 发行人相关企业；<br>2. 具有长期投资意愿的大型保险公司、国家级大型投资基金或其下属企业；<br>3. 战略配售公募基金；<br>4. 参与跟投的保荐机构相关子公司；<br>5. 发行人的高级管理人员与核心员工参与本次战略配售设立的专项资产管理计划；<br>6. 其他符合规定战略投资者 |
| 锁定期 | — | — | 建议通过摇号抽签方式抽取 6 类中长线资金对象中 10% 的账户：6 个月 | 1. 战略配售机构：12 个月；<br>2. 参与配售的保荐机构相关子公司：24 个月 |

续表

| 分类 | 二级市场交易 | 网上申购 | 网下申购 | 战略配售 |
| --- | --- | --- | --- | --- |
| 份额比例 | — | 扣除向战略投资者配售部分后：<br>首次公开发行股票采用直接定价方式的，全部向网上投资者发行，不进行网下询价和配售。<br>首次公开发行股票采用询价方式的，为网下申购剩余比例 | 首次公开发行股票采用询价方式的，扣除向战略投资者配售部分后：<br>1. 发行不超过4亿股的，不低于发行总量的70%；<br>2. 发行超过4亿股或者发行人尚未盈利的，不低于发行总量的80%；<br>3. 应当安排不低于本次网下发行股票数量的50%优先向公募产品、社保基金、养老金、企业年金基金和配售 | 1. 发行1亿股以上的，不超过发行总量的30%；<br>2. 发行不足1亿股的，不超过发行总量的20% |
| 参与人数 | 通过测算现有A股市场符合条件的个人投资者400多万人，加上机构投资者，交易占比超过70% | 300余万户 | — | 1. 发行4亿股以上的，战略投资者应不超过30名；<br>2. 发行1亿股以上且不足4亿股的，不超过20名；<br>3. 发行不足1亿股的，不超过10名 |
| 个人投资者参与方式 | 通过A股证券账户直接参与 | 通过A股证券账户直接参与 | 购买相应公募基金 | 购买战略配售基金 |

资料来源：证监会、上交所。

## 四、机构投资者网下申购

### （一）网下申购门槛

根据2018年6月15日上交所发布的《上海市场首次公开发行股票网下发行实施细则（2018年修订）》，参与网下发行业务的网下投资者及其管理的配售对象，以该次初步询价开始日前两个交易日为基准日，其在基准日前20个交易日（含基准日）所持有上海市场非限售A股股份和非限售存托凭证总市值的日均市值应为1000万元（含）以上，且不低于发行人和主承销商事先确定并公告的市值要求。

2019年5月31日，中国证券业协会发布《科创板首次公开发行股票网下投资者管理细则》，证券公司、基金管理公司、信托公司、财务公司、保险公司、合格境外机构投资者以及符合一定条件的私募基金管理人等专业机构投资者，在中国证券业协会注册后，可以参与科创板首发股票网下询价。

其中，私募基金管理人注册为科创板首发股票网下投资者，应符合以下条件：具备一定的证券投资经验，依法设立并持续经营时间达到两年（含）以上，从事证券交易时间达到两年（含）以上；具备一定的资产管理实力，私募基金管理人管理的在中国证券投资基金业协会备案的产品总规模最近两个季度均为10亿元（含）以上，且近三年管理的产品中至少有一只存续期两年（含）以上的产品；申请注册的私募基金产品规模应为6000万元（含）以上、已在中国证券投资基金业协会完成备案，且委托第三方托管人独立托管基金资产。其中，私募基金产品规模是指基金产品资产净值。

凡参与新股网下发行报价或申购的投资者，不得再参与该只新股的网上申购。

（二）网下申购比例

2019 年 3 月 1 日，上交所发布《上海证券交易所科创板股票发行与承销实施办法》，首次公开发行股票应当向证券公司、基金管理公司、信托公司、财务公司、保险公司、合格境外机构投资者和私募基金管理人等专业机构投资者以询价的方式确定股票发行价格。

在科创板首次公开发行股票，网下发行比例应当遵守以下规定：

（1）公开发行后总股本不超过 4 亿股的，网下初始发行比例不低于本次公开发行股票数量的 70%；

（2）公开发行后总股本超过 4 亿股或者发行人尚未盈利的，网下初始发行比例不低于本次公开发行股票数量的 80%；

（3）应当安排不低于本次网下发行股票数量的 50% 优先向公募产品（包括为满足不符合科创板投资者适当性要求的投资者投资需求而设立的公募产品）、社保基金、养老金、根据《企业年金基金管理办法》设立的企业年金基金（以下简称企业年金基金）和符合《保险资金运用管理办法》等相关规定的保险资金（以下简称保险资金）配售；

（4）公募产品、社保基金、养老金、企业年金基金和保险资金有效申购不足安排数量的，发行人和主承销商可以向其他符合条件的网下投资者配售剩余部分；

（5）对网下投资者进行分类配售的，同类投资者获得配售的比例应当相同。公募产品、社保基金、养老金、企业年金基金和保险资金的配售比例应当不低于其他投资者；

（6）安排向战略投资者配售股票的，应当扣除向战略投资者配售部分后确定网下网上发行比例。

2019 年 6 月 8 日，上交所发布《上海证券交易所科创板股票公开发行自律委员会促进科创板初期企业平稳发行行业倡导建议》。上海证券交易所科创板股票公开发行自律委员会认为，科创板开板初期的企业发行业务，可能面临来自境内外市场环境、开板初期集中发行、各方参与主体业务和技术准备不足等方面的困难和挑战，需要企业、保荐机构、承销机构和买方机构从市场实际情况出发，自觉强化责任意识，理性开展发行承销业务。基于上述考虑，自律委就促进科创板开板初期企业平稳发行提出如下行业倡导建议：

充分发挥中长线资金作用，压实主体责任。建议除科创主题封闭运作基金与封闭运作战略配售基金外，其他网下投资者及其管理的配售对象账户持有市值门槛不低于6000万元，安排不低于网下发行股票数量的70%优先向公募产品、社保基金、养老金、企业年金基金、保险资金和合格境外机构投资者资金等6类中长线资金对象配售。同时，建议通过摇号抽签方式抽取6类中长线资金对象中10%的账户，中签账户的管理人承诺中签账户获配股份锁定，持有期限为自发行人股票上市之日起6个月。

## 五、战略投资者参与配售

除网下发行，2019年3月1日上交所发布的《上海证券交易所科创板股票发行与承销实施办法》也表示首次公开发行股票可以向战略投资者配售。

其规定首次公开发行股票数量在1亿股以上的，战略投资者获得配售的股票总量原则上不得超过本次公开发行股票数量的30%，超过的应当在发行方案中充分说明理由。首次公开发行股票数量不足1亿股的，战略投资者获得配售的股票总量不得超过本次公开发行股票数量的20%。

2019年4月16日，上交所发布《上海证券交易所科创板股票发行与承销业务指引》。关于战略投资者，该业务指引提出首次公开发行股票数量4亿股以上的，战略投资者应不超过30名；1亿股以上且不足4亿股的，战略投资者应不超过 20 名；不足 1 亿股的，战略投资者应不超过 10 名。

发行人向公募产品、社保基金、养老金、企业年金基金和保险资金外的其他投资者进行分类配售的，应当保证合格境外机构投资者资金的配售比例不低于其他投资者。

参与发行人战略配售的投资者主要包括：

（1）与发行人经营业务具有战略合作关系或长期合作愿景的大型企业或其下属企业；

（2）具有长期投资意愿的大型保险公司或其下属企业、国家级大型投资基金或其下属企业；

（3）以公开募集方式设立，主要投资策略包括投资战略配售股票，且以封闭方式运作的证券投资基金；

（4）参与跟投的保荐机构相关子公司；

（5）发行人的高级管理人员与核心员工参与本次战略配售设立的专项资产管理计划；

（6）符合法律法规、业务规则规定的其他战略投资者。

根据 2018 年证监会修订的《证券发行与承销管理办法》，战略投资者不参与网下询价，且应当承诺获得本次配售的股票持有期限不少于 12 个月，持有期自本次公开发行的股票上市之日起计算。

根据《上海证券交易所科创板股票发行与承销业务指引》，科创板试行保荐机构相关子公司跟投制度。发行人的保荐机构通过依法设立的另类投资子公司或者实际控制该保荐机构的证券公司依法设立的另类投资子公司参与发行人首次公开发行战略配售，并对获配股份设定限售期。

参与配售的保荐机构相关子公司应当事先与发行人签署配售协议，承诺按照股票发行价格认购发行人首次公开发行股票数量 2% ~5% 的股票，具体比例根据发行人首次公开发行股票的规模分档确定：

（1）发行规模不足10亿元的，跟投比例为5%，但不超过人民币4000万元；

（2）发行规模10亿元以上、不足20亿元的，跟投比例为4%，但不超过人民币6000万元；

（3）发行规模20亿元以上、不足50亿元的，跟投比例为3%，但不超过人民币1亿元；

（4）发行规模50亿元以上的，跟投比例为2%，但不超过人民币10亿元。

参与配售的保荐机构相关子公司应当承诺获得本次配售的股票持有期限为自发行人首次公开发行并上市之日起24个月。限售期届满后，参与配售的保荐机构相关子公司对获配股份的减持适用中国证监会和上交所关于股份减持的有关规定。

科创板开板首日涨幅最高的安集科技在上市时便引入了战略投资者参与公司首次公开发行股票。发行人的高级管理人员、核心员工为参与本次战略配售，已通过中信证券股份有限公司设立了资产管理计划，资产管理计划已与发行人签署配售协议，承诺按照最终确定的发行价格认购407200股本次发行的股票，认购比例为首次公开发行股票数量的3.07%。中信证券安集科技员工参与科创板战略配售集合资产管理计划获配的股票锁定期为12个月，锁定期自发行人首次公开发行并上市之日起开始计算。保荐机构相关子公司亦参与了本次战略配售，申银万国创新证券投资有限公司（为实际控制保荐机构的证券公司依法设立的子公司）已与公司签署配售协议。申银万国创新证券投资有限公司获配663855股本次发行的股票，获配比例为首次公开发行股票数量的5%。申银万国创新证券投资有限公司获配的股票锁定期为24个月，锁定期自发行人首次公开发行并上市之日起开始计算。

同样作为在科创板上市的首批企业，西部超导在首次公开发行股票时，发行人高级管理人员、员工不参与战略配售，而保荐机构将安排依法设立的另类投资子公司中信建投投资有限公司参与本次发行战略配售，本次保荐机构跟投的股份数量为本次公开发行股份的5.00%，即221.00万股。中信建投投资有限公司本次战略配售获配的股票的限售期为24个月，限售期自本次公开发行的股票在上交所上市之日起开始计算。

## 第二节 科创板投资策略

### 一、资本市场新板块推出后的走势

作为转换经济结构动能的重要抓手，科创板在成立初期已掀起一轮热潮。长期来看，试点注册制是国家层面股市基础制度改革的号角，有利于包括科创板在内的整个股市的长期发展。从历史经验的角度出发，科创板的整体投资机会大于风险。

根据其他板块如创业板、中小企业板的经验数据进行预测，科创板的整体走势可能亦是先上涨后回落，中长期再回升走强。在创业板开板后，整个板块先大幅提升，后骤跌，再走强，之后与主板趋同，上证综指在创业板开板后逐渐下跌，待创业板指出现后才逐渐企稳。而中小板亦是先涨后跌，之后再不断走强，创下新高，上证综指在中小板开板后也是不断下跌，直至中小板指出现后才逐渐回升（见图 5 -1、图 5 -2）。

美国 1933 年首次推出注册制，在此之前股指处于大跌态势，而推出后出现了长达近 4 年的牛市。1929—1932 年美国股市崩盘，随后罗斯福新政，开始整顿财政金融，调节工业生产和提高社会福利，市场信心恢复逐

**图 5－1　创业板开板后上证综指走势**

资料来源：Wind 资讯。

**图 5－2　中小企业板开板后上证综指走势**

资料来源：Wind 资讯。

渐回暖。1933 年之前，美国股票发行需要经过监管机构的实质性审查，但并不能阻止发行人投机、欺诈的情况发生。1933 年证券法以信息披露为原则，正式规定新股发行实行注册制，开启了证券发行注册制的先河。大萧条后强化信息披露的注册制首次推出，道琼斯工业指数扭转颓势不断上行。1971 年，纳斯达克股票市场成立，对于加快美国高科技产业的发展、培养高科技创新型企业、促进美国经济持续高速增长发挥了重要作用。纳斯达克市场推出后，板块迅速攀升，道琼斯工业指数也扭转跌势，与纳斯达克指数同步上涨（见图 5－3、图 5－4）。

**图 5－3　1925—1940 年美国道琼斯工业指数在注册制推出前后的市场走势**

资料来源：Wind 资讯。

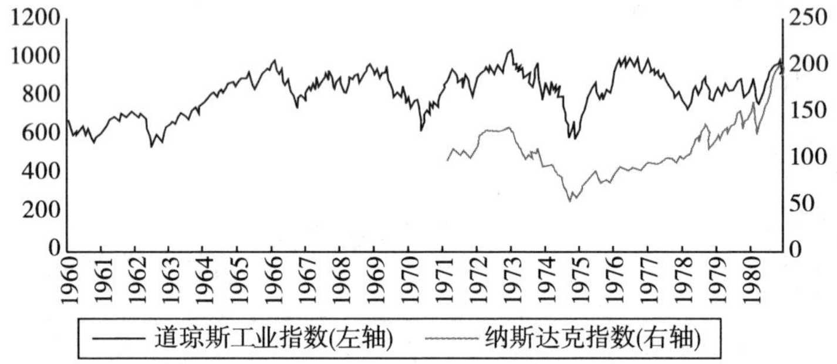


**图 5－4　1960—1980 年美国道琼斯工业指数在纳斯达克推出前后的市场走势**

资料来源：Wind 资讯。

中国香港地区 2003 年市场底部推行双重存档制，之后恒生指数不断上行，也迎来了近 4 年的牛市。2003 年的《上市事宜谅解备忘录》及《证券及期货规则》规定香港核准制和注册制并行。证监会、联交所均要对上市申请材料存档，联交所对公司进行实质审核，证监会进行形式审核，实施后香港恒生指数不断走高（见图 5－5）。

从长期来看，市场个股将会出现较大分化。注册制实质上是降低上市门槛，改变上市规则，让市场去进行资源配置和定价。在此规则下优胜劣汰会更加明显，优质公司强者恒强，而更多劣质公司将跌至低谷。对比 A 股与港股市场的公司市值聚集度，相较于 A 股而言，港股存在更

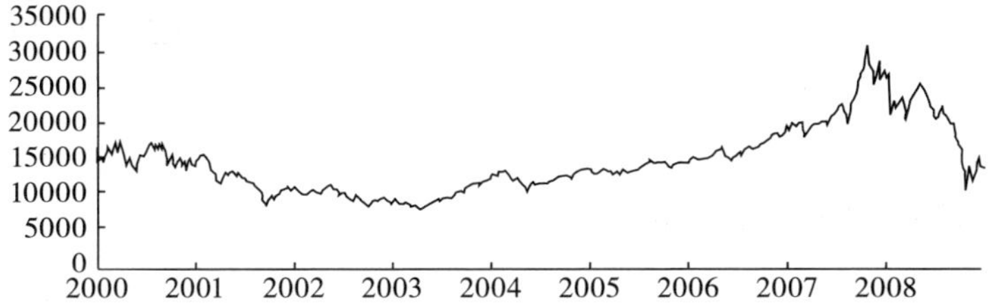


**图5-5 2000—2008年香港恒生指数在注册制推出前后的市场走势**

资料来源：Wind资讯。

多小市值公司，而这些小市值公司成交量低迷，无人问津。由此类推，在科创板注册制下，亦会出现公司强者恒强，聚集度更高，分化更大的局面。故而，在科创板进行投资时，为获得预期的投资收益，应重点关注投资策略。

## 二、关注行业景气度

考察科创板标的时应主要侧重以下几个方面：首先，看需求的确定性和景气度。需要分析行业规模、成长速度以及未来空间，也需要研究产业被颠覆、技术被替代等潜在风险。其次，看公司在行业中的核心竞争力，重点分析竞争格局、技术壁垒、准入门槛等，研究标的能否在激烈的竞争中脱颖而出并且构建自己的壁垒。最后，对于科创类企业，自我的进化能力和发展潜力至关重要，应重点关注创新团队的企业家精神、公司管理和企业文化等内在因素。

从中期维度来看，当前正处于移动互联网的末期，处于老平台的变现后期和寻找新平台的初期，有四大方向值得关注：一是软件行业中的云计算；二是互联网的下沉化和社区化；三是人工智能；四是半导体。立足长期维度，可关注创新药、新能源、半导体、平台、云计算、人工智能、5G这七条科技投资线索，根据市场空间、公司竞争力和行业位置以及公司治理的优秀程度对公司进行分析。投资者应关注行业景气度比较高、研发投入比较大、科技领先度比较高的子行业和发展方向，这也是未来科技行业和科创板基金重点投资的几大领域①。

## 三、观察公司成长性

首批科创板上市公司平均质地良好，具体体现在成长性、行业竞争力、产品化程度、研发投入比例、人均产出等各个指标。但最终能否出现下一个 BAT，本质上还是看是否有足够优秀的企业家能够抓住科技周期的发展机遇，在激烈的竞争中脱颖而出并且构建自己的壁垒。

从科创板公司整体来看，相当数量的公司正逐步实现上游核心零部件的自主可控，尤其是一些产业发展比较成熟、具备产业化和规模化的领域，国内企业在高研发投入和成本优势的支持之下，逐渐实现了进口替代，这些领域具体包括半导体、新能源电池材料和设备等。

另外，科创板公司和主板企业最大的一个不同就是重研发，现在披露的多家科创板受理公司研发占收入的比重明显高于 A 股主板。科创板将主要以研发驱动的公司为主，一家公司能否具有持续的竞争力主重点在于研发投入的力度，轻资产公司最大的财产是人才，如果不投入、培养、试错、开拓创新，未来的增长势必乏力。

## 四、科学、合理估值定价

### （一）科创板企业估值的特殊性

科创板上市标准中新增市值条件，弱化对企业盈利的要求，说明科创板更加注重公司估值。相比目前的主板企业，科创板公司上市募资投向主要是技术的产品化需求。公司在完成技术产品化之后，资金开始投入市场

---

① 此处仅代表本书对市场前景的看法，并非推荐购买的建议。

推广和渠道建设，完成产品销售和提供服务后，才能看到经济效益和投资回报。因此，科创板公司的估值框架比主板企业更复杂，需要更深入的研究支撑。对科创板企业更多需要评估企业的技术路线风险、产品能力和远期市场空间，准确预测投资回报率的难度较大。

科创板公司和A股其他板块公司的风险收益特征有所不同。考虑到科创板公司具有创新性和独创性的特点，且管理层的主观能动性较强，投资决策中会适当提高盈利模式和管理层能力等要素的权重占比，然后通过显性、隐性空间判断未来收入，最后综合考虑宏观环境和利润水平，估算科创板企业的公司价值。

与A股其他板块相比，科创板的主要变化在于出现了微利和未盈利企业的上市。从生命周期的角度看，科创板将包含更多的成长期企业。步入成长期的企业，公司规模逐渐扩大，资本得到一定的积累，产品在市场上的销售份额提升，销售收入增长速度加快，企业的主营业务可能已经开始盈利，此时的企业仍存在上升阶段，仍然需要大量资金继续开发产品，扩大市场份额。虽然位于成长期的企业产品已逐步成熟，但受研发、折旧摊销等因素的影响，企业可能仍存在亏损或盈利未稳定的情况。对于企业的经营风险而言，虽然较初创期有所下降，但由于外界环境及现金流的不确定性，企业经营风险仍处于较高水平（见表5-4）。

表 5－4 企业生命周期

| 类别 | 初创期 | 成长期 | 成熟期 | 衰退期 |
|---|---|---|---|---|
| 企业情况 | 产品处于研发阶段，未有盈利甚至未有收入 | 营收增速较高，净利润受研发、折旧摊销影响并不稳定（后期逐步扭亏），或有大量无形资产或研发中的技术 | 产品销售逐步稳定，收入增速放缓，利润稳步提升，同时增长率放缓 | 产品过时，收入下滑，利润下滑 |
| 特性 | 行业空间和客户黏度是评估关键。大多还未开始盈利，规模不大且业绩具有高度不确定性 | 营收快速增长是关键。企业面临的风险较初创期小，营收增速往往会大于净利润增速，其中对于研发支出相对较高的高科技或医药行业，其净利润往往会被研发支出所抵消，此时的企业会有大量的无形资产和尚处研发中的技术。因此，要关注企业能否跨越盈亏平衡点 | 业绩和现金流是关键。进入成熟期的企业产品销售进入稳定流程，因此营收和净利润增速放缓，市场占有率基本定型，着重分析其净利润的增速变化 | 当下重于未来，需要注意公司的资产情况 |
| 现金流 | 筹资活动现金流：正<br>投资活动现金流：负<br>经营活动现金流：负 | 筹资活动现金流：正<br>投资活动现金流：未定<br>经营活动现金流：正 | 筹资活动现金流：未定<br>投资活动现金流：未定<br>经营活动现金流：正 | 筹资活动现金流：未定<br>投资活动现金流：未定<br>经营活动现金流：未定 |
| 收入利润 | 无收入，低收入<br>未盈利 | 收入加速增长<br>利润逐步扭亏 | 收入增长放缓<br>利润增长放缓 | 收入下滑<br>利润下滑 |

资料来源：公开资料。

## （二）传统估值方法的适用性

传统估值方法可分为绝对估值法和相对估值法。绝对估值法也称内在价值法，它认为企业的价值等于其未来股利或现金流的净现值，而相对估值法是根据某一变量考察可比企业的价值，以确定被评估企业的价值。

绝对估值法以现金流量折现法（DCF）为核心，即选定恰当的折现率，将企业未来的收益折算到现在的价值之和作为企业当前的真实价值。从理论上讲，绝对估值法是合理科学的，但现金流量折现法评估企业价值带有很强的假说成分，并且该方法过于依赖不确定的预期因素，主观随意性很大，因而一般认为该方法实际操作性较弱，在现实中的使用受到一定的约束（见表5－5）。

**表5－5　绝对估值法适用情况**

| 类别 | 适用 | 不适用 |
| --- | --- | --- |
| DDM<br>股利折现法 | 股利发放政策稳定的收益型企业或防守型企业 | 股利发放次数少且难以预测的企业 |
| DCF<br>现金流折现法 | 现金流增长相对稳定，可预测度较高的企业，如公用事业、电信企业 | 现金流波动频繁、不稳定的企业 |
| FCFE<br>股权自由现金流折现法 | 财务杠杆比率低，且相对稳定的企业 | 周期性行业企业、具有很高的财务杠杆比率的企业 |
| FCFF<br>公司自由现金流折现法 | 具有很高的财务杠杆比率或财务杠杆比率正在发生变化的企业 | 公司自由现金流增长相对稳定，可预测度较高的企业 |
| EVA<br>经济附加值法 | 具有高额研发费用的高科技企业 | 研发投入较少的传统企业 |

资料来源：公开资料。

相对估值法也称作可比公司法，是根据市场上同类企业的价值确定所估企业的价值（见表5－6）。相对估值法试图克服绝对估值法的缺点和主观随意性，其内在假设是：同行业的企业之间有较大可比性，相关指标符合正态分布。相对估值法需要完成三个关键步骤：第一步是确定标准价格，

表 5-6 相对估值法适用情况

| 类别 | 根据生命周期分类 | | 根据行业特征分类 | |
| --- | --- | --- | --- | --- |
| 相对估值法 | 适用 | 不适用 | 适用 | 不适用 |
| PS | 成长期与成熟期企业均可，成长期企业用的较多 | 衰退期 | 一般行业均适用。但在 PE、PB（股价由利润、资产驱动）适用的情况下，这一指标的准确度相对较低 | |
| EV/SALES | 在 PS 的基础上，考虑了企业资本结构的差异，相对 PS 而言更适合于资本结构差异较大的公司估值 | | | |
| PE | 成熟期企业 | 初创期、成长期（未盈利）、衰退期 | 周期性较弱的行业、资产相对较轻的行业 | 周期性较强的行业 |
| PEG | 成长期企业，已有利润 | 未盈利企业、衰退期企业 | 同 PE 方法的适用性 | |
| EV/EBITDA | 成熟期企业、处于成长期且 EBITDA 为正的企业 | EBITDA 为负的企业、衰退期企业 | 资本密集型行业 | 周期性过强的行业 |
| PB | 成熟期企业、衰退期企业 | 初创期、成长期企业 | 重资产企业、资产依赖型的公司，周期性较强的行业 | 轻资产企业，固定资产少、无形资产占比较高的行业 |

资料来源：公开资料。

即不同企业的共同评价标准，如市盈率、价格与账面价值比、价格与销售收入比等；第二步是寻找相类似企业，一般来说，在选择可比企业时，主要从经营与财务方面考虑，可比企业应该是同一行业或同一业务的企业，最好是同一市场的企业，股本规模和有关指标的增长率应该大体相当；第三步是在控制基本变量差异的情况下比较标准价格，解释可比企业之间的差异。虽然相对估值法比绝对估值法更有现实性，但同样具有局限性，它只能说明可比企业之间的相对价值高低，对于这些可比企业的绝对价值是否全部被低估或高估则无法判断。此外，现实中通常缺乏真正意义上的可比企业，即使是在同一个行业，每个企业也各有特点，相对估值法的适用性因而受到限制。

科创板企业的（相对）估值可划分为如下几步：首先判断企业所处生命周期及所在行业属性，然后选择合适的估值方法，最后测算估值（见图 5－6）。

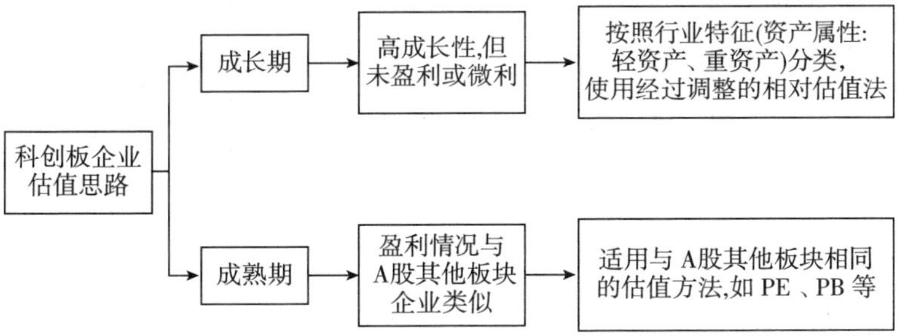


**图 5－6　科创板企业（相对）估值思路**

资料来源：公开资料。

综合来看，针对处于不同生命周期和行业属性的企业，相对估值法的选取与适用情况大抵如表 5－7 所示：

表 5－7 科创板（相对）估值方法矩阵（阴影部分为估值方法覆盖的周期区间）

| 相对估值法 | 初创期→ | 成长期→ | 成熟期→ | 衰退期 |
|---|---|---|---|---|
| PS；EV/SALES | | | | |
| PE | | | | |
| PEG | | | | |
| EV/EBITDA | | | | |
| PB（轻资产行业） | | | | |
| PB（重资产行业） | | | | |

资料来源：公开资料。

（三）科创板企业估值中的创新方法

除传统的绝对估值法和相对估值法外，对企业进行估值还可以使用资产价值法（包括重置成本法、清算价值法、RNAV 等）以及 VM 指数、实物期权法等其他方法。

例如，在新药研发领域，由于创新药研发周期长、投入大、失败率相对较高，其估值体系与传统医药制造估值体系具有十分明显的区别，对创新药进行估值时，多数药物仍处于研发阶段，未能贡献收入利润，常用的 P/E、P/S、EV/EBITDA 等方法不适用，因此给创新药估值需要采用新的方法，如 r－NPV 和实物期权模型等。

科创板为创新药企的发展提供了良好的环境，创新药估值体系的核心也将从 PEG 走向 PEG ＋ pipeline（在研管线），利润将不再是药企估值的唯一核心要素，丰富的研发管线、成功率、临床需求、专利布局等都是影响估值的重要因素。r－NPV 估值体系结合了产品管线，比较全面地考虑到新药研发、市场销售等多方面的风险因素，因此风险调整后的净现值法（r－NPV，risk－adjusted Net Present Value）是创新药估值最常用的方法之一。r－NPV 法是以 DCF 为基础，在对该药物的收入、利润以及现金流的预测基础上，考虑该药物未来研发成功的概率，对该药物产生的现金流进行调整，再将调整后的现金流进行折现得到该药物的净现值。

r－NPV 法多在单个药物的估值中使用，但其原理与对公司估值是相同的，该方法也可以对拥有多个产品的公司进行估值。对公司估值时，可以采取对该公司所有产品分别进行估值，再进行加总得到；也可先分产品预测出公司的总收入，然后在公司层面进行现金流预测和估值。如果在对公司进行估值时，未单独拆分每个药物的现金流，也可在每个药物的收入层面进行风险调整。

r－NPV 法的基本步骤为收入预测、现金流预测、风险调整、计算净现值。首先，根据该药物的适应症计算该药物适用的患者/发病人数，再根据该药物特点计算该药物适用人群，根据药物的用量、价格以及渗透率、市场份额假设等计算该药物收入。其次，在收入预测的基础上，通过对成本、费用、资本支出、营运资金、折旧摊销等的计算和假设，计算出该药物可贡献的现金流。再次，由于上述现金流是在该药物成功通过研发上市情形下的现金流，实际中该药物可能在某个研发阶段失败，因此需要考虑每个研发阶段成功的概率，对该药物的现金流进行风险调整。最后，在风险调整后的现金流基础上，将未来的现金流进行折现，从而得到该药物在当前的净现值，即该药物的合理价值估计。

然而，r－NPV 法忽略了公司在项目研发进程中的灵活性，即管理层可根据不同研发阶段的结果来决定是否进行进一步的研发投入。新药在研发过程中，会遇到很多个节点，在每个节点上，公司都可以选择继续研发或者放弃；实物期权理论认为，新药研发的每一个节点都可以视作一项期权。实物期权模型将新药研发活动看成一系列可以依据研发项目的阶段性结果进行选择的过程，并赋予这种选择权价值，研发项目的价值等于项目的 NPV 与期权价值的总和。实物期权法考虑了不确定性，可有效规避风险。一个新药项目如果通过了 I 期临床，公司可以选择继续投入研发进行 II 临床，II 期临床的研发投入就是该期权的执行价格；即使该药物通过了

III 期临床，但是该药物的市场情况较差，商业化该项目并不能使得公司获得较理想的利润情况时，公司也可以选择放弃该药物的商业化。

关于期权价值的计算，可以采用期权理论中的二叉树模型及 Black - Scholes 模型进行计算，但由于波动性的计算比较复杂，限制了实物期权模型在新药研发项目价值评估上的广泛应用，但随着新药研发项目数量的增加、数据的不断积累及相关计算模型的开发，实物期权理论在新药研发项目价值评估中的应用将会逐渐广泛。

下图为决策树法的一个案例（原理与实物期权法类似），该药物已完成临床前研发，正准备开展临床 I 期试验。

I 期临床试验：I 期临床约需要 1 年，100 位受试者，花费约 3000 万美元，有 67% 的成功概率。

II 期临床试验：II 期临床约需要 2 年，250 位受试者，花费约 4500 万美元，有 41% 的成功概率。

III 期临床试验：III 期临床约需要 4 年，4000 位受试者，花费约 2 亿美元，有 55% 的成功概率。

NDA 申报/审批：NDA 申报/审批约需要 1 年，花费 200 万美元，有 83% 的成功概率。

上市：如果该药物能够成功上市，预计该药物生命周期约 15 年，根据收入、现金流及研发费用的预测，该药物净现值约 9.73 亿美元。

根据以上信息，该药物研发的期权价值可以用以下决策树模型计算，图 5 - 7 中最后一列数字为该条路径该药物的净现值，例如若该药物通过 I、II 期临床，但 III 期临床失败，则净现值为 - 1.80 亿美元。如果该药物成功上市，则净现值为 9.73 亿美元；如果 I—III 期临床成功，但申报 NDA 失败，则净现值为 - 1.81 亿美元，因此申报 NDA 节点（申报前）的价值为 83% ×9.73 + 17% × （ - 1.81） = 7.77 亿美元。同理可得到 I 期临床节点（实施Ⅰ期临床试验前）的价值为5900万美元，投资者/决策者可据此决定是否继续进行该项目。

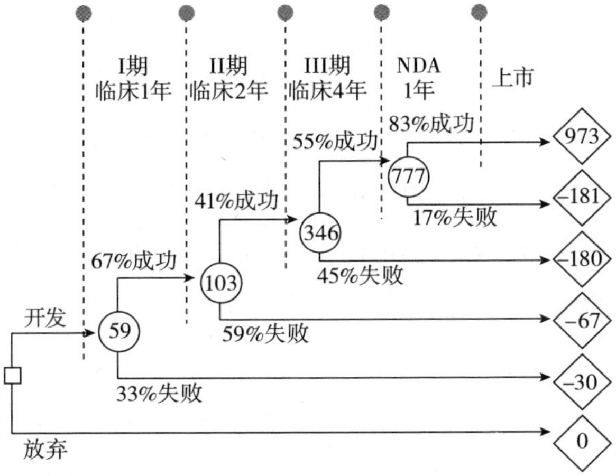


**图5－7　药物研发价值的决策树模型（单位：百万美元）**

资料来源：公开资料。

## 五、多角度防控风险

由于科创板的公司特征、发行制度、交易规则与主板有所不同，对基金来说，存在流动性风险、退市风险、投资集中度风险等科创板特有的风险。流动性风险方面，科创板的投资者门槛较高，且流动性弱于A股其他板块，投资者在特定的阶段对科创板的个股可能形成一致性预期，出现股票无法及时成交的情形；退市风险方面，科创板的退市标准比A股其他板块更为严格，违反相关规定的科创板上市公司将直接退市，没有暂停上市和恢复上市两方面程序，其面临的退市风险更大，会给基金资产净值带来不利影响；投资集中度风险方面，科创板的上市公司均为科技创新成长型，其商业模式、盈利风险、业绩波动等特征较为相似，基金难以通过分散投资来降低投资风险，若股价大幅波动将引起基金净值波动。而股价波动加大既意味着风险也意味着收益，需要机构具有更加专业的判断力和定价能力。

首先，科技创新行业天然具备更高的不确定性，技术的更迭和产业的变革都会持续带来潜在风险，对于处于发展早期的科创板标的来说更是如此，这属于公司层面的风险。其次，科创板运行初期，市场投资者可能抱有很高的投资热情，从而导致个股层面的价格波动相对剧烈，这属于交易层面的风险。两类风险背后的成因不同，需要具备较为强大的研究能力和较为丰富的投资经验，才能更好地把控潜在风险。

针对已经上市的科创板企业，仍然需要持续跟踪以下几个方面：一是研发投入是否能持续维持在较高水平；二是研发方向、技术迭代是否会产生偏差；三是关键技术人员会否流失、核心技术会否被竞争对手获取，造成行业地位的下降；四是下游客户的周期性；五是知识产权是否存在争端风险，是否完全自主可控；六是现在的发行估值是否能匹配未来的成长。

## 第三节　理性认识科创板的风险

2019 年 7 月 22 日，科创板正式开市，首批 25 家上市公司首周行情走势打破市场预期。综合来看 5 个交易日内，25 只个股累计平均涨跌幅达 142.44%，累计平均换手率为 230.49%，总成交额约 1429 亿元，平均市盈率为 120 倍。从涨跌幅情况来看，科创板开市首日涨幅明显，安集科技领涨的 25 家公司全线飘红，平均涨幅达 139.55%，全体涨幅超 80%。一周之内，安集科技以首日 400.15% 的涨幅创造了科创板首周的最大涨幅，同时中国通号以次日 18.42% 的跌幅创造了首周交易的最大跌幅。

首批科创板上市企业涨幅明显，给大部分首批投资者带来了可观的投资收益，但是科创板的投资也存在与收益相匹配的风险。

### 一、科创板投资风险

#### （一）证监会不再进行实质性审核，企业盈利能力难以保障

A 股其他板块核准制遵循实质管理原则，相当于帮投资者对企业质量进行把关，证监会将对公司的盈利能力和投资价值作出判断，整体风险相对较低。而注册制遵循公开原则，上市企业的质量参差不齐，不能保证盈

利能力。注册制下监管层的关注点在于合规性审查，将选择权交给了市场。科创板试点注册制，在硬性指标如盈利、营收等方面上有所放松，允许没有盈利的企业上市，只能保证上市企业处于具有发展前景的行业而不能保证公司质量，未来利润情况未知，不确定性更大，对投资者个人判断能力提出了更高要求。在众多企业中，优质企业仍为少数，选择标的若一旦触及退市标准将给投资者带来巨大损失。

（二）涨跌幅限制放宽，股价波动风险加剧

A 股其他板块对上市首日新股设置 44% 涨幅限制，其后为 10% 涨跌幅限制。科创板上市股票前 5 个交易日不设涨跌幅限制，其他交易日竞价交易涨跌幅限制由 10% 放宽至 20%。完全放开首日涨跌幅限制，可能会导致科创板企业股票首发上市出现暴涨或破发的现象，股价波动风险加剧。

涨跌幅的放宽意味着股价可以即时反映更多的信息，在更加市场化定价的前提下，优质公司与劣质公司的股价将出现明显分化。当市场容量逐渐增加后，新股申购的确定性收益将不断减弱，投资风险上升，打新不能完全保证低风险高收益，原有的打新策略可能不再适用于科创板。

（三）考验基金管理能力，封闭式产品风险加大

科创板要求投资者满足 50 万资产和 2 年投资经验要求，不满足投资门槛的大部分个人投资者只能通过公募基金等产品参与科创板。基金经理在初期未必完全熟悉科创板这种新板块的投资方式，面对全新的规则和股票，投资的不确定性也有所提高。由于很多科创主题的基金是封闭式的，且期限为 3 年之久，投资风险较大。

## 二、如何客观理解风险揭示书

为了规范证券公司开展上海证券交易所科创板业务，使投资者充分了解科创板股票和存托凭证交易的相关风险，2019 年 3 月 1 日上交所发布了

《上海证券交易所科创板股票交易风险揭示书必备条款》。

证券公司应当根据《必备条款》，制定《科创板股票交易风险揭示书》，并严格按照《上海证券交易所科创板股票交易特别规定》等相关规定，制定科创板股票投资者适当性管理相关工作制度，向投资者充分揭示科创板股票交易风险事项，提醒投资者关注投资风险，切实做好适当性管理工作，并切实采取措施了解投资者对风险的认知程度。《风险揭示书》应当至少包括下列内容：

（1）科创板企业所处行业和业务往往具有研发投入规模大、盈利周期长、技术迭代快、风险高以及严重依赖核心项目、核心技术人员、少数供应商等特点，企业上市后的持续创新能力、主营业务发展的可持续性、公司收入及盈利水平等仍具有较大不确定性。

例如，微芯生物作为科创板上市的医药企业，存在研发失败的技术风险。一个全新结构的原创新药的成功研发，需要经历临床前研究、临床开发、取得监管机构批准及实现商业化等过程，研发周期长，投入大，并将取决于众多因素，包括但不限于完成临床前研究；成功取得专利、商业秘密及其他知识产权的保护，并确保不侵犯、盗用或以其他方式违反第三方的专利、商业秘密及其他知识产权；成功获得临床试验批件；成功招募临床试验的患者；聘请的进行临床试验的第三方勤勉尽责的履行责任；在各期临床试验及其他研究中取得良好的安全性及疗效的数据；通过自建设施取得药品生产证书和 GMP 证书，或通过 MAH 制度委托其他制药企业生产；获得监管机构的新药上市批准，并成功进行商业化销售等。如上述一项或多项因素产生不利影响，可能会导致研发进度被延迟或无法实现商业化，从而损害公司的业务，前期的资金投入无法为公司带来收入和现金流，从而为公司正常经营带来不确定性和风险。

（2）科创板企业可能存在首次公开发行前最近 3 个会计年度未能连续

盈利、公开发行并上市时尚未盈利、有累计未弥补亏损等情形，可能存在上市后仍无法盈利、持续亏损、无法进行利润分配等情形。

例如，安集科技作为科创板首批上市的自主创新型高科技微电子材料企业，公司产品主要应用于集成电路制造和先进封装领域。金融危机之后，受益于下游消费电子、计算机、通信、汽车、物联网等终端应用领域需求的持续增长，全球半导体特别是集成电路产业实现了快速发展。中国集成电路产业在下游市场的推动以及政府与资本市场的刺激下，获得了强大的发展动力。由于全球半导体行业景气周期与宏观经济、下游终端应用需求以及自身产能库存等因素密切相关，如果未来半导体行业市场需求因宏观经济或行业环境等原因出现下滑，将对公司经营业绩产生重大不利影响。此外，公司的客户集中度较高，如果公司的主要客户流失，或者主要客户因各种原因大幅减少对本公司的采购量或者要求大幅下调产品价格，公司的经营业绩可能出现下降。

（3）科创板新股发行价格、规模、节奏等坚持市场化导向，询价、定价、配售等环节由机构投资者主导。科创板新股发行全部采用询价定价方式，询价对象限定在证券公司等七类专业机构投资者，而个人投资者无法直接参与发行定价。同时，因科创板企业普遍具有技术新、前景不确定、业绩波动大、风险高等特征，市场可比公司较少，传统估值方法可能不适用，发行定价难度较大，科创板股票上市后可能存在股价波动的风险。

例如，观察科创板已上市企业的发行价格可知，科创板上市企业发行价格对应的上一年度扣除非经常性损益前后孰低的摊薄后市盈率，通常高于中证指数有限公司发布的行业最近一个月平均静态市盈率，存在未来股价下跌给投资者带来损失的风险。投资者应关注投资风险，审慎研判发行定价的合理性，理性作出投资决策。

（4）初步询价结束后，科创板发行人预计发行后总市值不满足其在招股说明书中明确选择的市值与财务指标上市标准的，将按规定中止发行。

（5）科创板股票网上发行比例、网下向网上回拨比例、申购单位、投资风险特别公告发布等与目前上交所主板股票发行规则存在差异，投资者应当在申购环节充分知悉并关注相关规则。

（6）首次公开发行股票时，发行人和主承销商可以采用超额配售选择权，不受首次公开发行股票数量条件的限制，即存在超额配售选择权实施结束后发行人增发股票的可能性。

（7）科创板退市制度较主板更为严格，退市时间更短，退市速度更快；退市情形更多，新增市值低于规定标准、上市公司信息披露或者规范运作存在重大缺陷导致退市的情形；执行标准更严，明显丧失持续经营能力，仅依赖与主业无关的贸易或者不具备商业实质的关联交易维持收入的上市公司可能会被退市。

（8）科创板制度允许上市公司设置表决权差异安排。上市公司可能根据此项安排，存在控制权相对集中，以及因每一特别表决权股份拥有的表决权数量大于每一普通股份拥有的表决权数量等情形，而使普通投资者的表决权利及对公司日常经营等事务的影响力受到限制。

（9）出现《上海证券交易所科创板股票上市规则》以及上市公司章程规定的情形时，特别表决权股份将按 1∶1 的比例转换为普通股份。股份转换自相关情形发生时即生效，并可能与相关股份转换登记时点存在差异。投资者需及时关注上市公司相关公告，以了解特别表决权股份变动事宜。

（10）相对于主板上市公司，科创板上市公司的股权激励制度更为灵活，包括股权激励计划所涉及的股票比例上限和对象有所扩大、价格条款更为灵活、实施方式更为便利。实施该等股权激励制度安排可能导致公司实际上市交易的股票数量超过首次公开发行时的数量。

（11）科创板股票竞价交易设置较宽的涨跌幅限制，首次公开发行上市的股票，上市后的前 5 个交易日不设涨跌幅限制，其后涨跌幅限制为 20%，投资者应当关注可能产生的股价波动的风险。

（12）科创板在条件成熟时将引入做市商机制，请投资者及时关注相关事项。

（13）投资者需关注科创板股票交易的单笔申报数量、最小价格变动单位、有效申报价格范围等与上交所主板市场股票交易存在差异，避免产生无效申报。

（14）投资者需关注科创板股票交易方式包括竞价交易、盘后固定价格交易及大宗交易，不同交易方式的交易时间、申报要求、成交原则等存在差异。科创板股票大宗交易，不适用上交所主板市场股票大宗交易中固定价格申报的相关规定。

（15）科创板股票上市首日即可作为融资融券标的，与上交所主板市场存在差异，投资者应注意相关风险。

（16）科创板股票交易盘中临时停牌情形和严重异常波动股票核查制度与上交所主板市场规定不同，投资者应当关注与此相关的风险。

（17）符合相关规定的红筹企业可以在科创板上市。红筹企业在境外注册，可能采用协议控制架构，在信息披露、分红派息等方面可能与境内上市公司存在差异。红筹公司注册地、境外上市地等地法律法规对当地投资者提供的保护，可能与境内法律为境内投资者提供的保护存在差异。

（18）红筹企业可以发行股票或存托凭证在科创板上市。存托凭证由存托人签发、以境外证券为基础在中国境内发行，代表境外基础证券权益。红筹公司存托凭证持有人实际享有的权益与境外基础证券持有人的权益虽然基本相当，但并不能等同于直接持有境外基础证券。投资者应当充分知悉存托协议和相关规则的具体内容，了解并接受在交易和持有红筹公司股票或存托凭证过程中可能存在的风险。

例如，九号智能是在境外开曼群岛注册的专注于智能短交通和服务类机器人领域的创新企业，拟采取公开发行存托凭证（CDR）的方式在科创板上市。然而，目前CDR属于市场创新产品，中国境内资本市场尚无先例，其未来的交易活跃程度、价格决定机制、投资者关注度等均存在较大的不确定性；同时，由于CDR的交易框架中涉及发行人、存托机构、托管机构等多个法律主体，其交易结构及原理与股票相比更为复杂。再加之科创板价格决定机制尚未成熟，因此可能存在公司发行CDR在科创板上市后，CDR的交易价格可能存在大幅波动的风险。此外，增发基础证券可能导致存托凭证持有人的权益被摊薄。在科创板发行CDR，每份存托凭证对应的净资产已经固定（每份存托凭证对应的净资产＝归属于母公司所有者权益/（公司期末普通股股本总额×每股转换CDR比例），但未来若公司增发基础证券，如开曼层面公司增发等均会导致存托凭证持有人权益存在被摊薄的风险。

（19）科创板股票相关法律、行政法规、部门规章、规范性文件和交易所业务规则，可能根据市场情况进行修改，或者制定新的法律法规和业务规则，投资者应当及时予以关注和了解。

同样以九号智能为例，境内外有关协议控制架构的法律法规、政策环境发生变化可能引发的境外基础证券发行人受到处罚、需调整相关架构、协议控制无法实现或成本大幅上升的风险。九号智能进行A轮融资时搭建了VIE架构，当时考虑到境外融资的便利性，并且科创板相关政策尚未出台。然而，目前中国法律法规尚未明确允许外商投资企业通过协议控制架构控制境内实体，且存在类似的协议控制架构被法院或仲裁庭认定为无效的先例，因此，如中国法律法规发生变化使得司法机构明确判定公司得以控制VIE架构无效，则公司可能面临无法继续通过协议控制架构控制VIE公司，导致公司需要调整相关VIE架构及VIE公司因此被处罚的风险，进而可能对公司的经营业绩有不利影响。

风险揭示书的必备条款仍然是从科创板的上市标准出发，条分缕析地对各部分存在的风险进行提示。直观上风险仍然集中在持续创新与盈利的不确定性、非传统的定价与估值方式、幅度更大的涨跌范围以及更加严格的退市标准，这些风险特征都有可能给投资者带来损失。

故此，证券公司应当对个人投资者进行适当性综合评估。证券公司不仅需对投资者的适当性条件进行核查，还应对个人投资者的资产状况、投资经验、风险承受能力和诚信状况等进行综合评估，全面了解参与科创板股票交易的投资者情况，提出明确的适当性匹配意见。

适当性评估中会重点评估个人投资者是否了解科创板股票交易的业务规则与流程，以及是否充分知晓科创板股票投资风险。此外，证券公司应当动态跟踪和持续了解个人投资者参与科创板股票的交易情况，至少每两年对个人投资者进行一次风险承受能力的后续评估。

在首次委托买入科创板股票前，投资者应以纸面或电子形式签署科创板股票交易风险揭示书。投资者在风险揭示书上签字，即表明自己已经理解并愿意自行承担参与科创板股票交易的风险和损失。未签署风险揭示书的，证券公司不得接受投资者的申购或者买入委托。

科创板股票交易风险揭示书中的揭示事项仅为列举性质，仍然未能详尽列明科创板股票交易的所有风险。投资者在参与科创板股票交易前，应当认真阅读、充分知悉和了解有关法律法规和上交所业务规则等相关规定，对科创板股票交易风险事项以及其他可能存在的风险因素应当有所了解和掌握，并确信自己已做好足够的风险评估与财务安排，结合自身风险认知和承受能力，审慎判断，避免遭受难以承受的损失，理性、规范地参与科创板股票交易。

# 第六章

# 科创板企业上市与资本运作

2019 年 8 月 21 日晚间，上交所发布关于科创板开市首月情况的答记者问：“总体来看，科创板开市以来总体平稳，市场热情度处于高位，投资者情绪逐步趋于理性。从总体走势看，经历了充分博弈、震荡上涨、回归理性的过程，至今 28 家已上市科创板公司股价全部上涨，较发行价平均涨幅 171%，涨幅中位数 160%。分行业看，生物医药、新一代信息技术涨幅居前；中、小市值股涨幅高于大市值股”。当简要介绍科创板已受理企业的总体情况时，发言人回答“截至 8 月 21 日，科创板累计受理企业 152 家，整体情况如下：从行业分布看，坚守科创板支持国家战略定位，企业集中于‘三个面向’‘主要服务’‘重点支持’‘推动融合’等领域。其中，新一代信息技术 57 家、生物医药 34 家、高端装备 28 家、新材料 14 家、节能环保新能源及其他行业共 19 家。从上市标准看，有 129 家、4 家、1 家、11 家、4 家企业分别选择了科创板一至五套上市标准，另有 3 家企业选择差异表决权/红筹企业适用的第二套‘市值 + 收入’指标，包容性特征体现明显。从财务状况看，近三年平均收入复核增长率 49%。从研发情况看，近一年平均研发投入占比 11.45%。总体来看，受理企业基本反映了我国科创企业的发展现状，与现代科技公司具有的高成长、强研发、稀缺性发展规律相吻合”。截至 8 月 21 日收盘，科创板已上市的 28 只股票一个月累计成交 5837 亿元，活跃度也超出了市场预期，科创板首月平均换手率高达 735.62%。此外，截至 8 月 20 日，28 家科创板公司已有 23 家公司披露 2019 年半年报，整体业绩向好，其中 21 家盈利，仅 2 家略微亏损。

## 第一节 科创板带来的机会

在我国交易所市场已有主板、中小板、创业板的基础上，我国仍有大批“独角兽”企业无法在A股上市，选择去海外上市①。国内互联网公司三大巨头（BAT）中百度在美国纳斯达克上市、阿里在美国纽交所上市、腾讯在港交所上市，类似地，京东、网易和爱奇艺均在美国纳斯达克上市，小米和美团点评均在港交所上市……根据Wind数据，2018年国内共有43家企业选择在美国上市，相较2017年、2016年增长了79%、330%，其中多数企业都是我们耳熟能详的名字。相较国内上市，上述企业选择海外上市，很大程度上是不得已而为之的一种决定，原因在于，在科创板推出前，由于盈利条件、上市方式等因素的限制，上述企业均无法如愿按期在国内A股市场上市，无法如期上市意味着无法及时融资，这对大多数处于成长期、以技术研发为核心的独角兽企业来说是个大难题，因此，上述企业纷纷寻求去海外市场上市融资。

---

① 注：2017年科技部火炬中心榜单中确定的中国独角兽企业标准：①在中国境内注册的，具有法人资格的企业；②成立时间不超过10年；③获得过私募投资，且尚未上市；④符合条件①、②、③，且企业估值超过（含）10亿美元的称为独角兽，估值超过（含）1000亿美元的称为超级独角兽。

然而，海外上市也不可避免地存在一些弊端。首先，海外上市成本远高于国内 A 股市场，在美国纳斯达克的筹资成本是最高的，通常在筹资总额的 13% ~18%，纽交所相对较低，但也不会低于筹资总额的 12%。至于香港主板市场，一般的上市成本为筹资总额的 10%，最高可达 25%。其次，国内企业以红筹方式（含 VIE 结构）在境外上市过程中，存在比较棘手的外汇问题，尤其是合规方面的问题。红筹重组过程中，同一控制人下的股权转让款可能被认定为是外债，其与境内股权人民币债务在实务处理中通常不抵消。这种做法增加了交易成本，但实务中仍在继续。此外，由于海外上市的企业其客户基础几乎均在中国大陆境内，因此还存在投资者认可等诸多问题。

《中国独角兽报告 2019》① 筛选出了 161 家符合科创板上市条件的独角兽企业，这些企业也作为科创板第一批上市的重点备选企业的一部分。同样，就目前情形来看，科创板也是独角兽企业登陆 A 股的途径之一。尽管科创板并不只针对独角兽企业，证监会在答记者问中指出，科创板旨在补齐资本市场服务科技创新的短板，但独角兽企业是国内众多有技术研发优势或者有较大市场潜力但无法融到资的企业们的一个缩影。而这类企业在设立科创板之前的 A 股市场中上市存在一定难度，科创板的出现给了这类企业能够成功上市的机会。这类企业普遍具有高成长性、高研发投入但低营收规模的特征，成功上市给这些需要长期投入科研力量的创业型企业提供了有力的资金支撑，能够让他们去积极探索企业的发展方向。而科创板上市制度的改革，也值得深思。

---

① 2019 年 3 月 8 日，中国恒大研究院发布《中国独角兽报告 2019》。

## 一、上市进程加快

科创板推出前，A 股市场现行的 IPO 审批制度是核准制。核准制强调发行人在申请发行股票时，不仅要充分公开企业的真实情况，还必须符合有关法律和监管机构规定的必要条件，主管机构有权否决不符合规定条件的股票发行申请。长期以来，A 股市场由于散户规模巨大，法律意识淡薄，而机构投资者缺位，因此监管者必须设立严格的 IPO 审批制度保障投资者的权益。但是核准制也存在一定的弊端，例如，对于成长型企业来说，能够按期尽快融资进行下一步的决策发展是关键，但我国 A 股市场中主板和创业板采用的核准制导致审核速度缓慢。2016 年上半年，A 股 IPO 在会企业一度达到 800 家，部分企业甚至在会时间达到 5 年以上，企业为上市不得不强行维持业绩，近年来 IPO 审核速度有所加快，但对于想尽快融资的科技企业来说，仍然存在一定难度。

而注册制强调主管机构只负责审查发行申请人提供的信息和资料是否履行了信息披露义务。相较于核准制，其最重要的特征是：主管机构只对注册文件进行形式审查，不进行实质判断，但是强调事后控制，事后一旦发现违法违规，严惩，退市成为常态。

在以往的核准制下，发行股票耗时长达 1～3 年，而注册制下，发行时间只需几个月，具体时长取决于公司披露信息的效率与充分性。审核进程的加快，有利于科技企业长足的进步。

## 二、上市标准多元化

科创板与主板、创业板的一个重大区别在于科创板上市条件中提出的市值要求。主板和创业板的审核逻辑是重在过去的经营业绩，以过去的盈利、规模作为重要的上市标准；但科创板要求的是市值，对公司的盈利并不十分敏感。其5套上市标准如表6-1所示：

**表6-1　科创板5套上市标准**

| 标准一 | 标准二 | 标准三 | 标准四 | 标准五 |
|---|---|---|---|---|
| 预计市值不低于10亿元 | 预计市值不低于15亿元 | 预计市值不低于20亿元 | 预计市值不低于30亿元 | 预计市值不低于40亿元 |
| a. 最近两年净利润均为正+累计净利润不低于人民币5000万元；<br>b. 或者最近一年净利润为正+营业收入不低于人民币1亿元 | a. 最近一年营业收入不低于人民币2亿元；<br>b. 且最近三年研发投入合计占最近三年营业收入的比例不低于15% | a. 最近一年营业收入不低于人民币3亿元；<br>b. 且最近三年经营活动产生的现金流量净额累计不低于人民币1亿元 | 最近一年营业收入不低于人民币3亿元 | a. 主要业务或产品需经国家有关部门批准，市场空间大，目前已取得阶段性成果；<br>b. 医药行业企业至少有一项核心产品获准开展Ⅱ期临床试验，其他符合科创板定位的企业需具备明显的技术优势并满足相应条件 |

注：上述所称净利润以扣除非经常性损益前后的孰低者为准，所称净利润、营业收入、经营活动所产生的现金流量净额均指经审计的数值。同时，将符合规定条件的红筹企业在科创板发行股票及存托凭证的审核纳入规则适用。

从这5套上市标准可以看出科创板提升了上市条件的包容度以及适应性，也给企业寻求科创板上市之路提供了更多选择。上交所发行上市部门负责人表示，“对一个板块来说，成功的标志是投融资的平衡。我们毫无疑问希望是能够尽量包容那些处于高速发展期到成熟阶段的这一类企业，因为这样的企业上市之后，它能够由小到大，真正给投资者带来回报”。

## 三、发行定价市场化

科创板采用注册制，并打破23倍市盈率限制，其内在逻辑是发行定价市场化，美国和中国香港实行的注册制要求的就是市场化的市值，不是董事长认为的市值，也不是个人投资者随便投的市值，而是在首次公开发行的时候，券商投行、投资机构给的市值。没有了监管层限定市盈率的发行机制，截至2019年8月20日，科创板共有28家企业上市，其发行市盈率如图6－1所示。已上市的企业中，微芯生物（688321. SH）发行市盈率高达467. 51倍，居科创板已上市的28家企业之最，其上市首日市盈率也一度超过2000倍。微芯生物是一家专注小分子原创药的企业，对于此类创新药类生产企业，套用PE估值法并不合适，券商分析师们普遍建议采用NPV模型或DCF法对公司进行估值。而在科创板成立之前，A股潜规则是新上市公司首发市盈率不能超过23倍。我国政府抑制企业以更高价格发行，通过将市盈率控制在23倍，监管者几乎确保每个申购到新股的投资者都能盈利。科创板的成立，给了以微芯生物为代表的企业更多市场化定价的权利和自由，曾经的A股市场鲜少能见到微芯生物这类创新原研药企业，科创板的成立，的确给了这类企业更多的机会。

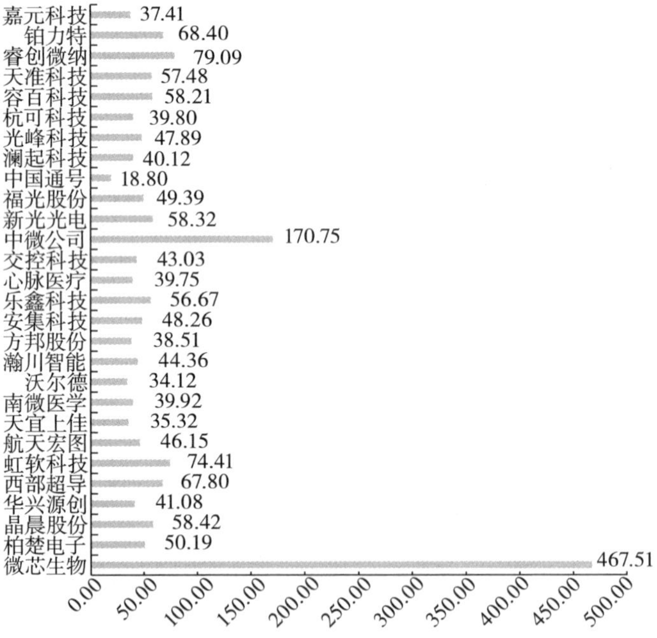


**图6－1 科创板已上市28家公司发行市盈率（摊薄）**

资料来源：Wind资讯。

## 四、允许红筹架构企业上市

红筹企业是指注册地在境外、主要经营活动在境内的企业。根据科创板实施意见规定："符合《国务院办公厅转发证监会关于开展创新企业境内发行股票或存托凭证试点若干意见的通知》（国办发〔2018〕21 号）相关规定的红筹企业，可以申请发行股票或存托凭证并在科创板上市。"科创板则对该意见中的相关内容进行了细化，对试点企业从预计市值及营业收入方面设置了清晰的标准，降低了该类特殊红筹企业的上市市值及营业收入要求。以下为具体内容：

营业收入快速增长，拥有自主研发、国际领先技术，同行业竞争中处于相对优势地位的尚未在境外上市红筹企业，申请在科创板上市的，市值及财务指标应当至少符合下列标准之一：

（1）预计市值不低于人民币 100 亿元；

（2）预计市值不低于人民币 50 亿元，且最近一年营业收入不低于人民币 5 亿元。

科创板设立前，在不拆除红筹架构的情况下，红筹企业在 A 股上市难度较大，证监会出于发行人控制权、股权清晰等方面的考虑，会要求红筹企业在拆除红筹架构后再申请来 A 股上市。拆除红筹架构通常会涉及原境外投资者退出，境内外法律法规的遵守，包括但不限于国内外汇、商务、税务合规性的核查判断等，所涉成本（包括但不限于税收成本）较高。科创板系列制度的出台，使得红筹企业在符合一定规模及条件的情况下，可以申请在 A 股发行股份或 CDR（CDR 为中国存托凭证的简称，具体是由存托人签发、以境外证券为基础在中国境内发行、代表境外基础证券权益的证券）。这对于目前搭建了红筹架构的科创企业，尤其是已经具备一定规模、在行业中处于领先地位的科创企业是一大利好消息。

## 五、允许表决权差异

同股不同权，是指同一家公司的股东，享有的投票权与他们的股票数量不成比例。通常的结构是，所有股票被分成 A、B 两类股，A 类股每 1 股享有 1 份投票权，B 类股每 1 股享有 N 份（N >1）投票权。B 类股的持有人一般是公司的创始人、早期合伙人、主要战略投资者或公司高层，他们持有较少的股份却能得到较多的投票权，以便对公司形成有效控制。同股不同权曾被认为与公司法倡导的保护股东权益相违背，一旦拥有特殊投票权的实控人与中小股东们的利益发生矛盾时，实控人可能利用特殊投票权进行利己，但是不利于全体股东的决策。基于此，科创板成立前，我国 A 股市场一直不接纳“同股不同权”企业。但这样的企业在美国比较普遍，Facebook、阿里巴巴、京东、百度、优酷……都采取的是二元股权架构（见图 6 –2）。

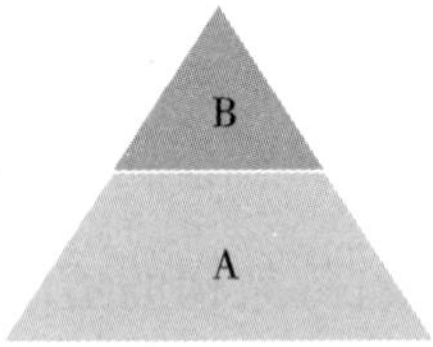


**图 6 –2　同股不同权企业架构**

2018 年 8 月 31 日，证监会官网公布的对十三届全国人大一次会议第 2490 号建议的答复写道：“同股不同权”问题情况较为复杂，不同的企业有不同的投票权差异安排，有的属于针对董事会提名权的特别安排，有的属于同种股份投票权不同，有的属于类别股份。从本质上来说，这些都属于对公司治理作出的特殊安排。我国公司法第一百二十六条确立了“同股同权”原则，其第一款规定，“同种类的每一股份应当具有同等权利”。但这一规定确立的“同股同权”原则是基于“同种类”的股份而言，对于不同种类的股份可以设置不同的权利。因此，公司法第一百三十一条规定："国务院可以对公司发行本法规定以外的其他种类的股份，另行作出规定"。实际上已经为公司发行不同种类、享有不同权利的股份留出了空间。根据上述规定，国务院于2013年出台了《关于开展优先股试点的指导意见》（国发〔2013〕46号），为"优先股"的发行、交易提供了相应安排。在我国境内设立的股份有限公司，其公司治理、股权结构等应符合我国现行公司法等法律法规的相关规定。可以看出，法律在肯定同股同权基本原则的基础上，也为同股不同权开了口，但在传统的A股公司中，这种情况不多见，因为证监会在审查的时候，需要对这类情况做较为细致的质询。但是高科技企业，尤其是发展中的企业，可能创始人团队或者技术核心的决策权很重要，需要他们的决策来引导公司的发展。考虑以上情况，新成立的科创板接受"同股不同权"企业，允许表决权差异。

此前，港交所曾因"同股不同权"的股权架构问题错失阿里。在阿里的公司股权中，日本软银持股36.7%、雅虎持股24%；阿里巴巴有28位合伙人（日本软银和雅虎作为外部投资者不是合伙人），马云及他的合伙人只拥有阿里巴巴集团约10%的股份（马云持有7%左右的股份）。根据阿里公司章程的相关规定，以马云为首的阿里合伙人有权任命阿里董事会的大多数成员。从10人组成的阿里董事会来看，除了5名外部董事，5名执行董事全部由合伙人提名。阿里大部分的执行董事和几乎全部重要高管都由阿里合伙人团队成员出任。持股高达31.8%的第一大股东软银并没有作为大股东主导公司治理制度安排。软银不仅没有直接委派董事，甚至董事长，而且还放弃了董事候选人的提名权，仅仅在董事会中委派了一名不参与实际表决的观察员。而持股15%的雅虎更是连观察员都没有委派。阿里合伙人由此成为阿里的实际控制人。软银和雅虎通过支持合伙人制度，将阿里的实际控制权交给持股仅13%的阿里合伙人，后者由此可以专注于业务模式的创新，而软银等从放弃控制权中也依然获得高额利润。通过推出合伙人制度，阿里变相地形成了不平等投票权。这种“不平等”的方式（“同股不同权”）却实现了股东收益最大化所带来的更加“平等”。

在美国，“同股同权”原则的突破最终是通过各交易所之间竞争实现的。2017 年 12 月 15 日，港交所允许不同投票架构的高增长及创新产业公司在主板上市。2018 年，小米、美团等一大批中国互联网独角兽便纷纷在港股上市。科创板被称为“中国的纳斯达克”，这意味着科创板要与美股、港股竞争具有良好发展前景的科技企业，因此，科创板接受“同股不同权”企业是一种必然的选择，这也意味着科创板给予科技创新企业足够的宽容，将最终决定权交给了市场。

## 第二节　科创板上市的要求

《科创板首次公开发行股票注册管理办法（试行）》指出优先支持符合国家战略，拥有关键核心技术，科技创新能力突出，主要依靠核心技术开展生产经营，具有稳定的商业模式，市场认可度高，社会形象良好，具有较强成长性的企业。

### 一、科技创新能力突出

证监会发布的关于科创板改革的实施意见中明确了科创板“重点支持新一代信息技术、高端装备、新材料、新能源、节能环保以及生物医药等高新技术产业和战略性新兴产业，推动互联网、大数据、云计算、人工智能和制造业深度融合，引领中高端消费，推动质量变革、效率变革、动力变革”。上交所发行上市服务中心业务副总监彭义刚在“2019 西普会”上表示科创板并不局限于上述 6 大战略新兴产业，传统行业中致力于推动互联网、大数据、云计算、人工智能和制造业深度融合，引领中高端消费，推动质量变革、效率变革、动力变革的企业都可以在科创板上市。

截至 2019 年 8 月 20 日，科创板共受理 152 家企业，其行业划分如

表6－2所示，可以看出这152家公司所处行业基本均围绕上述6大战略新兴产业。其中，新一代信息技术产业中电子核心产业、新兴软件和新型信息技术服务产业、生物医药产业以及智能制造装备产业这四个产业中所涉及的企业数在已受理的企业中居于领先地位。

**表6－2　科创板已受理152家企业的行业划分**

| 科创主题 | 科创主题明细 | 公司家数 |
|---|---|---|
| 新一代信息技术产业 | 电子核心产业 | 21 |
| 新一代信息技术产业 | 互联网与云计算、大数据服务 | 9 |
| 新一代信息技术产业 | 人工智能 | 2 |
| 新一代信息技术产业 | 新兴软件和新型信息技术服务 | 22 |
| 新一代信息技术产业 | 新一代信息技术产业 | 1 |
| 新一代信息技术产业 | 下一代信息网络产业 | 10 |
| 新能源汽车产业 | 新能源汽车装置、配件制造 | 1 |
| 新材料产业 | 先进石化化工新材料 | 6 |
| 新材料产业 | 前沿新材料 | 4 |
| 新材料产业 | 先进有色金属材料 | 2 |
| 新材料产业 | 先进无机非金属材料 | 3 |
| 新材料产业 | 先进钢铁材料 | 1 |
| 相关服务业 | 新技术与创新创业服务 | 1 |
| 相关服务业 | 其他相关服务 | 1 |
| 生物产业 | 生物医药产业 | 21 |
| 生物产业 | 生物医学工程产业 | 11 |
| 生物产业 | 生物农业及相关产业 | 1 |
| 生物产业 | 其他生物业 | 2 |
| 生物产业 | 生物质能产业 | 1 |
| 节能环保产业 | 高效节能产业 | 2 |
| 节能环保产业 | 先进环保产业 | 5 |
| 高端装备制造产业 | 智能制造装备产业 | 19 |
| 高端装备制造产业 | 卫星及应用产业 | 3 |
| 高端装备制造产业 | 航空装备产业 | 1 |
| 高端装备制造产业 | 轨道交通装备产业 | 2 |

资料来源：Wind资讯。

首批上市的25家科创板企业中，有13家为新一代信息技术行业，2家为生物医药行业，新材料和高端装备制造行业各有5家企业，其趋势与科创板已受理的152家企业基本一致（见图6－3）。

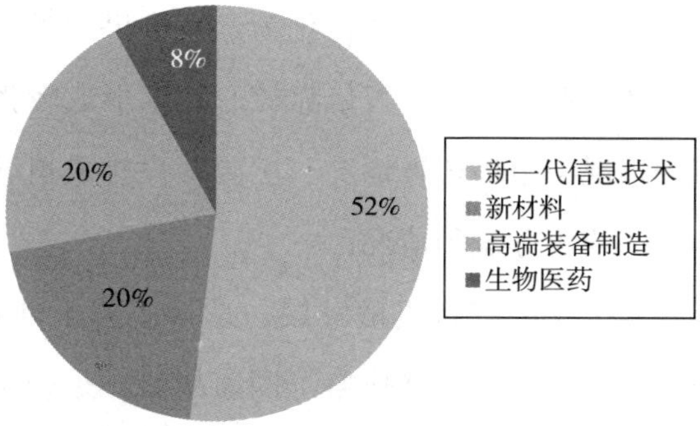


**图6－3　首批25家科创板企业行业划分**

资料来源：Wind资讯。

如果一家企业的行业定位是在六大行业里（包括新一代信息技术、高端装备、新材料、新能源、节能环保以及生物医药），那么认可其具有科创属性，但不代表非六大行业的企业就不具备科创属性。即使不属于六大行业，仍可以通过下述六个“是否”来评估企业的科技创新能力。

第一，是否掌握具有自主知识产权的核心技术，核心技术是否权属清晰、是否国内或国际领先、是否成熟或者存在快速迭代的风险；

第二，是否拥有高效的研发体系，是否具备持续创新能力，是否具备突破关键核心技术的基础和潜力，包括但不限于研发管理情况、研发人员数量、研发团队构成及核心研发人员背景情况、研发投入情况、研发设备情况、技术储备情况；

第三，是否拥有市场认可的研发成果，包括但不限于与主营业务相关的发明专利、软件著作权及新药批件情况，独立或牵头承担重大科研项目情况，主持或参与制定国家标准、行业标准情况，获得国家科学技术奖项及行业权威奖项情况；

第四，是否具有相对竞争优势，包括但不限于所处行业市场空间和技术壁垒情况，行业地位及主要竞争对手情况，技术优势及可持续性情况，核心经营团队和技术团队竞争力情况；

第五，是否具备技术成果有效转化为经营成果的条件，是否形成有利于企业持续经营的商业模式，是否依靠核心技术形成较强成长性，包括但不限于技术应用情况、市场拓展情况、主要客户构成情况、营业收入规模及增长情况、产品或服务盈利情况；

第六，是否服务于经济高质量发展，是否服务于创新驱动发展战略、可持续发展战略、军民融合发展战略等国家战略，是否服务于供给侧结构性改革。

保荐机构可通过这六个“是否”把握科技创新企业的运行特点，充分评估企业科技创新能力。企业也可通过上述标准自行判断。

## 二、具有较强成长性

科创板咨询委委员之一张江在回答《新京报》关于科创板的采访中表示：“科创板重点是要支持科技创新企业发展，更多是支持成长性企业，如果企业到了科创板以后能够获得很好的发展，逐渐壮大，这个可能意义更大，而不是企业在上市时就达到什么样的规模。”

科创板首批上市的25家公司也确实均具有较强的成长特征。它们2018年研发支出总额占营业收入比例从3.32%到32.42%不等，均值为11.3%，具体数据如图6－4所示。与A股其他板块相比，科创板首批企业研发支出占比明显高于主板的3.65%、中小板的4.80%和创业板的7.52%。其营业收入、归母净利润同比增速均处于较高水平。科创板首批企业2018年的营业收入同比增长22.50%，而主板、中小板、创业板已上市公司2018年的营业收入同比增长均值分别为10.95%、15.31%、

14.14%。科创板首批企业2018年的归母净利润同比增长30.77%，主板归母净利润同比增长3.03%，中小板和创业板增速甚至为负，分别为-17.23%和-46.45%。

正如前文提到，科创板上市企业科技创新能力突出，想要有技术创新就必须要有研发投入，因此其研发投入较高是不可避免的，较高的研发投入辅之以较高的营业收入、归母净利润同比增速可以验证企业的高成长性。值得注意的是，此类企业仍处于成长期因此总体营收规模不大，相比于其他板块上市公司来说其规模较小。首批上市的25家公司2018年的营业收入从2.08亿元到400.13亿元不等，均值为23.84亿元，2018年归母净利润从0.45亿元到34.09亿元不等，均值为2.85亿元，具体数据如表6-3、图6-4所示。而2018年主板、中小板、创业板已上市公司营业收入均值分别为204.15亿元、49.80亿元、18.00亿元，归母净利润均值分别为16.34亿元、2.11亿元、0.40亿元。

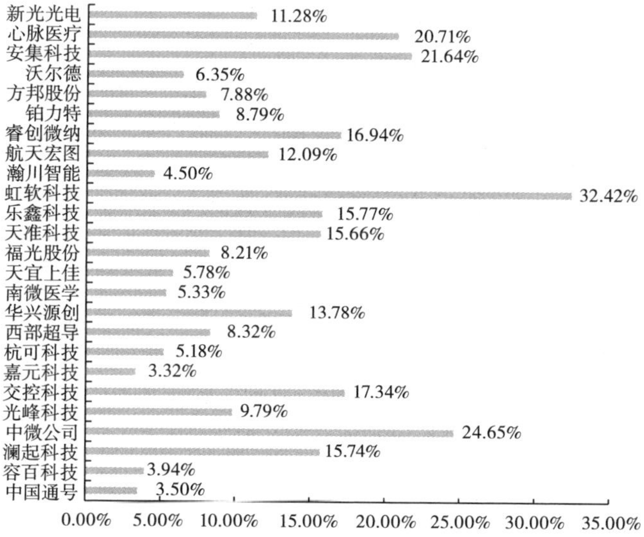


**图6-4　首批25家科创板企业2018年研发支出占比**

资料来源：Wind资讯。

在科创板设立前，这类科技创新企业较小的营收规模不利于其在 A 股上市，而科创板的成立，尤其是其 5 个上市标准的设定，为这些具有高成长性的“潜力股”科技创新企业带来了上市的机会。

**表 6－3　科创板已上市 28 家企业营业收入和归母净利润**

单位：亿元

| 企业 | 营业收入 | 归母净利润 |
|---|---|---|
| 中国通号 | 400.13 | 34.09 |
| 容百科技 | 30.41 | 2.86 |
| 澜起科技 | 17.58 | 1.76 |
| 中微公司 | 16.39 | 1.35 |
| 光峰科技 | 13.86 | 0.62 |
| 交控科技 | 11.63 | 0.66 |
| 嘉元科技 | 11.53 | 2.63 |
| 杭可科技 | 11.09 | 0.91 |
| 西部超导 | 10.88 | 1.17 |
| 华兴源创 | 10.05 | 0.7 |
| 南微医学 | 9.22 | 0.57 |
| 天宜上佳 | 5.58 | 1.93 |
| 福光股份 | 5.52 | 0.94 |
| 天准科技 | 5.08 | 0.94 |
| 乐鑫科技 | 4.75 | 7.37 |
| 虹软科技 | 4.58 | 0.73 |
| 瀚川智能 | 4.36 | 0.66 |
| 航天宏图 | 4.16 | 0.91 |
| 睿创微纳 | 3.84 | 0.45 |
| 铂力特 | 2.91 | 0.91 |
| 方邦股份 | 2.75 | 1.77 |
| 沃尔德 | 2.62 | 1.58 |
| 安集科技 | 2.48 | 2.43 |
| 心脉医疗 | 2.31 | 2.13 |
| 新光光电 | 2.08 | 1.25 |

资料来源：Wind 资讯。

## 第三节 科创板上市的准备

企业上市一般需要经过三个阶段：一是上市前的准备，二是上市申报，三是上市发行股票。在这三个阶段中，上市前的准备工作极为重要，从某种角度讲，这一阶段将是决定企业上市成功与否的关键。与此同时，《科创板首次公开发行股票注册管理办法（试行）》第三条中明确规定了科创板企业上市应当符合科创板定位，即面向世界科技前沿、面向经济主战场、面向国家重大需求，符合国家战略，拥有关键核心技术，科技创新能力突出，主要依靠核心技术开展生产经营，具有稳定的商业模式，市场认可度高，社会形象良好，具有较强成长性。

因此，科创板企业上市前的准备工作除了成立上市工作小组、选聘中介机构和股份制改造三大方面的常规内容外，还需重点讲好企业科创故事，凸显企业功能地位，以符合上市要求。

### 一、成立上市工作小组

上市工作是一项纷繁复杂的工作，这项工作涉及面广，工作量大，周期长，一般需要 2～3 年的长期工作，必须调配专门的人才，成立专门的组织机构来从事这项工作。一般应成立上市委员会（或上市领导小组）及上市筹备小组。上市委员会一般由3～7人组成，应该包括股东代表、主要董事会成员、主要高管成员，也可以聘请上市顾问加入上市委员会。上市委员会的主要职责是负责企业整个上市进程中所有重大问题的决策，领导、指挥上市工作小组实施上市工作计划，以圆满完成上市工作。

在上市委员会下设日常工作机构即上市工作小组，上市工作小组一般由总经办、人事行政部门、财务部门及其他相关部门选派3～5人组成，上市工作小组在上市委员会的领导下开展上市的各项具体工作，主要包括配合上市顾问、券商、律师、会计师、评估师等中介机构工作，按照要求提供系列详尽资料，完成各机构安排的各项工作。

另外，董事会秘书的选择对企业整个上市过程也非常重要。这个角色是企业上市的先行官，也是上市计划的具体执行者。在企业上市前，董事会秘书在上市运作的整个过程中都应以上市公司董事会秘书的工作标准来要求自己，接受董事会秘书的专业培训，熟悉相关法规政策，理清思路，找准方向，审时度势，为企业拟订上市规划并报企业决策层审议通过后操作实施，同时配合中介机构进场协同作战，以确保上市计划的有效实施。

如果企业一时没有合适的董事会秘书人选，也可以由财务总监兼任。企业也可聘请一家专门负责策划企业上市的顾问公司或全职的专业人士来负责上市的统筹工作。

截至2019年8月21日，科创板累计受理企业152家，其中已发行29家，已审核通过4家，终止审查8家，其余111家企业仍处于上市审核的各个阶段（见图6－5）。总体来说，各家企业都在紧锣密鼓地备战科创板，作为企业上市准备工作的第一步，企业上市工作小组的执行力和工作效率的高低对备战效果的影响最为深远。因此，组建强有力的上市工作小组显得尤为重要。

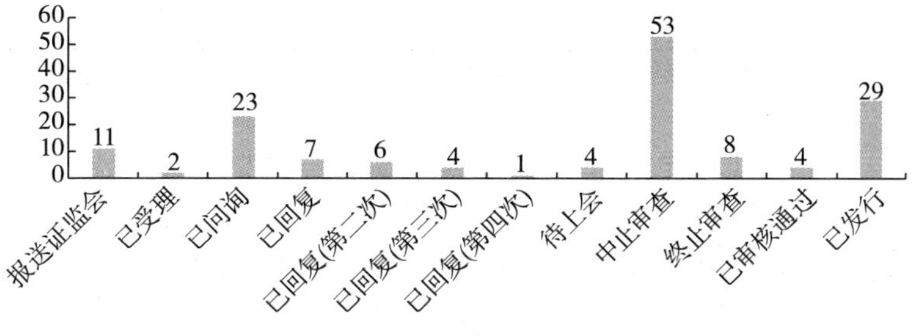


**图 6-5 科创板受理企业审核进展情况**

资料来源：Wind 资讯。

## 二、选聘中介机构

企业成立筹备小组后，要开始选择外部合作机构，即中介机构。根据《中华人民共和国公司法》《中华人民共和国证券法》等法律法规的相关规定，企业在公开发行股票并上市的过程中，必须选择有资格条件的证券公司（又称保荐机构或券商）、会计师事务所、律师事务所及评估师事务所开展专业服务，出具相关意见，并构成为发行上市申报材料的主要组成部分。

上市能否成功，上市进程快慢，一方面取决于企业自身素质；另一方面取决于中介机构的专业能力、服务态度和重视程度。选择到“合适”的中介机构是企业改制上市过程中最为重要的一项工作。

（一）首批 25 家上市企业选聘中介机构情况

首批上市的 25 家科创板企业的选聘中介机构的情况如表 6-4 所示，从各家中介机构服务企业的数量来看，不难发现中介机构头部效应凸显，行业集中度将进一步提升。

**表 6-4 首批 25 家科创板企业选聘中介机构情况**

| 名称 | 保荐机构 | 会计师事务所 | 律师事务所 | 资产评估机构 |
|---|---|---|---|---|
| 瀚川智能 | 安信证券 | 致同 | 国浩 | 江苏中企华中天 |
| 沃尔德 | 中信建投证券 | 天健 | 北京市中伦 | 北京北方亚事 |

续表

| 名称 | 保荐机构 | 会计师事务所 | 律师事务所 | 资产评估机构 |
|---|---|---|---|---|
| 南微医学 | 南京证券 | 中天运 | 北京金诚同达 | 江苏中企华中天<br>江苏金证通 |
| 乐鑫科技 | 招商证券 | 天职国际 | 上海市锦天城 | 沃克森（北京）国际 |
| 安集科技 | 申万宏源证券 | 毕马威华振 | 上海市锦天城 | 北京中同华 |
| 方邦股份 | 华泰联合证券 | 天健 | 广东信达 | 广东中广信 |
| 西部超导 | 中信建投证券 | 中审众环 | 国浩 | 湖北众联 |
| 铂力特 | 中信建投证券 | 信永中和 | 北京国枫 | 正衡房地产 |
| 嘉元科技 | 东兴证券 | 立信 | 广东信达 | 中联国际 |
| 天宜上佳 | 中信建投证券 | 中审众环 | 北京市康达 | 北京国融兴华 |
| 航天宏图 | 国信证券 | 致同 | 北京德恒 | 北京国融兴华 |
| 虹软科技 | 中信建投证券<br>华泰联合证券 | 立信 | 上海市方达 | 上海立信 |
| 心脉医疗 | 国泰君安证券<br>华菁证券 | 毕马威华振 | 北京德恒 | 上海申威 |
| 容百科技 | 中信证券 | 天健 | 国浩 | 北京中天华 |
| 杭可科技 | 国信证券 | 天健 | 北京市金杜 | 坤元 |
| 光峰科技 | 华泰联合证券 | 天健 | 北京市君合 | 广东中广信 |
| 华兴源创 | 华泰联合证券 | 容诚 | 上海市通力 | 中水致远 |
| 睿创微纳 | 中信证券 | 信永中和 | 北京市中银 | 中水致远<br>中联资产 |
| 天准科技 | 海通证券 | 瑞华 | 浙江六和 | 北京天健兴业 |
| 新光光电 | 中信建投证券 | 信永中和 | 北京市康达 | 北京中同华 |
| 中微公司 | 海通证券 | 普华永道中天 | 上海市方达 | 上海立信 |
| 交控科技 | 中国国际金融 | 立信 | 北京市金杜 | 北京天健兴业 |
| 澜起科技 | 中信证券 | 瑞华 | 国浩 | 上海申威 |
| 中国通号 | 中国国际金融 | 安永华明 | 北京市中伦 | 中联资产 |
| 福光股份 | 兴业证券 | 华兴 | 上海市锦天城 | 中联资产<br>福建联合中和 |

资料来源：Wind 资讯。

从保荐机构分布来看，14 家保荐机构中，中信建投 5.5 家，市场占比达 22%，位列各大券商首位，领先优势明显；华泰联合 3.5 家，市场占比 14%，排名第二；中信证券 3 家，排名第三。总的来说，前三大券商合计 12 家，占了首批挂牌上市公司的近半壁江山，头部效应突出（见表 6 –5）。

**表 6 –5　首批 25 家科创板企业选聘保荐机构排名**

| 排名 | 保荐机构 | 家数/家 | 市场占比/% |
|---|---|---|---|
| 1 | 中信建投证券 | 5.5 | 22.00 |
| 2 | 华泰联合证券 | 3.5 | 14.00 |
| 3 | 中信证券 | 3 | 12.00 |
| 4 | 国信证券 | 2 | 8.00 |
| 4 | 中国国际金融 | 2 | 8.00 |
| 4 | 海通证券 | 2 | 8.00 |
| 7 | 安信证券 | 1 | 4.00 |
| 7 | 东兴证券 | 1 | 4.00 |
| 7 | 南京证券 | 1 | 4.00 |
| 7 | 申万宏源证券 | 1 | 4.00 |
| 7 | 兴业证券 | 1 | 4.00 |
| 7 | 招商证券 | 1 | 4.00 |
| 13 | 国泰君安证券 | 0.5 | 2.00 |
| 13 | 华菁证券 | 0.5 | 2.00 |
|  | 合计 | 25 | 100.00 |

资料来源：Wind 资讯。

从会计师事务所分布来看，13 家会计师事务所中，天健 5 家，市场占比达 20%，独占鳌头，立信和信永中和各 3 家，市场占比均为 12%，排名并列第二。总的来看，前三家会计师事务所合计 11 家，占比达 44%，和保荐机构一样，头部效应显著（见表 6 –6）。

**表 6－6　首批 25 家科创板企业选聘会计师事务所排名**

| 排名 | 会计师事务所 | 家数/家 | 市场占比/% |
|---|---|---|---|
| 1 | 天健 | 5 | 20.00 |
| 2 | 立信 | 3 | 12.00 |
| 2 | 信永中和 | 3 | 12.00 |
| 4 | 毕马威华振 | 2 | 8.00 |
| 4 | 瑞华 | 2 | 8.00 |
| 4 | 致同 | 2 | 8.00 |
| 4 | 中审众环 | 2 | 8.00 |
| 8 | 安永华明 | 1 | 4.00 |
| 8 | 华兴 | 1 | 4.00 |
| 8 | 普华永道中天 | 1 | 4.00 |
| 8 | 容诚 | 1 | 4.00 |
| 8 | 天职国际 | 1 | 4.00 |
| 8 | 中天运 | 1 | 4.00 |
|  | 合计 | 25 | 100.00 |

资料来源：Wind 资讯。

从律师事务所分布来看，14 家律师事务所中，国浩律师事务所有 4 家，市场占比为 16%，排名第一；上海锦天城律师事务所有 3 家，市场占比为 12%，排名第二；紧随其后的是北京德恒、北京中伦、北京金杜、北京康达、上海方达、广东信达这六家律师事务所，各有 2 家，市场占比均为 8%，排名并列第三（见表 6－7）。

**表 6－7　首批 25 家科创板企业选聘律师事务所排名**

| 排名 | 律师事务所 | 家数/家 | 市场占比/% |
|---|---|---|---|
| 1 | 国浩 | 4 | 16.00 |
| 2 | 上海锦天城 | 3 | 12.00 |
| 3 | 北京德恒 | 2 | 8.00 |
| 3 | 北京金杜 | 2 | 8.00 |
| 3 | 北京康达 | 2 | 8.00 |

续表

| 排名 | 律师事务所 | 家数/家 | 市场占比/% |
|---|---|---|---|
| 3 | 北京中伦 | 2 | 8.00 |
| 3 | 广东信达 | 2 | 8.00 |
| 3 | 上海方达 | 2 | 8.00 |
| 9 | 北京国枫 | 1 | 4.00 |
| 9 | 北京金诚同达 | 1 | 4.00 |
| 9 | 北京君合 | 1 | 4.00 |
| 9 | 北京中银 | 1 | 4.00 |
| 9 | 上海通力 | 1 | 4.00 |
| 9 | 浙江六和 | 1 | 4.00 |
|  | 合计 | 25 | 100.00 |

资料来源：Wind 资讯。

从资产评估机构的分布来看，18 家资产评估机构中，北京国融兴华、北京天健兴业、北京中同华、广东中广信、上海立信、上海申威和中联资产共计 7 家资产评估机构均服务了 2 家，市场累计占比为 56%，超过半数市场份额（见表 6－8）。

**表 6－8　首批 25 家科创板企业选聘资产评估机构排名**

| 排名 | 资产评估机构 | 家数/家 | 市场占比/% |
|---|---|---|---|
| 1 | 北京国融兴华 | 2 | 8.00 |
| 1 | 北京天健兴业 | 2 | 8.00 |
| 1 | 北京中同华 | 2 | 8.00 |
| 1 | 广东中广信 | 2 | 8.00 |
| 1 | 上海立信 | 2 | 8.00 |
| 1 | 上海申威 | 2 | 8.00 |
| 1 | 中联资产 | 2 | 8.00 |
| 8 | 江苏中企华中天 | 1.5 | 6.00 |
| 8 | 中水致远 | 1.5 | 6.00 |
| 10 | 北京北方亚事 | 1 | 4.00 |
| 10 | 北京中天华 | 1 | 4.00 |

续表

| 排名 | 资产评估机构 | 家数/家 | 市场占比/% |
|---|---|---|---|
| 10 | 湖北众联 | 1 | 4.00 |
| 10 | 坤元 | 1 | 4.00 |
| 10 | 沃克森（北京）国际 | 1 | 4.00 |
| 10 | 正衡房地产 | 1 | 4.00 |
| 10 | 中联国际 | 1 | 4.00 |
| 17 | 江苏金证通 | 0.5 | 2.00 |
| 18 | 福建联合中和 | 0.5 | 2.00 |
| | 合计 | 25 | 100.00 |

资料来源：Wind 资讯。

截至 2019 年 8 月 21 日，科创板累计受理企业 152 家，共有 47 家保荐机构、25 家会计师事务所、35 家律师事务所和 54 家资产评估机构参与其中，随着越来越多的中介机构参与其中，熟悉各中介机构的主要职责就显得尤为重要，好的中介机构将更快更好地帮助企业成功登陆科创板。

### （二）科创板注册制下中介机构的主要职责

在以信息披露为核心的科创板注册制背景下，证监会的角色将被弱化，中介机构的职能和作用愈加凸显。在此次科创板注册制改革中，证监会更加强调中介机构的责任，《关于在上海证券交易所设立科创板并试点注册制的实施意见》明确指出“强化中介机构责任”“建立保荐人资格与新股发行信息披露质量挂钩机制。适当延长保荐人持续督导期……对发行人上市公司虚假记载、误导性陈述或重大遗漏负有责任的保荐人、会计师事务所、律师事务所、资产评估机构，加大处罚力度”。同时，科创板注册制下对中介机构的相关规定相较于主板、中小板也存在如下亮点：

第一，科创板相较于主板、中小板延长了保荐机构的持续督导期间，且要求原则上不得更换保荐机构。《上海证券交易所科创板股票上市规则》规定科创板首发上市的持续督导期为上市当年剩余时间和其后 3 个完整会计年度；持续督导期届满，如有尚未完结的保荐工作，保荐机构应当继续完成；上市公司原则上不得变更履行持续督导职责的保荐机构。这在一定程度上保证了保荐机构履职的持续性和稳定性，有利于监督上市公司持续、准确地进行信息披露。而在主板、中小板首次公开发行股票，保荐机构的持续督导期间为股票上市当年剩余时间及其后 2 个完整会计年度，且未规定原则上不得变更保荐机构，只是要求发行人在另行聘请保荐机构的情况下，及时向交易所报告并进行公告。

第二，科创板相关规则明确和细化了保荐机构对于上市公司重大异常情况的督导和信息披露责任。在对上市公司重大异常情况督导方面，要求保荐机构关注上市公司日常经营和股票交易，督促公司披露重大风险，并就公司重大风险发表督导意见；对于公司出现重大异常或者风险迹象的，要求保荐机构进行现场核查，并出具现场核查报告。在信息披露方面，要求保荐机构监督上市公司信息披露不仅具有真实、准确和完整性，且具有充分、一致、可理解性；且要求保荐机构及保荐代表人督促上市公司建立健全信息披露和规范运作制度。

第三，对于违法中介机构给予严厉打击。根据《上海证券交易所科创板股票上市规则》中关于中介机构纪律处分规定，保荐机构及证券服务机构等相关主体制作或者出具的文件存在虚假记载、误导性陈述或者重大遗漏的，上交所可以采取 3 个月至 3 年内不接受保荐机构、证券服务机构提交的申请文件或信息披露文件，1 年至 3 年内不接受保荐代表人及其他相关人员、证券服务机构相关人员签字的申请文件或者信息披露文件的纪律处分。本次科创板相关规则，不仅明确了在中介机构存在违法行为时，上交所具有不接受其提交的申请文件或信息披露文件的权力，而且在原有的《证券发行上市保荐业务管理办法》规定的证监会监管措施基础上，增加了上交所的纪律处分，对违法中介机构的打击力度相对提高。

第四，明确了保荐机构“保荐+跟投”机制。《上海证券交易所科创板股票发行与承销实施办法》中规定科创板试行保荐机构相关子公司跟投制度。发行人的保荐机构依法设立的相关子公司或者实际控制该保荐机构的证券公司依法设立的其他相关子公司，参与本次发行战略配售，并对获配股份设定限售期。同时，为引导主承销商在定价中平衡兼顾发行人与投资者利益，促进一级市场投资者向更为专业化的方向发展，《上海证券交易所科创板股票发行与承销实施办法》明确主承销商应向网下投资者出具投资价值研究报告。设立保荐机构跟投机制，通过中介机构资本约束方式，可以缓解发行人和主承销商之间的利益捆绑，且券商将更加重视企业质量的选择，从而能推动中介机构谨慎定价、保荐，防止主承销商短期套利冲动，倒逼券商提高自身的研究能力、合规风控能力，也使券商能在资本约束下做好前端把关、后续持续督导工作，在作为市场主要参与者的同时承担相关责任。

目前对科创板中介机构责任体系的构建，除了科创板特色的制度设计外，各中介机构仍受到现行《中华人民共和国证券法》《证券发行上市保荐业务管理办法》等规制的约束，因此各中介机构更需夯实业务基础，提升专业素养，以满足更严苛的监管要求，具体来说：

第一，保荐机构在企业发行上市过程中主要负责以下工作：

（1）协助企业拟订改制重组方案和设立股份公司；

（2）根据《保荐人尽职调查工作准则》的要求对公司进行尽职调查；

（3）对公司主要股东、董事、监事和高级管理人员等进行辅导和专业培训，帮助其了解与股票发行上市有关的法律法规，知悉上市公司及其董事、监事和高级管理人员的法定义务和责任；

（4）帮助发行人完善组织结构和内部管理，规范企业行为，明确业务发展目标和募集资金投向等；

（5）组织发行人和中介机构制作发行申请文件，并依法对公开发行募集文件进行全面核查，向中国证监会尽职推荐并出具发行保荐报告；

（6）组织发行人和中介机构对中国证监会的审核反馈意见进行回复或整改；

（7）负责证券发行的主承销工作，组织承销团承销；

（8）与发行人共同组织路演、询价和定价工作；

（9）在发行人证券上市后，持续督导发行人履行规范运作、信守承诺、信息披露等持续督导义务。

第二，会计师事务所在企业发行上市过程中主要负责以下工作：

（1）负责企业财务报表审计，并出具三年一期的审计报告；

（2）负责企业资本验证，并出具有关验资报告；

（3）负责企业盈利预测报告审核，并出具盈利预测审核报告；

（4）负责企业内部控制鉴证，并出具内部控制鉴证报告；

（5）负责核验企业的非经常性损益明细项目和金额；

（6）对发行人主要税种纳税情况出具专项意见；

（7）对发行人原始财务报表与申报财务报表的差异情况出具专项意见；

（8）提供与发行上市有关的财务会计咨询服务。

第三，律师事务所在企业发行上市过程中主要负责以下工作：

（1）对改制重组方案的合法性进行论证；

（2）指导股份公司的设立或变更；

（3）对企业发行上市涉及的法律事项进行审查并协助企业规范、调整和完善；

（4）对发行主体的历史沿革、股权结构、资产、组织机构运作、独立性、税务等公司法律事项的合法性进行判断；

（5）对股票发行上市各种法律文件的合法性进行判断；

（6）协助和指导发行人起草公司章程等公司法律文件；

（7）出具法律意见书；

（8）出具律师工作报告；

（9）对有关申请文件提供鉴证意见。

第四，评估师事务所在企业发行上市过程中主要负责以下工作：

评估师事务所配置专业机构和人员，为下列情形提供资产评估服务：

（1）资产拍卖、转让、抵押、担保、租赁；

（2）企业兼并、出售、联营、清算；

（3）企业股份制改组；

（4）依照国家有关规定需要进行资产评估的其他情形。

## 三、股份制改造

### （一）股份制改造的主要程序

目前我国公司的存在形式主要为有限责任公司和股份有限公司。《首次公开发行股票并上市管理办法》第八条规定，首次公开发行股票的发行人应当是依法设立且合法存续的股份有限公司。因此，进行股份制改造是公司上市的必经之路。

企业改制设立股份公司具体可以分为前期准备阶段、具体工作开展阶段和末期阶段三步骤（见图 6 –6）。

第一，前期准备阶段的工作主要分为三大部分：一是拟上市公司在内部设立改制重组筹备小组；二是选择发起人；三是选聘中介机构。其中，发起人的作用尤为重要，他们会对拟设定的股份有限公司以后的运作产生极大的影响。发起人的引入方式主要分为公司自己寻找和中介机构推荐两种，通常公司在改制前已选择好发起人，还有些公司会在改制过程中引入战略投资者或者风险投资者，以及具有行业背景或专业技术背景的公司或公司化的事业单位，以达到提高公司整体实力的目的。因此，公司在发行上市前的改制重组过程中应对发起人的选择慎之又慎。

第二，具体工作开展阶段主要分为三大部分：一是尽职调查、资产评估与审计；二是拟订总体改制重组方案；三是开展改制重组工作。

（1）尽职调查、资产评估与重组。在拟上市公司与中介机构签署委托协议后，各中介机构应当立即开始开展工作，按照分工分别对公司的有关情况进行调查。

保荐机构应根据《保荐人尽职调查工作准则》的要求对公司进行尽职调查，以协助公司拟订改制重组方案与设立股份有限公司；会计师事务所的工作是对拟上市公司近3年的财产情况进行审计、并出具审计报告；资产评估机构的工作则是对公司的资产状况进行评估，并形成资产评估报告。

（2）拟订总体改制重组方案。公司改制重组方案的内容主要包括资产重组、财务重组、人员重组、相关问题处理及引进投资者（如需）。

（3）开展改制重组工作确定中介机构后，由保荐机构作为召集人、成立专门的工作协调小组，召开工作协调会，明确各中介机构的具体分工，讨论公司具体的重组方案、并确定工作时间表，及时解决各种问题，以便有组织、有计划地进行股份制改制重组工作。

第三，改制重组的末期阶段主要有三大工作内容：召开公司筹备会会议；发起召开创立大会通知，召开创立大会以及第一届董事会会议、第一届监事会会议；办理工商注册手续。

按照《中华人民共和国公司法》的规定，创立大会应对以下事项进行决议：

（1）审议发起人关于公司筹办情况的报告；

（2）通过公司章程；

（3）选举董事会成员；

（4）选举监事会成员；

（5）对公司的设立费用进行审核；

（6）对发起人用于抵作股款的财产的作价进行审核。

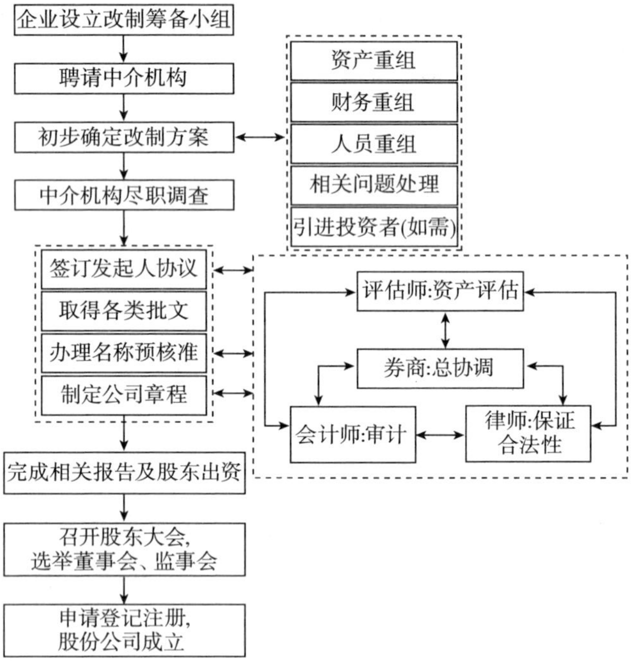


**图 6－6　股份制改造流程**

（二）股份制改造后的规范运作

公司治理是现代企业制度中最重要的组织架构。狭义的公司治理主要是指公司内部股东、董事、监事及经理层之间的关系，广义的公司治理还包括与利益相关者（如员工、客户和社会公众等）之间的关系。

企业改制后规范运作的重点就是公司治理，根据《首次公开发行股票并上市管理办法》规定具体要求是：

（1）发行人已经依法建立健全股东大会、董事会、监事会、独立董事、董事会秘书制度，相关机构和人员能够依法履行职责。

（2）发行人的董事、监事和高级管理人员已经了解与股票发行上市有关的法律法规，知悉上市公司及其董事、监事和高级管理人员的法定义务和责任。

（3）发行人的董事、监事和高级管理人员符合法律、行政法规和规章规定的任职资格，且不得有下列情形：

①被中国证监会采取证券市场禁入措施尚在禁入期的；②最近36个月内受到中国证监会行政处罚，或者最近12个月内受到证券交易所公开谴责；③因涉嫌犯罪被司法机关立案侦查或者涉嫌违法违规被中国证监会立案调查，尚未有明确结论意见。

（4）发行人的内部控制制度健全且被有效执行，能够合理保证财务报告的可靠性、生产经营的合法性、营运的效率与效果。

（5）发行人的公司章程中已明确对外担保的审批权限和审议程序，不存在为控股股东、实际控制人及其控制的其他企业进行违规担保的情形。

（6）发行人有严格的资金管理制度，不得有资金被控股股东、实际控制人及其控制的其他企业以借款、代偿债务、代垫款项或者其他方式占用的情形。

## 四、讲好企业科创故事

设立科创板主要日的在于增强资本市场对实体经济的包容性，更好地服务具有核心技术、行业领先、有良好发展前景和口碑的企业，通过改革进一步完善支持创新的资本形成机制。因此，相较于其他板块，企业讲好科创故事将成为登陆科创板的重要因素之一，企业需引起高度重视。

以2019年4月23日上交所就科创板首轮问询及回复情况答记者问为

例，上交所表示，目前所披露的招股说明书质量参差不齐，还存在一些比较突出的共性问题，与试点注册制改革要求以及市场各方期待还有一定差距，主要表现为五个“不够”。其中与科创企业密切联系主要有以下三点：

第一，对科技创新相关事项披露不够充分。核心技术、研发人员、研发投入等事项是科创企业的重要特征，是投资者了解和判断发行人是否具有科技创新能力的重要依据。相较其他板块，科创板招股说明书更加注重对科技创新相关事项的披露，但目前不少企业存在披露不充分的问题。如未充分披露核心技术的来源、研发团队情况、技术先进性程度、在国内外市场的地位及竞争优劣势、技术的迭代性和可替代性、技术路线演进和发展趋势、知识产权保护及管理、核心技术产业化应用及收入占比等。

第二，企业业务模式披露不够清晰。企业从事什么业务、提供什么产品或服务、如何组织生产和销售、如何获取收入和盈利、相关技术对企业生产经营的贡献度等，是发行人需要向投资者讲清楚的重要信息。科创企业中，还有一些采用较为新颖的业务模式和盈利模式，投资者更不熟悉。但部分科创板招股说明书存在对业务模式特别是发行人主营业务、主要产品或服务的基本情况披露不清楚，产供销模式与财务数据缺乏对应关系，对行业上下游经营和竞争情况披露比较分散、模糊等问题。

第三，企业生产经营和技术风险揭示不够到位。科创企业具有投入大、迭代快、风险高等特点，需要特别注重风险揭示的充分到位。目前不少招股说明书风险揭示不到位，泛泛而谈、避重就轻的比较多。例如，未结合科创企业的特点进行风险揭示，风险因素披露缺乏针对性；未能对风险产生的原因和对发行人的影响程度进行充分披露，缺乏结合公司实际情况的定量分析；有的风险因素披露违反规则要求，包含发行人竞争优势及类似表述，风险揭示变成自我表扬等。

因此，企业在前期准备阶段中，必须先行考虑如何讲好科创故事，需重视在企业核心技术、研发人员方面的投入，明确自身主营业务经营情况、技术先进性、研发技术产业化情况以及未来发展战略，真正做到让广大投资者有一个清晰的认识，只有这样，才能在备战科创板的进程中抢占先机。

## 五、科创板上市实例——微芯生物

2019 年 8 月 12 日，微芯生物在上交所科创板上市，该公司是一家旨在为患者提供可承受的、临床亟需的原创新分子实体药物，具备完整的从药物作用靶点发现与确证、先导分子的发现与评价到新药临床开发、产业化、学术推广及销售能力的国家级高新技术企业。

本次公开发行 5000 万股人民币普通股，募集资金总额为 102150.00 万元，本次发行的保荐机构（主承销商）为安信证券股份有限公司、会计师事务所为毕马威华振会计师事务所、律师事务所为上海市通力律师事务所、资产评估机构为北京天圆开资产评估有限公司，不难发现，该企业选取的中介机构均具备较强的专业能力和优良的服务态度，也正是如此，成功助力该企业顺利登陆科创板。

微芯生物首发当天开盘价 125 元，较发行价（20.43 元）大涨 511.85%。截至收盘，微芯生物收报 95.31 元，涨幅为 366.52%，市盈率超过 1200 倍。作为科创板第一家创新药研发公司，微芯生物的成功上市给生物医药科创企业及背后的 VC/PE 带来喜悦。

微芯生物全称为深圳微芯生物科技股份有限公司，其前身为 New World BioChips Inc.、北科投、博奥生物、Vertex、科迪药业、泰达科投及 e2 Biotech 于 2000 年 11 月 28 日共同设立的合资经营深圳微芯生物科技有限公司，有限公司设立时的股权结构如表 6－9 所示。

**表 6 –9　微芯生物有限公司设立时的股权结构**

| 序号 | 股东名称 | 认缴出资额/万港元 | 认缴出资比例/% | 出资方式 |
|---|---|---|---|---|
| 1 | 北京博奥生物芯片有限责任公司 | 500. 00 | 7. 647 | 货币资金 |
| | | 2288. 00 | 35. 00 | 无形资产 |
| 2 | NewWorldBioChipsInc. | 1100. 00 | 16. 82 | 货币资金 |
| 3 | VertexTechnologyFund（III）Ltd. | 750. 00 | 11. 471 | 货币资金 |
| 4 | 北京科技风险投资股份有限公司 | 500. 00 | 7. 647 | 货币资金 |
| 5 | 石家庄科迪药业有限公司 | 500. 00 | 7. 647 | 货币资金 |
| 6 | 天津泰达科技风险投资股份有限公司 | 500. 00 | 7. 647 | 货币资金 |
| 7 | e2BioTechAdvisoryGroupLimited | 400. 00 | 6. 12 | 货币资金 |
| 合计 | | 6538. 00 | 100. 000 | |

资料来源：微芯生物招股说明书。

2018 年 3 月 9 日，微芯生物召开董事会，同意整体变更设立股份有限公司，公司名称变更为“深圳微芯生物科技股份有限公司”。股份公司设立时前十大股东的股权结构如表 6 –10 所示。

**表 6 –10　微芯生物股份公司设立时前十大股东的股权结构**

| 序号 | 发起人姓名/名称 | 持股数量/股 | 持股比例/% |
|---|---|---|---|
| 1 | 博奥生物集团有限公司 | 42919572 | 11. 9221 |
| 2 | 萍乡永智英华元丰投资合伙企业（有限合伙） | 28321994 | 7. 8672 |
| 3 | LAVOne（HongKong）Co.，Limited | 25364167 | 7. 0456 |
| 4 | VertexTechnologyFund（III）Ltd | 23853448 | 6. 6260 |
| 5 | 深圳市海粤门生物科技开发有限公司 | 22936008 | 6. 3712 |
| 6 | XIANPINGLU | 22185125 | 6. 1625 |
| 7 | 深圳海德睿博投资有限公司 | 19817445 | 5. 5048 |
| 8 | 深圳市圣明创业投资合伙企业（有限合伙） | 16792828 | 4. 6647 |
| 9 | 深圳市海德康成投资合伙企业（有限合伙） | 15285290 | 4. 2459 |
| 10 | 深圳市招银一号创新创业投资合伙企业（有限合伙） | 12546380 | 3. 4851 |
| | 合计 | 230022257 | 63. 8951 |

资料来源：微芯生物招股说明书。

微芯生物上市前的准备工作除了成立上市工作小组、选聘中介机构和股份制改造三大方面的常规内容外，还下了大功夫重点介绍企业科创故事，微芯生物在首次公开发行股票并在科创板上市招股说明书中详尽地介绍了公司的主营业务经营情况以及技术先进性、研发技术产业化情况及未来发展战略：

微芯生物自创立伊始，就以自主创建的“基于化学基因组学的集成式药物发现及早期评价平台”为其核心竞争力，秉承“原创、优效、安全、中国”的理念，专注于对人类生命健康造成严重威胁的恶性肿瘤、糖尿病等代谢性疾病及自身免疫性疾病，致力于为患者提供可承受的、临床亟需的创新机制药物。

微芯生物作为创新型生物医药企业，一贯将创新与研发视为公司核心竞争力，2016 年、2017 年、2018 年公司研发投入占营业收入的比例分别为 60.52%、62.01%和55.85%，获得了多项国家、省、市级科研资金的支持。

未来，微芯生物在继续完善核心技术的基础上，将不断获取、开发更多的新型研发技术以形成持续的核心竞争力，不断提高新产品产业化能力，拓展、完善营销网络，提高信息化水平，加强人力资源管理和高水平人才的引进力度，不断提升微芯生物在国内生物医药行业的市场地位，进一步保持其业界影响力，使得微芯生物开发的原创新药逐步进入国际规范药政市场参与竞争，实现“引领‘中国智造’创新药物和创新医疗技术发展”的宏伟目标。

作为科创板第一家创新药研发公司，微芯生物的科创故事成功地向广大投资者介绍了创新药研发领域的发展历程、现状和发展前景，展示了创新药研发领域广阔的投资机会，在自身实现成功上市的同时，也为同行业的待上市企业提供了可借鉴的实例，真正实现了科创板服务于具有核心技术、行业领先、有良好发展前景和口碑企业的设立定位！

## 第四节 科创板上市的价值

### 一、丰富融资渠道，优化融资结构

#### （一）通过上市直接融资，降低企业短期财务负担

长期以来，我国企业融资主要依赖银行信贷，这不仅增加了实体经济的融资成本，也不利于银行业降低系统性风险。2019 年 5 月 17 日，国家发展改革委、工信部等联合发布《关于做好 2019 年降成本重点工作的通知》，通知中指出，要合理降低融资成本，提升金融对实体经济的服务能力。继续推进多层次资本市场建设，提高直接融资比重。积极支持符合条件的企业通过资本市场进行股权融资。相较于目前主板实行的核准制，注册制下监管机构只对企业申报材料的合法合规性进行审核，加快了企业融资便利性，也为科创型企业快捷募集资金、快速推进科研成果资本化带来便利。

分析首批登陆科创板的 25 家企业可知：从募集资金数量来看，25 家企业募资总额高达 370.18 亿元，其中中国通号以 105.30 亿元的募资金额位列榜首，占比募资总额的 28.45%，澜起科技、南微医学则分别以

28.02 亿元和 17.49 亿元的募资金额位列第二、第三名。从发行费率上来看，25 家企业募资净额为 347.20 亿元，平均发行费率为 6.21%，其中，中国通号、澜起科技、睿创微纳分别以 1.67%、1.98% 和 5.5% 的发行费率位居前三（见图 6－7）。企业上市可以在短时间内筹集大量资金，利用筹集到的大量社会资金，直接转化为资本，无须归还，因此不会带来财务压力和财务风险，可以从根本上解决企业发展与资金短缺之间的矛盾，使企业步入发展的快车道。上市融资还具有便捷、经济、实用等特点，开辟了一种高效的筹资方式。

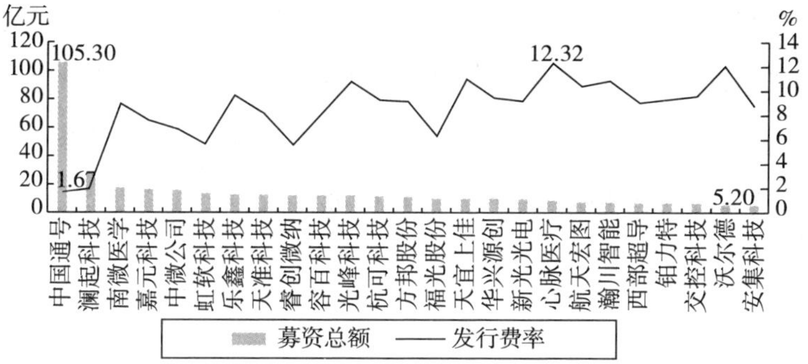


**图 6－7　首批 25 家科创板企业首发募资总额及发行费率情况**

资料来源：Wind 资讯。

### （二）上市后多渠道融资，不断注入资本动力

企业上市最大的好处是融资渠道的拓宽，相对于拟上市企业，上市公司的价值可以通过股价直接在资本市场上反映，特别是通过 A 股市场，上市公司拥有了拟上市公司无法比拟的流动性，通过上市后多渠道融资，能够源源不断向社会募集资本，支撑企业发展、降低公司负债、改善资本结构、提高公司自身抵御风险的能力。

2018 年 A 股市场获得融资的企业数量有 426 家，有融资的企业数量占全部 A 股上市企业的比例为 11.94%，融资金额总计 10651.22 亿元。分板块来看，主板市场有213家企业进行融资，融资金额为8061.33亿元；中小板2018年进行融资的企业有111家，融资金额为1669.70亿元；创业板2018年共有102家企业进行融资，共融得资金920.19亿元。2018年在获得融资的企业中，主板、中小企业板、创业板平均每家企业获得融资分别为37.85亿元、15.04亿元、9.02亿元。

目前A股市场上主要有首发、增发、配股、优先股、可转债五种股权融资方式。2018年A股市场中进行IPO融资的企业有105家，共募集资金1378.15亿元，IPO融资额占募集资金总额的11.93%。增发融资的企业有267家，增发募集资金7523.52亿元，增发融资额占募集资金总额的比重为65.13%。2018年有15家企业进行配股融资，共募集资金228.32亿元，占募资总额的1.98%；发行优先股的企业有7家，募集资金1349.76亿元，占总融资额的比重为11.69%；发行可转债的企业有77家，共募集资金1071.10亿元，占募集资金总额的9.27%。

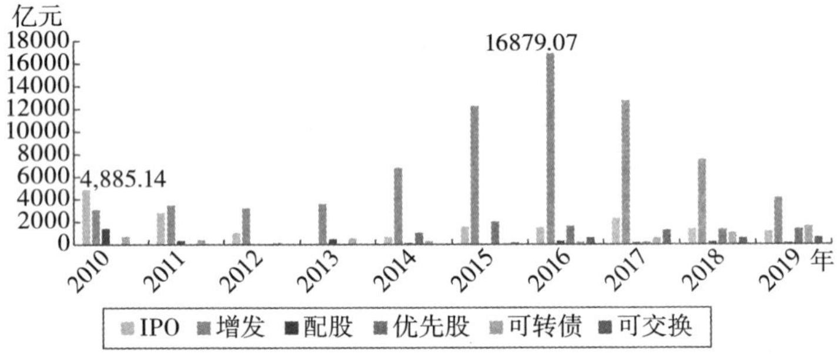


**图6-8　企业上市后的多渠道融资情况（2010—2019年8月）**

资料来源：Wind资讯。

从图6-8中可以看出，企业上市后依靠增发所募集的资金占总融资金额的绝大部分，2016年共有813家上市企业通过增发融资，募资金额高达16879.07亿元，占总融资金额的80%，近两年增发融资总额虽略有下降，但其占比依旧保持在60%以上。相比之下，企业IPO融资金额占总融资金额的比例呈现出不断下降的趋势，其中 2010 年共有 523 家企业成功上市，IPO 募集资金为 4885.14 亿元，占总融资金额的 48%，2017 年 IPO 融资占总融资金额的 13%，到了 2018 年 IPO 融资占总融资金额的 11%。这说明，企业上市后的多渠道融资成为补充资本动力越来越重要的组成部分。

## 二、利用资本市场平台，实现资源整合

作为资本市场进行存量资源配置的主要形式，并购重组是上市企业开展资本运作和现代化经营的重要手段，也是培育行业龙头促进企业做大做强的重要途径。科创型企业积极参与并购重组，有助于市场发挥资源配置的功能，推进企业转型升级和发展壮大。

从微观企业的角度来看，企业并购理论认为，企业产生并购行为最基本的动机就是寻求企业的发展。寻求扩张的企业面临着内部扩张和通过并购发展两种选择。内部扩张可能是一个缓慢而不确定的过程，通过并购发展则要迅速得多，尽管它会带来自身的不确定性。因此，企业并购重组是企业发展壮大的一条捷径，当前的国际企业巨头几乎都是通过不断的并购行为从而屹立于世界企业之巅的。现代企业并购理论认为，并购重组最常见的动机就是协同效应，促进企业快速发展壮大。

近年来，我国企业并购重组的数量、规模和涉及的行业范围不断扩大，并购方式和目的日趋多元化，并购重组已经成为我国企业发展壮大的重要工具。2018 年中国上市企业并购重组事件共计 12193 件，相比较 2017 年的 11255 件，小幅增长了 8.33%，增长率较 2017 年大幅下跌；2018 年并购重组规模仅有 33377.57 亿元，相比较 2017 年的 50851.16 亿元，下跌 34.36%，不复 2017 年的迅猛增长态势。

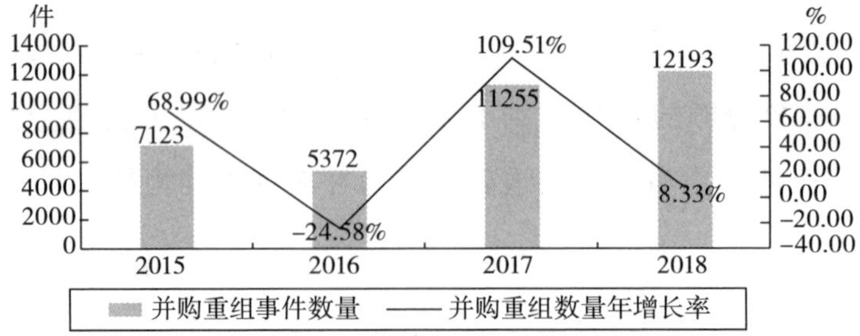


**图 6-9 我国并购重组事件数量和年增长率情况（2015—2018 年）**

资料来源：Wind 资讯。

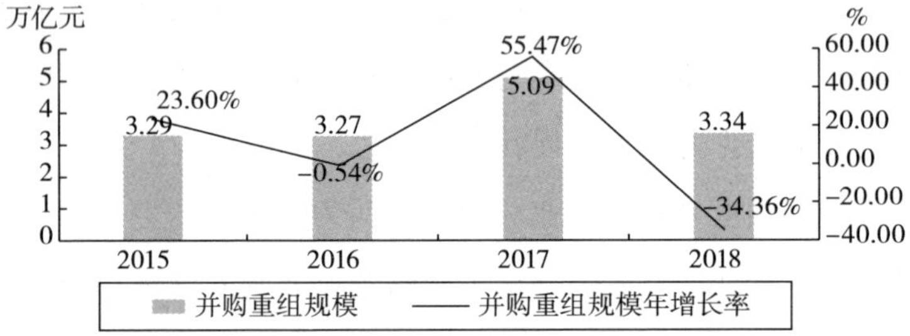


**图 6-10 我国并购重组规模和年增长率情况（2015—2018 年）**

资料来源：Wind 资讯。

基于不同的适用条件和需求，企业可采用多种并购方式，并购方式的日趋多元化，也为企业并购重组提供了多种方式选择。按照金额计算，在 2018 年协议收购仍是最主要的并购方式，共计 5570 件，交易金额为 17208.03 亿元，数量和规模分别占比 45.68% 和 51.56%；其次为发行股份购买资产和增资，数量分别为 273 件和 1426 件，交易金额分别为 5909.40 亿元和 5036.03 亿元（见图 6-9、图 6-10）。对比交易金额同比增长率，其他并购方式的交易金额呈现出明显负增长，增资、司法裁定、取得公众公司发行的新股、吸收合并、回购方式的交易金额同比增长为正，尤其是司法裁定和吸收合并方式，增长态势尤为突出，吸收合并交易金额的同比增长率甚至达到 1187.89%（见表 6-11）。

表 6－11 2018 年并购方式状况与变化

| | 数量/件 | 金额/亿元 | 数量同比增长率/% | 金额同比增长率/% |
|---|---|---|---|---|
| 协议收购 | 5570 * | 17208.03 * | 14.68 | -19.02 |
| 资产置换 | 17 | 132.14 | -5.56 | -70.4 |
| 间接收购 | 62 | 301.12 | -21.52 | -34.14 |
| 二级市场收购 | 4179 * | 2451.19 | 6.42 | -74.86 |
| 增资 | 1426 * | 5036.03 * | 4.01 | 15.28 |
| 发行股份购买资产 | 273 | 5909.40 * | -16.77 | -7.84 |
| 要约收购 | 64 | 628.06 | 146.15 | -59.38 |
| 司法裁定 | 39 | 106.36 | 387.5 | 117.48 |
| 取得公众公司发行的新股 | 360 | 190.21 | -24.37 | 7.36 |
| 国有股权行政划转或变更 | 108 | 0.00 | 45.95 | 0.00 |
| 吸收合并 | 18 | 1352.44 | 20.00 | 1187.89 |
| 其他 | 58 | 44.77 | -14.71 | -99.29 |
| 继承 | 4 | 0.00 | 100 | 0.00 |
| 赠与 | 1 | 0.00 | 0.00 | 0.00 |
| 回购 | 14 | 16.53 | 366.67 | 59.13 |
| 管理层收购 | 0.00 | 0.00 | -100 | -100.00 |
| 证券交易 | 0.00 | 0.00 | 0.00 | 0.00 |
| 股权划拨 | 1 | 1.10 | 0.00 | 0.00 |

资料来源：Wind 资讯。

注：每列中加 * 的数据代表以相应指标为准排名前三位的并购方式。

横向整合是最主要的并购目的，2018 年横向整合数量为 3104 件，交易金额为 12167.25 亿元，占比 36.45%，但相比较 2017 年的 3275 件与 27574.22 亿元，有较大幅度的下降；资产调整、多元化战略和管理层收购等并购目的比重有所上升，特别是多元化战略，其数量和交易金额同比增速均超过 60%（见表 6－12）。

表 6-12 2018 年并购目的状况与变化

| | 数量/件 | 金额/亿元 | 数量同比增长率/% | 金额同比增长率/% |
|---|---|---|---|---|
| 财务投资 | 114 | 434.34 | -51.28 | -78.94 |
| 横向整合 | 3104* | 12167.25* | -5.22 | -55.87 |
| 资产调整 | 2259* | 5271.33* | 19.33 | 28.08 |
| 多元化战略 | 1214 | 4414.77 | 64.28 | 66.04 |
| 垂直整合 | 221 | 845.08 | -1.34 | -9.75 |
| 战略合作 | 383 | 3588.35 | 15.71 | -51.46 |
| 收购品牌 | 0.00 | 0.00 | -100.00 | -100.00 |
| 其他 | 4853* | 5225.05* | 9.65 | 35.68 |
| 获取做市库存股 | 1 | 0.05 | -98.53 | -99.29 |
| 买壳上市 | 11 | 843.55 | 22.22 | -24.48 |
| 整体上市 | 5 | 207.52 | -16.67 | 34.35 |
| 业务转型 | 19 | 355.10 | -55.81 | -56.03 |
| 管理层收购 | 6 | 24.50 | 100.00 | 649.44 |
| 避税 | 1 | 0.05 | 0.00 | 0.00 |
| 私有化 | 0.00 | 0.00 | -100.00 | -100 |
| 获取知识产权 | 2 | 0.65 | 0.00 | 0.00 |
| 获取资质 | 0.00 | 0.00 | 0.00 | 0.00 |
| 获取资格拍照 | 0.00 | 0.00 | -100.00 | -100.00 |

资料来源：Wind 资讯。

注：每列中加 * 的数据代表以相应指标为准排名前三位的并购方式

2019 年 8 月 23 日，证监会发布《科创板上市公司重大资产重组特别规定》，同时，上交所配套发布《上海证券交易所科创板上市公司重大资产重组审核规则（征求意见稿）》，对科创板上市公司的重大资产重组作出全面详细的规定，这也意味着科创板迎来了并购重组的重磅配套制度。

科创板自成功开板以来，早期上市的科创类企业手里拥有巨额超募资金；高市盈率等也让已经上市的科创类公司迫切需要通过并购重组等手段快速发展，显然并购重组是快速扩大企业规模以及获得更加硬核的技术和人才团队的捷径之一，多重因素决定了已经上市的科创板公司有着较强寻求并购重组标的公司的动力，证监会、上交所发文完善科创板并购重组之后，有助于扩大科创类公司并购重组的规模，接下来科创类企业的并购重组或现新高潮。

## 三、规范企业运营，吸引优秀人才

### （一）严格的监管约束倒逼企业提升内部治理有效性

“宽松上市，严格监管”的科创板企业注册制上市制度的创新，对于激活我国资本市场、保护投资者利益、增强科创企业的创新能力与持续价值创造能力具有划时代的重大意义。制度赋能既为科创企业的发展带来了机会，同时为内外部治理带来了新的挑战。市场配置资源的力量将越来越强，监管部门的监管制度的颁布与实施在强化外部治理的同时倒逼科创板企业完善内部治理结构与治理机制。

严苛的退市制度和信息披露制度倒逼企业规范治理结构和治理机制。为了确保信息披露的质量，为投资者以及其他利益相关方提供及时、真实的信息以及维护利益相关方的利益，强化退市风险意识，中国证监会以及上海证券交易所颁布了严格的信息披露制度和退市制度。其中《上海证券交易所科创板股票上市规则》分别就信息披露的一般规定、定期报告、应披露的交易、应披露的行业信息和经营风险、应披露的其他重大事项等作出了明确规定，共涉及五章十三节一百一十条的内容；科创板持续监管办法规定：“科创公司触及终止上市标准的，股票直接终止上市，不再适用暂停上市、恢复上市、重新上市程序”；《上海证券交易所科创板股票上市规则》针对退市的一般规定、重大违法、交易类、财务类、规范类等强制退市以及主动终止上市等作出了长达一章八节八十三条的详细规定。

实行严格的信息披露制度和退市监管制度对于规范证券市场、保护投资者利益具有重要的约束作用，是价值投资者的福音。为了免于给利益相关方造成的损失以及实现科创企业的健康发展，科创企业必须提升公司治理的有效性，强化内部治理结构与治理机制，保证信息披露的质量和有效管理退市导致的不确定性风险。特别是完善董事会制度建设，树立基于长期价值创造的治理理念，构建董事会决策信息系统，吸纳更多的技术董事，以准确把握科技前沿，确保创新战略决策的有效性，同时增加创新投入，并通过长期激励制度的实施，激发高管对创新战略执行的积极性。

（二）灵活运用股权激励措施，吸引优秀人才

上市公司股权激励“常态化”正成为改善公司治理的利器。据统计，2018 年 A 股上市公司股权激励计划总体公告个数达 409 个，创下自《上市公司股权激励管理办法（试行）》发布以来新高，略高于 2017 年 405 个的水平。此外，多家公司在推出首期激励计划之后，逐步推行多期股权激励计划，促使符合条件的员工均有机会参与。截至 2018 年末，A 股市场共 426 家上市公司公告了第二期股权激励计划；125 家上市公司公告了第三期股权激励计划；29 家公司公告了第四期股权激励计划；10 家公司公告了第五期股权激励计划。

上交所发布的上市规则和《科创板上市公司持续监管办法（试行）》均设“股权激励”专章，优化现有股权激励制度，放宽股权激励范围，增强价格条款的灵活性等条件，为科创企业的发展提供更多方便有力的政策支持，帮助科创型企业更好地吸收凝聚人才。股权激励主要通过有条件地给予被激励对象部分股份、期权等，使其与公司结成紧密的利益共同体，对上市公司实现长期目标、保持高质量发展具有明显推动作用。其中股票期权激励模式是国际上一种最为经典、使用最为广泛的股权激励模式。该模式指股份公司赋予激励对象（如经理人员）购买本公司股票的选择权，具有这种选择权的人，可以在规定的时期内以事先确定的价格（行权价）购买公司一定数量的股票（此过程称为行权），也可以放弃购买股票的权

利，但股票期权本身不可转让。上市公司灵活使用股票期权激励模式不仅可以降低委托—代理成本，实现经营者与资产所有者利益的高度一致性，而且其本身是企业赋予经营者的一种选择权，是在不确定的市场中实现的预期收入，因此避免了企业的现金支出，有利于企业以较低成本吸引和留住人才。

以网宿科技（300017）为例，该公司在 2010—2017 年，网宿科技推出 6 期股权激励计划，相当于 1 年多就推出 1 期。公告第一期股权激励计划的时候市值为 30 多亿元，随后市值大幅上涨，最高到达过 400 多亿元（见图 6 – 11）。

| 2009年10月创业板上市 | 2010.12.21 | 2011.10.25 | 2014.3.15 | 2015.7.25 | 2016.3.2 | 2017.12.11 |
|---|---|---|---|---|---|---|
| 定人 | 高管、核心人员共计100人 | 高管、核心人员共计100人 | 核心人员共计57人 | 高管、核心人员共计445人 | 高管、核心人员共计470人 | 高管、核心人员共计567人 |
| 定量 | 500万份,占总股本3.242%,首次授予450万份 | 600万份,占总股本3.891% | 154万份,占总股本0.98% | 1459万份,占总股本2.086% | 996.4万份,占总股本1.41% | 4317万份,占总股本1.79% |
| 定价 | 19.1元/股 | 12.87元/股 | 120.6元/股 | 57.9元/股 | 54.88元/股 | 期权:10.22元/股限制性股票：5.11元/股 |
| 定时 | 等待1年,分四次均速行权 | 等待1年,分四年按10%,20%,30%,40%行权 | 等待1年,分四年按10%,20%,30%,40%行权 | 等待1年,分四年按10%,20%,30%,40%行权 | 等待1年,分四年按10%,20%,30%,40%行权 | 等待/锁定1年,分三年按30%,30%,40%行权 |

**图 6 – 11　网宿科技历次股权激励方案概要**

资料来源：根据公开资料整理。

## 四、利用价格发现功能，合理评估企业价值

价格发现是资本市场最基本的功能，也是实现投融资、资源配置等其他多项功能的前提。国际资本市场的实践已经证明，市场规模越大，流动性越好，机构投资者越成熟，资本市场价格发现功能的发挥就越充分，各类资产就越能得到较为合理的价格。科创板的推出进一步完善了我国多层次资本市场体系，提供了市场的流动性，使投资者结构的进一步改善，中

国股市的价格发现功能也将发挥更为充分的作用，有利于企业正确判断自身价值。具体表现为以下三点：

第一，科创板定价方式不同，发行价与上市后交易价之间的差大幅度抹平。由于科创板放开了盈利性要求，市盈率已不再是唯一的定价指标。再加上科创板施行市场化的询价定价方式，企业的发行定价突破23倍市盈率。市场化机构发行定价将趋于内在合理估值，优质科创板企业将获得比A股同类企业更高的发行估值定价。上市后这些企业估值提升程度可能有限，交易股价相对发行价的上升空间大幅压缩。

第二，涨跌幅限制放开，涨停板概率大幅降低。目前A股新股上市首日设定了两档合计44%的涨幅限制，且在上市次日开始10%涨跌停板限制，往往会触发连续涨停情形。A股新股价格要经历从连续涨停到巨额换手后跌停再逐步稳定的一个较长过程，其间波动风险较大、投机性较强。科创板对涨跌幅限制的放开，上市前5个交易日不设涨跌幅限制，第6个交易日开始涨跌幅限制为20%。科创板新股的合理定价中枢在前5天基本就能确定，第6日开始出现连续涨停的概率大幅降低。

第三，融券做空机制下，单边市可能性下降。上交所设立科创板并试点注册制配套业务规则公开征求意见答记者问表示，为了提高市场定价效率，着力改善“单边市”等问题，科创板将优化融券交易机制，科创板股票自上市后首个交易日起可作为融券标的，且融券标的证券选择标准将与主板A股有所差异，科创板上市公司将稳妥纳入融资融券标的。融券成为科创板主要的做空方式。而融券是有信用担保的，有条件的，不具备高杠杆风险。这就意味着通过融券，能够做空防止价格虚高连续上行，同时防止加杠杆单边恶意卖空。

从首批登陆科创板的25家企业上市后股价的涨跌幅分析可知，上市首日的25家企业平均涨幅为139.92%，其中安集科技以400.15%的涨幅位居榜首，且从该企业上市后20日的表现来看，基本上一步调整到位，其上市后5日的涨幅为349.73%，上市后10日的涨幅为431.26%，而上市后20日涨幅为331.41%，反而低于上市首日的收盘价。相比之下，其余24家企业后续虽均出现了不同程度的上涨，但也都在上市后10日维持在了较稳定的水平，上市后20日的价格并未出现较大程度的波动，从板块整体情况来看，上市后5日，25家企业平均涨幅为144.28%，上市后10日的平均涨幅为214.17%，上市后20日的平均涨幅为186.13%（见图6-12）。科创板为企业提供了价格发现的场所，便于合理评估企业价值，从而认清市场定位，更好地发展自己。

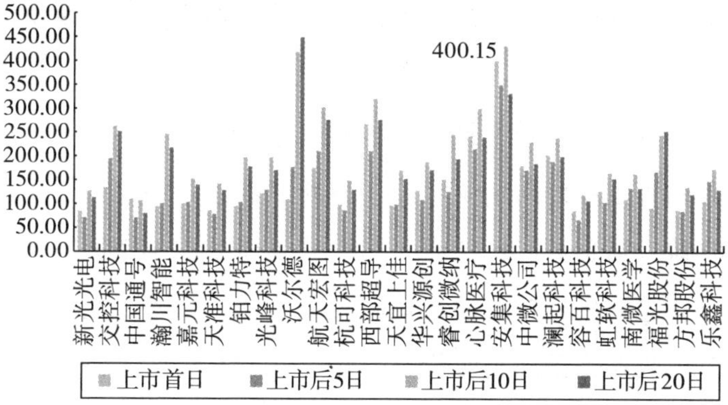


**图6-12　首批25家科创板企业上市后股价表现**

资料来源：Wind资讯。

## 五、改善资本结构，提高抗风险度

上市融资可以带来大量资金，提高企业净资产，降低负债率，改善资本结构，提高抗风险能力。资金常常被形象地比喻成公司的“血液”，但这种血液的补给常常会遭遇瓶颈，这已经成为妨碍中小企业发展的世界性难题。世界银行所属的国际金融公司的研究成果表明，中国私营企业的发展资金绝大部分来自业主资金和内部留存收益，两者约占50%～60%，包括信用社在内的金融机构贷款只占20%左右，公司债券和外部股权融资不到1%。而今世界经济增速放缓，中国经济也面临着深层次的结构调整，银行贷款越发谨慎，企业融资变得更为困难。

上市为企业开辟了一个新的直接融资渠道，它具有融资量大、长期性、无负担性和不可逆转性等特点。中小创新型企业通过登陆科创板发行股票进行直接融资，不仅可以获得长期和稳定的资金，打破融资瓶颈束缚，而且可以改善企业的资本结构，最大限度地分散企业风险，缓解通过银行等金融机构间接融资造成的风险累积。资本结构是对企业预期收益、资金成本、筹资风险以及产权分布等加以系统地、综合地概括的结果。资本结构设计是企业筹资过程中在财务杠杆利益、筹资成本与筹资风险等各要素之间寻求一种合理的均衡。

保持合理的资本结构对于企业的作用主要体现在以下三点：

第一，有利于直接提高企业价值。债务融资能够给企业带来财务杠杆收益和节税收益：当总资产息税前利润率大于债务成本率时，企业进行债务融资，可以获得财务杠杆收益，提高企业价值；另外，企业进行债务融资可以带来节税收益，提高企业价值。

第二，通过改善治理结构间接提高企业价值。保持合理的债务融资比例可以最大限度地降低委托代理问题，促使企业经营者努力工作，选择正确的行为，向市场传递企业经营业绩信号，有助于外部投资者对企业未来经营状态作出正确判断。

第三，增强企业抗风险能力。经济周期大体呈现出复苏、繁荣、衰退和萧条的阶段性周期循环。企业上市后可以通过动态的调整股权融资和债券融资的规模，在经济衰退、萧条阶段尽可能压缩负债比例，稳扎稳打，而在经济复苏、繁荣阶段，适当应增加负债，抓住机遇、迅速发展，始终保持最合意的资本结构，增强企业抗风险能力。

第七章

# 科创板展望：创见未来，任重道远

## 第一节 科创板对资本市场的影响

### 一、短期内对市场流动性影响有限

科创板推出落地，强调的是资本市场的增量改革，不必就其对市场存量流动性的分流影响过度担忧。如果配套措施落实到位、市场板块自身的吸引力显著提升，反而有利于引导场外资金进场，为资本市场带来中长期新增流动性的补充，甚至还能借助科创板这一块试验田，为国内资本市场交易制度的改革与创新提供良好的探索经验，助力未来国内资本市场的发展与壮大，进一步加快与海外成熟市场接轨。

2009 年 10 月 30 日，创业板正式推出。创业板上市交易首日交易额达到 219 亿元，相当于 IPO 总额的 1.4 倍，占当天全部 A 股成交总额的 10.1%，但之后便迅速回落至日均 40 亿元左右，成交金额占 AB 股总成交量的 1% 左右，创业板对其他板块的交易分流作用有限（见图 7－1）。

相比之下，2019 年 7 月 22 日，科创板正式上市交易，市场热情高涨，首批 25 只股票平均涨幅达 140%，其中安集科技涨幅最高，达 400%。从市场成交量来看，科创板成交总额 485 亿元，大约为 IPO 募资总额的 1.3

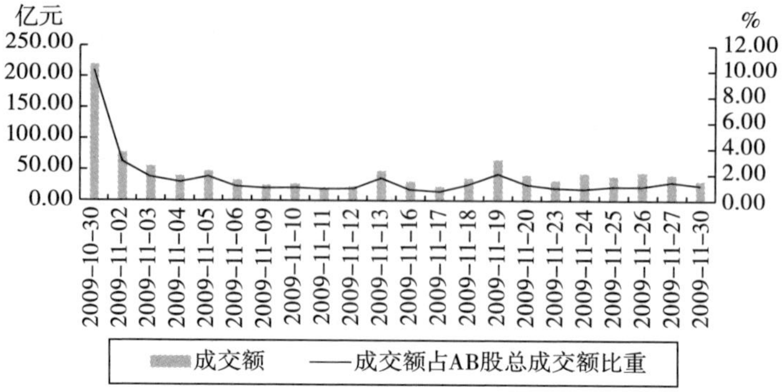


**图 7-1　创业板开市后市场表现**

资料来源：Wind 资讯。

倍，占全部 A 股（含科创板）交易总额的 11.72%。由于科创板前 5 个交易日均没有涨跌停板限制，短期资金博弈加剧，导致前期波动增大，由图 7-2 可以看出，科创板开市后的 15 个交易日中，日均成交金额一直在 200 亿元至 400 亿元波动，日均成交额占 AB 股总成交金额比重在 6% 至 9% 波动。但自 8 月 9 日开始，科创板成交渐趋平稳，日均成交金额呈现出不断下降的趋势，日均成交额占 AB 股总成交金额比重逐渐跌破 3%。科创板上市满一个月后，8 月 22 日科创板日均成交额跌至 110 亿元，日均成交额占 AB 股总成交金额比重仅有 2.53%，科创板对市场流动性的影响将逐渐减弱。

从换手率来看，科创板首日平均换手率为 78%，最高的达 86%；相比之下，创业板新股上市首日平均换手率为 88.87%，科创板首日换手率略低于创业板。一方面，科创板前 5 个交易日没有涨跌停板限制，部分打新投资者可能延长预期收益期限；另一方面，科创板的部分网下打新投资者有限售期要求，在一定程度上降低了快速变现的需求。但不难发现，自 8 月 6 日开始，科创板换手率也呈现出不断下降的趋势。8 月 22 日，科创板换手率为 9.39%，一举跌破 10%。

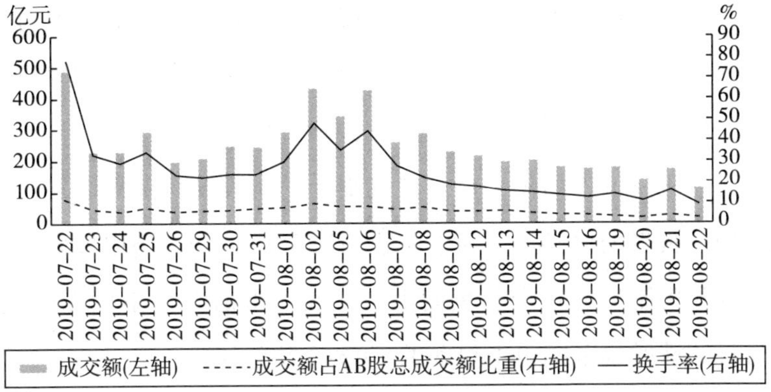


**图 7－2　科创板开市后市场表现**

资料来源：Wind 资讯。

由于大规模资金的追捧和高涨的投资热情，再加上打新投资者收益变现的需求，导致科创板开通首日的大规模成交额及后续 15 个交易日的小幅波动，并对其他板块造成了部分分流，不过影响总体可控，与创业板开通时的影响程度基本相当。因此，预计科创板对其他板块流动性的影响将逐渐减弱，无须担忧科创板首批公司上市后对市场流动性的大幅抽血效应。并且若考虑投资者门槛要求，50 万之下的散户不能直接贡献流动性的因素，则对其他板块的抽血效应则更小。

## 二、助推 A 股市场“三化”改革

通过分析不难发现，科创板的制度设计完全以市场化和法治化为导向、与国际接轨，强化信息披露和投资者保护，助推 A 股市场“三化”改革，是一个一脉相承的有机整体。

第一，科创板提升资本市场的市场化程度。

目前 A 股市场新股发行制度最大的问题是审批制下新股供给受限，导致新股定价畸形，进而又造成了壳价值偏高、炒小炒新盛行、大股东减持动机强烈等一系列问题。为了解决这些困扰 A 股市场的顽疾，科创板从注册制入手，最突出的特点是发行机制的市场化：科创板新股的发行审核权下放至交易所，证监会拥有注册的一票否决权，在上市审批和发行注册时间上都更加透明、更加可预期；在发行机制市场化的前提下，科创板实现了定价和交易机制的市场化：在定价机制上，新股发行不再设置市盈率限制，向机构投资者询价发行。为了防止新股定价过高，科创板设置了最大15%的超额配售制度；在交易机制上：新股上市前5日不设涨跌幅限制，后续交易日的涨跌幅限制也由目前的10%扩大至20%。

第二，科创板推动市场法制化建设。

首先，科创板具有严格的退市制度。科创板不仅坚持重大违法退市，且在交易类退市指标上增加市值类退市指标，在程序上不再设置暂停、恢复或重新上市，一旦触及标准直接永久性退市，确实堪称史上最严。另外，在财务退市指标上，不再适用单一的连续亏损指标，又体现了针对性和灵活性。科创板退市制度加大了对重大违法违规、财务造假、主业“空心化”的企业惩治力度，有利于净化市场环境，提高上市公司质量。

其次，科创板具有严格的信息披露制度。信息披露制度是注册制核心。科创板总体沿用了现行信息披露的基本规范，同时针对科创企业特点作了差异化和更具弹性的规定。其中，科创板从严披露的要点包括：强化行业信息披露、重点关注尚未盈利信息披露、强化股权质押和关联交易等披露要求。

第三，科创板助力资本市场的国际化水平。

首先，科创板上市制度国际化。从国际经验看，主要发达资本市场对新股发行均采用注册制，目的是建立市场化的发行制度，提升市场效率。其次，科创板退市制度国际化，科创板的退市标准无论从股价标准、成交量标准、股东数量标准还是市值标准等均已经基本对标发达国家资本市场要求，尤其和纽交所退市制度的设计较为相像。再次，科创板交易制度国际化。科创板放宽了主板的涨跌停限制，将每日股票价格变动幅度提高至20%，新股上市的前5个交易日不设涨跌停限制。美国股市交易限制包括个股和指数两个层面，设立了相应的熔断机制。最后，科创板信息披露制度国际化。信息披露建设的核心在于执行。美国股市是严格执行信息披露的典范，这也是美国股市取得巨大成功的重要原因。

科创板在上市制度、交易制度、信息披露制度、退市制度等方面作出的试点，是对A股现行制度的改革和探索，将倒逼其他板块加快改革步伐，对A股存量市场产生重要借鉴意义。2019年8月8日，《中共中央 国务院关于支持深圳建设中国特色社会主义先行示范区的意见》（以下简称《意见》）重磅出炉，恰好印证了这一点，《意见》指出，要提高金融服务实体经济能力，研究完善创业板发行上市、再融资和并购重组制度，创造条件推动注册制改革。A股改革的基本方向是坚守“三化”原则，科创板的设立将进一步推动A股市场“三化”建设。

## 三、为市场注入优质成长企业，淘汰壳资源、绩差股

“硅谷+华尔街”模式是美国得以引领全球科技创新前沿的重要原因。中国正在进行金融供给侧改革，通过金融供给内部结构的调整和优化，为实体经济转型升级注入优质的金融资源，其中一项核心任务是服务于创新驱动发展战略，推动资本与创新结合，实现经济增长从高速度向高质量发展的跨越。目前，除了美国纳斯达克之外，包括英国、日本、韩国等多个国家都在证券市场中设立了帮助科技创新企业上市融资的特别板块。

科创板的诞生，不仅可以更好地服务实体经济，支持科技创新，让更多具有潜力和成长空间的科技创新型企业有进一步的发展空间，还可以让更多优质的创新和新经济企业资源回归中国。考虑到目前上市条件中所规定的一些如盈利性指标，科技创新型难以满足条件，科创板推行的注册制

首次采用了包容性的上市财务条件，不再单纯以盈利作为上市条件，而是引入预期市值指标，与收入、现金流、净利润和研发投入等财务指标进行组合，设置了5套差异化的上市指标。此外，注册制的实施能够切实简化公司上市的流程，降低上市成本，提高上市效率，进而将会吸引大量新股尤其是体量庞大的企业。以外，优质科技创新型企业登陆科创板也将对更多的企业产生科技创新的示范效应，倒逼更多的企业实现创新发展、转型升级。

与此同时，科创板不可避免地会对我国二级市场造成一定的冲击，特别是利空壳资源及绩差股。由于A股实行的是审核制IPO，很多公司并不能如偿上市，于是一些垃圾股就有了壳价值。所谓壳价值，就是通过上市公司的壳进行资产重组，从而上市。但注册制的实施定然会推动IPO加速，因而在一定程度上利空削弱小盘股的壳资源价值。另外，科创板推行的是价值投资理念，业绩优良的股票会受到市场追棒，业绩不佳的甚至要退市的股票，会受到边缘化待遇，长期没有成交量，甚至沦为仙股。受此影响，A股市场将来炒绩差、炒ST股的事情就会越来越少。

## 四、改变券商的盈利模式，引领新估值体系的建立

券商保荐机构一直在企业上市过程中扮演着重要角色，为增强保荐机构的资本约束，强化其履职担责，科创板引入“保荐+跟投”的创新模式，要求保荐机构通过旗下子公司以自有资金对新股以发行价格进行认购，跟投主体不参与询价与定价，只能被动接受价格，认购比例为2%~5%，且锁定期两年，以此促进保荐机构勤勉尽责。当前海外资本市场只有韩国引入了这一机制。

这对券商投行的传统盈利模式带来了新的挑战，如此一来，券商既是股票承销的卖方，又间接是市场买方。如何对拟上市企业公允定价成为关

键！当前的5套上市标准，主要以市值为核心，估值体系尚未有效建立，尤其是处在研发阶段或市场推广阶段的未盈利企业，在申报上市的过程中可能受到各种外力甚至不可抗力的影响，导致估值波动较大，将成为保荐机构跟投过程中的重大挑战，盈利模式变得复杂化。

从另一个角度而言，将保荐机构的利益与责任与企业发展捆绑起来，也正是引领一级市场向专业化价值投资转型，培养真正有潜力、有发展后劲、有盈利空间的企业。本次科创板新股定价机构投资者为参与主体，首次公开发行询价对象限定在证券公司、基金公司等七类专业机构，同时放宽战略配售实施条件，首次公开发行股票数量在1亿股以上的，允许发行人高管与员工通过专项资产管理计划，引入发行人和承销商的绿鞋机制，增强参与一级市场认购的投资者的信心，有望实现新股股价由一级市场向二级市场的平稳过渡，实现逐步从Pre－IPO套利投资模式向中前期价值投资模式转变，由市场参与者共同建立公允的估值价值体系，也利于中长期资金的参与，改变当前创投基金募资冷清的局面。

## 第二节 科创板对产业与经济发展的影响

2019 年 6 月 13 日，证监会主席易会满在陆家嘴论坛的演讲强调科创板要承担两项重要的使命：一是要支持有发展潜力、市场认可度高的科技创新型企业发展。二是发挥改革试验田的作用。科创板针对企业的行业定位是科技创新型企业，在科创板中试点注册制，打破市盈率23 倍限制，这些革新措施为我国的经济发展注入了新的活力。

### 一、加速我国“硬科技”相关产业突破

在科创板上市的企业需要具有一定的研发实力和行业优先地位，科创板的上市条件将企业的规模和盈利情况放在次要位置，并且将目标行业主要集中于高新技术产业和战略新兴行业，势必将使技术含量高的项目获得更多关注，研发者、创业者和投资者都会更加注重科技创新和企业“硬科技”实力，对于促进创新创业向高质量发展、加速科技成果转化、提升我国经济增长的效率和动力具有重要意义。

新一代信息技术领域是科创板的第一大产业，包括 5G 通信、芯片集成电路和云计算领域。科技产业的发展需要从技术、市场、资金、人力等

多方面获得合力。中国有庞大的内需市场，在人口红利逐步减少的背景下，社会资源将更多向技术创新倾斜，特别是支持新一代信息技术的发展。一部分有技术创新实力、但欠缺资金支持的创新公司，登陆科创板进行募资，将解决资金短板问题并加速技术向产品的转化速度。与此同时，5G 通信有望将中国高科技产业提升到更高层次。历史规律表明，信息技术领域的技术演进路线是“云（云计算）、管（通信）、端（智能终端）”三大领域交叉螺旋上升，每一次技术升级都是通信技术先行，“管道”能容纳信息更多更快地传输，将推升整个生态体系的生产力。在“管”快速普及之后，智能终端也将跟随着快速发展，体现为 5G 智能手机、平板电脑等联网设备的更换需求。当通信和终端技术发展成熟之后，“云端”的数据量将井喷，进而推动云计算和大数据行业的发展，并诞生更多的创新应用。

## 二、弥补 A 股市场现有板块不足，提高资本市场效率

在新股发行审核上，证监会发行部和发审委对申请材料进行长期、反复、细致的审核，拟上市公司被全方位检视着。发审会一度被视为整个 IPO 流程中最重要的环节，而真正的 IPO 时刻即发行环节，反而成了整个流程中最不重要的环节。投行和发行人的大量工作是应付证监会审核，对市场几乎不关心，对投资者也不关心。数据表明，自 2014 年 6 月以来 1000 多家公司 IPO 不需要询价路演，几乎是定价发行，毫无发行压力；即使是 2009 年 6 月—2012 年 9 月放开 IPO 市场化定价的 880 多家公司，也只有 3 家出现了发行中止，但很快都顺利发行了；2009 年 6 月之前的 IPO 更从未有过真正的发行压力。市场对 IPO 定价没有实质约束，甚至 4 年多以来投资者已经不再关注 IPO 公司质地而只是关心是否能中签。尽管所有公司招股书都明确写着“中国证监会、其他政府部门对本次发行所做的任何决定或意见，均不表明其对发行人股票的价值或投资者的收益作出实质性

判断或者保证”，但几乎市场所有参与者都认为证监会应该为上市公司质量负责。然而，事实证明，在投资者和发行人互相不关心的情况下，证监会严格审核既不能杜绝IPO财务造假，更不能保证上市公司质量。重过往表现轻未来发展的审核逻辑，导致放行到市场的真正有投资价值的公司并不多，更多只是在造壳。只有市场挑选和定价的，才是真正有投资价值的公司；只有尊重投资者利益的公司，才是有可能与投资者共赢的公司。在市场化和法制化导向的科创板制度体系下，可以预见的是：审核不会放松，但可能转变风格，引导IPO市场从重审核轻发行向严审核重发行转变。

从披露的全套征求意见稿来看，相对于现行主板创业板IPO的发行条件，科创板的发行条件大幅减少。《注册管理办法》所规定的发行条件只有4条（成立满3年、财务基础和内控规范、具有独立持续经营能力、发行人及相关人员合法经营），而《首次公开发行股票并上市管理办法》规定的发行条件达23大条，《首次公开发行股票并在创业板上市管理办法》规定的发行条件也有10大条。即使算上符合科创板定位的要求以及符合上市条件5套指标之一的要求也算发行条件，科创板的发行条件也还是很少的。从审核规则看，交易所的审核理念主要是信息披露。与当前审核强调对信息披露“真实性、准确性、完整性”进行审核不同，科创板的审核重点在于信息披露的“充分性、一致性、可理解性”，“真实性、准确性、完整性”由发行人和中介机构负责。由于交易所不确认老三性，当然不用对老三性负责；而证监会始终在严审老三性，市场当然认为发行部发审委要为信息披露的“真实性、准确性、完整性”负责，出了问题就是没审好。也就是说，科创板IPO审核依然还会是严格的，但严格的审核目的是促使信息披露的充分性、一致性、可理解性，而不在于对发行人的实质性审核及判断，彻底改变审核理念，这才是注册制的审核要义。

在服务类别上，科创板虽与A股新三板一样同服务中小企业，但不同于新三板以服务中小微企业为主、现有企业总量偏小，科创板主要为初创期或规模很大、但无法达到盈利等硬性指标的创新型科技企业提供上市渠道，以 PE 阶段的科技型、创新型企业为主。

在企业要求上，不同于创业板对企业净利润和营收的严格要求，科创板对企业的净利润、营收、经营活动产生的现金流量净额等财务指标没有硬性要求，比起现阶段利益来，更重视企业的规范运作、成长性及未来发展前景。

此外，注册制的推出将完善资本市场的融资功能，促进海外上市企业回流，还会促使证监会减少行政干预，回归事后监管的本质，有利于资本市场效率提升；同时，科创板的加入还有利于企业和资本市场的优胜劣汰，助推价值投资，利好股权投资，将推动我国的资本市场进入真正的多层次资本市场，改善我国的资本生态。

## 三、推动新经济发展

近年来，我国模式经济飞速发展，催生出大批的独角兽企业，拉动了经济，也确实方便了人们的生活。但是在资本过于爆发、金融杠杆过高的情况下，模式经济准入门槛低、可复制性强，泡沫一戳就破，从比特币骗局到 P2P 暴雷，模式经济瞬间从天上掉了下来。此时，具有较高技术门槛和技术壁垒，被复制和模仿的难度较大的“硬科技”唤醒了大众对“科技创新驱动发展”的认识，以模式经济为代表的虚拟经济渐渐失去了红利。以工业为核心的实体经济，是国民经济的基石，也是后发国家走向现代化的必经阶段，更是国家间竞争比拼的基础实力。

科创板推出的背景是全球经济转型以及中美贸易战的摩擦增大，2018 年以来，可以看到资本市场在经济转型中发挥的作用在进一步提高，而且在整个经济和政策环境中的重要性在不断提高。未来，在中国承担纽带作用的将会是科创板。在目前比较复杂的全球形势下，科创板是支持科技创新服务及实体经济非常关键的一环，科创板的快速推出与整个宏观经济环境的背景是相吻合的，可以对优秀科技企业的发展提供及时的资本助力，推动新经济的发展。

# 第三节 科创板与多层次资本市场的未来

## 一、科创板将进一步完善多层次资本市场

主板、中小板和创业板上市的公司股票在沪深证券交易所交易，因而称其为场内市场；股转系统和区域股权交易中心统称场外市场。各个市场的定位呈差异化，主板主要为实力雄厚、高市值的成熟大型企业提供融资和股票流通的场所，中小板和创业板定位于服务高成长性、流通股本相对较小的企业；股转系统和区域股权交易中心为未能在交易所上市的、处于成长阶段的中小微企业提供融资平台。各个板块互为补充，满足资本市场上不同企业的多样化融资需求，但是在传统的多层次市场中，还缺乏一个更强有力的支持科创企业的板块。

截至2018年年末，我国资本市场上共有上市/挂牌公司十万余家，资本市场的各个层次在企业数量上基本呈现出“正金字塔”的结构：场内市场由上至下分别为主板、中小企业板、创业板，分别有上市公司1906家、922家、739家，位于金字塔的“顶端”。股转系统挂牌公司数量为10691家，而在区域股权交易中心挂牌的公司共106443家，构成我国多层次资

本市场的基础（见图 7－3）。

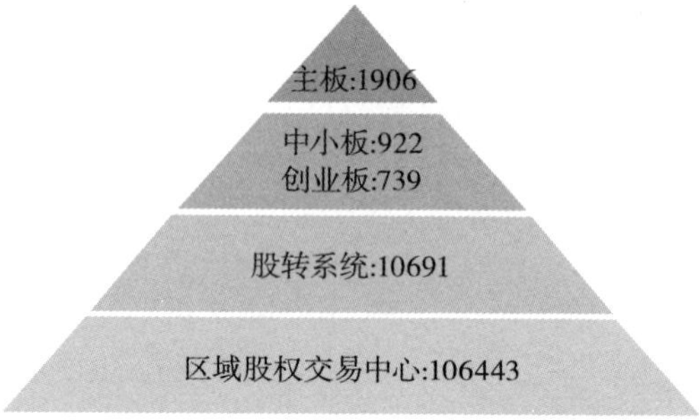


**图 7－3　我国各层级资本市场正金字塔结构（2018 年）**

资料来源：Wind 资讯。

注：通过 Wind 资讯终端只能查询到区域股权交易中心的最新数据，图中区域股权交易中心的统计数据截止到 2019 年 4 月 24 日，其余板块数据统计截至 2018 年 12 月 31 日。

截至 2018 年年末，A 股市场 3567 家上市公司总股本 65041. 35 亿股，总市值达到 433799. 32 亿元。主板共有 1906 家上市公司，公司数量同比增长 2. 80%，总股本 52909. 88 亿股，同比增长 5. 60%，总市值 323183. 73 亿元，同比下降 21. 31%；中小企业板有 922 家上市公司，公司数量同比增长 2. 10%，总股本 8402. 01 亿股，同比增长 9. 97%，总市值 70140. 58 亿元，同比下降 32. 64%；创业板有 739 家上市公司，公司数量同比增长 4. 08%，总股本 3729. 46 亿股，同比增长 14. 27%，总市值 40475. 00 亿元，同比下降 21. 20%。

场外市场中，截至 2018 年年底，新三板挂牌公司数量较 2017 年年末相比减少 939 家，降至 10691 家，同比减少 8. 07%。2014—2016 年，挂牌公司数量分别以 3 倍、2 倍以及 1 倍的速度增长，2017 年增速放缓至 14. 43%，而 2018 年挂牌公司数量首次出现负增长。在挂牌企业数量不增反减的情况下，股转系统的总股本与总市值亦首次出现回落。挂牌企业总股本 6324. 53 亿股，相比 2017 年年末的 6756. 73 亿股减少了 6. 40%，总市值 34487.26 亿元，相比 2017 年 49404.56 亿元的总市值减少了 30.19%（见图 7-4）。

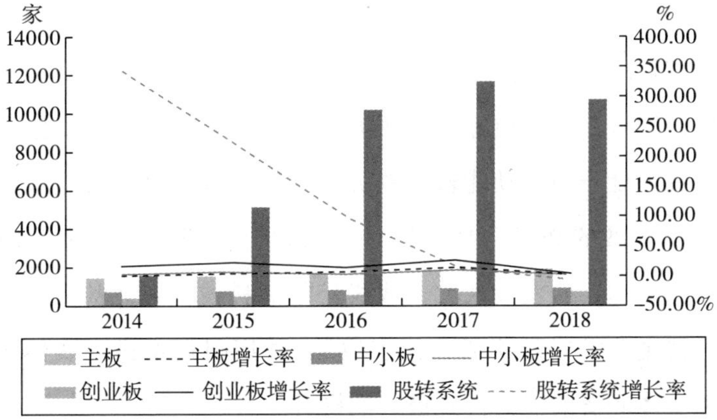


**图 7-4　我国各层级资本市场上市/挂牌企业家数（2014—2018 年）**

资料来源：Wind 资讯。

相比之下，科创板是独立于现有主板市场的新设板块，并在该板块内进行注册制试点。科创板具有特殊的功能定位，设立科创板并试点注册制是提升服务科技创新企业能力、增强市场包容性、强化市场功能的一项资本市场重大改革举措。通过发行、交易、退市、投资者适当性、证券公司资本约束等新制度以及引入中长期资金等配套措施，增量试点、循序渐进，新增资金与试点进展同步匹配，力争在科创板实现投融资平衡、一二级市场平衡、公司的新老股东利益平衡，并促进现有市场形成良好预期。

科创板与其他板块之间并不存在重复性，反之，科创板的设立是多层次资本市场体系逐渐完善与成熟的标志，利用不同市场板块的差异化设置，实际上有利于满足资本市场金融服务的不同需求，更有利于助力实体经济的发展，更好地体现出资本市场助推实体经济发展的积极影响。

## 二、科创板携手多层次资本市场服务实体经济

只用了短短259天，科创板便蹄疾步稳地从设计图纸中走进现实。2019年7月22日，科创板在上海正式开板，这不仅意味着我国高科技企业有了更好的融资平台，也标志着我国多层次资本市场建设又进了一步。

当前，我国处于新旧动能转换的关键时期，发展高科技企业成为引领我国经济稳步发展的必然选择。但是一直以来，我国中小企业面临融资难、融资贵的难题，研发投入大、战线长的高科技企业尤甚。科创板的设立，为高科技企业发展开辟了"快车道"，并指引资本进入实体经济，资本市场服务实体经济的能力得到极大的提升。

### （一）支持高科技企业上市融资

科创板定位明确，证监会发布的《关于在上海证券交易所设立科创板并试点注册制的实施意见》中指出，重点支持新一代信息技术、高端装备、新材料、新能源、节能环保以及生物医药等高新技术产业和战略性新兴产业，推动互联网、大数据、云计算、人工智能和制造业深度融合。从首批25家企业的行业分布看，有9家来自计算机、通信和其他电子设备制造业；8家为专用设备制造业；3家为铁路、船舶、航空航天和其他运输设备制造业；2家为软件和信息技术服务业；另有通用设备制造业、仪器仪表制造业和有色金属冶炼和压延加工业各1家。从注册地看，首批企业中北京、上海各有5家，江苏4家，浙江、广东各3家，陕西2家，福建、黑龙江、山东各1家。

在科创板设立之前，私募基金是科技企业的重要资金来源。经中国证券投资基金业协会初步统计，首批25家科创板企业中，共23家企业背后得到了私募基金投资，占比达92.0%。私募基金在投产品共231只，有23家科创企业提供资本金约128亿元。其中，私募产品获投最集中的企业有

多达41只产品投资，10只以上产品投资的企业共9家，占比39.1%。投资本金最集中的企业获得约25亿元的投资；获得10亿元以上投资的企业共6家，占比26.1%；获得2亿元以上投资的企业共12家，占比52.2%。

在本次申请科创板上市之前，睿创微纳和福光股份曾多次谋求通过IPO或者重组的方式登陆资本市场，而科创板的设立，为两家科创企业提供了新的融资途径。这两家企业只是科创板的缩影，但对于所有在科创板上市的企业来说，都将在资本的助力下得到快速发展。此外，上市后，科技创新企业会更加重视公司治理，强化披露意识，规范生产经营，有助于科技创新企业强化公司治理，建立现代企业制度，最终实现长期可持续发展。

### （二）提升金融服务实体经济能力

在当前中国经济转型升级的关键阶段，金融特别是资本市场也需要相应提升，从而提供更好的更对应的服务。传统产业升级改造、引进高技术企业，都要求A股吸引新经济公司。

当前，我国传统的金融市场和金融体系已经跟不上实体经济的发展速度。我国传统金融更多的是解决基础性、普适性问题，而处于创业及高速发展期的新经济、高科技企业很难从国内传统的资本市场获得资金支持。在此背景下设立科创板并试点注册制，是真真切切的金融创新服务实体经济，是针对目前资本市场服务实体经济痛点的“对症下药”，有利于创新创业企业直接对接资本市场，改善科技创新企业的资本环境，真正意义上实现多层次资本市场对实体经济的支撑。

科创板企业发行上市同时涉及证券发行、股权激励、股份托管、战略投资等，业务需求可能涉及投行、经纪、研究、另类、自营、资管等各业务条线，将真正引导券商形成以客户为中心的业务体系，提升综合金融服务能力，重构券商业务服务模式和盈利模式。同时，科创板实行市场化发行定价机制，将对券商的研究、定价、承销等专业能力提出新的挑战。

（三）带动资本市场“脱虚向实”

实体经济的发展程度是衡量一个经济体发展水平的关键，资本市场“脱虚向实”是当前金融供给侧结构性改革的重要内容。正如今年 6 月份国务院副总理刘鹤在陆家嘴金融论坛上所提出的“回归本源，坚定服务实体经济”。如果没有实体经济的支撑，无论是金融资产的投资和回报就都没有坚实的基础。只有提高金融服务实体经济的能力，才能真正促进国民经济的发展。

科创板是多层次资本市场的重要组成部分，也是完善资本市场结构的合理安排。注册制的推出将真正带动资本市场的资金进入中国实体经济市场，实体经济的创新创业有了明确的资本上市与退出机制，从而更好地驱动资本市场向实体经济倾斜，更好地服务实体经济的发展，真正意义上实现了多层次资本市场对实体经济的支撑，特别是支持中小微企业的发展。

目前，科创板一系列制度创新已经开始显现效果。从发行看，增强对科创企业的包容性，允许未盈利企业、同股不同权企业、红筹企业发行上市，将进一步畅通科技、资本和实体经济的循环机制，加速科技成果向现实生产力转化，引领经济发展向创新驱动转型。

## 第四节　科创板发展中可能面临的困难和风险

科创板代表国家未来的发展方向，科创板开板的指导性意义重大。如果未来20年的中国能够出现一个科创周期，那么科创板的启动在一定程度上代表着科创周期的启动。从科创板的申请条件来看，需要符合国家战略方向、科技创新技术、新一代信息技术、大数据等条件，这些能入选科创板的企业，本来就存在比较大的发展机遇。有机会的同时也必然有挑战，科技创新需要高科技人才与长期的投入研发，因此风险也相对较大。由于部分科创板企业缺乏成熟的商业模式，在业绩变形方面有一定的不确定性。因此，对于投资者来说，需要以一级市场的投资思路去进行思考，要以风险投资人的角度判断这样的企业是否值得投资。此外，科创板的投资周期相对较长，目前大多数科创板企业仍处于成长期，投资科创板企业何时能收到回报还处于未知状态。

科创板为我国A股市场注入了太多新鲜血液，但这些新鲜血液能否在A股市场这个大环境里顺利循环，带来好的反响，仍然需要时间的检验。就目前来看，科创板在未来的发展过程中势必面临着一定的障碍和风险。

## 一、上市公司的技术研发与经营管理风险

在科创板上市的企业主要为科技创新型企业，其具有较大的发展潜力，可能在几年内成长为举足轻重的科技巨头，但仍然存在一定的不确定性，面临较大的经营管理风险。此外，部分企业处于技术研发阶段，这一阶段存在着研发进度不及预期以及被同行模仿超越的风险。对于大多数科创板上市的企业来说，失去技术，也就失去了灵魂，因此，科技创新型企业科创板上市后，仍然存在诸多不确定性，由于科创板是我国 A 股市场的一次革新，一旦部分科创板上市公司出现危机，将影响科创板市场整体投资者的信心。

例如，对微芯生物（688321. SH）进行分析，该公司于 2019 年 8 月 12 日在科创板挂牌上市，最高市值达 512 亿元、对应市盈率 1460 倍，收盘时市值 391 亿元、对应市盈率 1116 倍。接下来进行基本面分析，根据公司的披露，微芯生物是一家研发能力强、有社会贡献的企业。微芯生物报告期内实现销售的只有一种产品，叫西达本胺，来自西达本胺的收入占比达 99% 。西达本胺是用于治疗外周 T 细胞淋巴瘤。该病为一种罕见病，我国外周 T 细胞淋巴瘤每年新增人数约为 1. 44 万人。西达本胺是治疗外周 T 细胞淋巴瘤的二线药物。根据微芯生物的披露，一年约有 1071 病人用微芯生物的产品，相对于其他药物而言，这个人数是极低的。该药物 2018 年服务了 1071 位病人，实现了 1. 37 亿药物收入，每位病人贡献了 13 万元，该药物的价格可见一斑。所以，尽管目前得这个病只有 7. 44% 的人使用西达本胺（数据来自微芯生物招股书 174 页），但未来使用率的提升空间依然有限。一是因为西达本胺是用于二线治疗方案而非首选方案；二是药物价格昂贵没有医保的人很难用得起；三是西达本胺目前是二线方案中国家唯一批准用药，有多家竞争药物目前正在开发，其中 1 家已提交新药注册申请，

6 家进入二期临床研究。因此，微芯生物要实现在招股说明书中预测的那样，“外周 T 细胞淋巴瘤患者中约 30% 会使用西达本胺治疗”，其实有一定难度和不确定性。此外，即使未来实现了“外周 T 细胞淋巴瘤患者中约 30% 会使用西达本胺治疗”的目标，比现有 7.44% 使用率提高了 4 倍，目前扣非利润为 1792 万元，在保持研发、销售等投入占比不变的情况下，西达本胺贡献的利润也不会超过 1 亿元，且还是在不考虑药物会降价的情况下。

很显然，仅靠现有产品、现有客户带来的盈利，无法支撑其 400 亿的估值。因此，支撑估值的，应该是公司的研发能力和在研发产品，但未来该估值是否能够保持或更高，就要拭目以待了。

## 二、IPO 定价制度相关风险

我国科创板 IPO 取消直接定价方式，全面采用市场化询价定价方式，即发行人和承销商通过询价确定价格区间，进而确定发行价格。询价制实施初期，不同的询价对象出于自身利益的考量常常会联合压低报价，从而导致 IPO 发行价格偏低、新股上市首日收益率过高。经过多次变革，询价制度日趋完善，但又出现了询价对象过度竞争导致 IPO 发行价格偏高的新问题。于科创板而言，如果不能对询价对象的行为加以约束，科创板市场 IPO 定价可能也会因询价对象合作（或竞争）而面临偏低（或偏高）的风险。目前，从询价对象来看，A 股主板、中小板和创业板包括机构投资者与符合要求的个人，而科创板的询价对象仅为专业机构投资者。由于科创板对投资者的投资经验和风险承受能力要求较高，因而个人投资者被科创板排除在询价对象之外。相较个人投资者，机构投资者能接触到的企业与市场信息更加充分，投资经验也更为丰富，因此对拟发行公司的价值判断将更加准确，对新股的定价也将更为合理。此外，科创企业的经营业绩不稳定，如果参考市盈率等指标对 IPO 定价进行指导，也可能会导致发行价格不合理。

## 三、保荐制度相关风险

我国企业上市实行保荐制度，由于注册制简化了上市流程，这可能会增加高风险或者坏企业进入市场的可能性，因此，对保荐机构职业能力、诚信等提出了更高要求。在申请上市过程中，可能面临以下风险：①保荐人对创新性的认定风险。科创企业创新性通常表现为新技术、新产业、新业态、新模式等。保荐人因自身专业水平限制，若对新技术、新模式缺乏认同，对新产业、新业态等缺乏客观全面的了解，可能导致企业错失上市资格。②与保荐人利益相关的未达标企业的上市风险。保荐人通常担任股票发行的主承销商，企业在准备IPO之前，保荐人需要对企业进行为期6~12个月的辅导，因而保荐人同时承担辅导和承销的责任。为使前期辅导达到预期目的，以及获得承销保荐费收入，部分保荐人可能会为未完全符合上市标准的企业出具《保荐书》和《保荐工作报告》。考虑以上因素，科创板参考韩国科斯达克（KOSDAQ）市场的现有实践，引入了保荐“跟投”制度，加大保荐机构的把关责任。在操作安排方面，一是“跟投”主体应为保荐机构相关子公司；二是保荐机构相关子公司跟投的资金来源应为自有资金；三是参与配售的保荐机构相关子公司应当开立专用证券账户存放获配股票；四是“跟投”认购的股份有24个月的锁定期。为了避免保荐机构利用“跟投”制度对股票定价进行干扰，科创板将“跟投”主体限定为保荐机构的子公司，与保荐机构作了适当隔离，“跟投”主体也不参与股票定价，而是被动接受经专业机构投资者询价确定的价格。为了防止转嫁跟投责任和进行利益输送，科创板将“跟投”资金的来源限定为自有资金，资管计划等募集资金不得参与认购股份。注册之下，更应该强调保荐责任。

## 四、退市制度相关风险

注册制下宽松的上市条件必然需要配合严格的退市制度，但我国 A 股市场的现状是，上市资源短缺，退市制度中的某些核心指标易被人为调节，导致退市效率低、退市难的现象突出。现行退市采取量化与非量化指标相结合的标准，量化指标主要指各类财务数据，非量化指标则侧重公司信息披露的真实性和合法性，包括注册会计师审计意见、按时真实披露公司合法信息等。自 2001 年推行退市制度以来，退市的企业不足百家，因未按时披露定期报告和重大信息披露违法而退市的企业仅为个位数，因连续亏损而退市的企业占比近一半，因此，财务数据等量化指标不达标是退市的首要因素。虽然近期实施了重大违法强制退市新规，但这只是对非量化指标的优化。由于财务指标更易被操控，以财务数据为主的量化指标也有待被完善。科创板的退市制度还需要在市场发展中不断优化，特别是退市指标的考量，这样才能经得起时间的考验，更好地促进资本市场的发展。

# 参考文献


[1]安青松.创新推动科创板和注册制试点[J].中国金融,2018(24):74-75.

[2]陈峥嵘.科创板并购重组注册制试点落地[J].中国金融,2019(17):76-77.

[3]邓海清.科创板成败在于制度建设[J].中国金融,2019(4):45-46.

[4]董登新.科创板和注册制来了[J].中国金融,2018(22):61-62.

[5]董少鹏.让科创板成为股市高质量发展的领先板块[J].中国金融家,2018(11):141.

[6]葛其明,徐冬根.多层次资本市场建设下的差异化信息披露制度——兼论科创板信息披露的规制[J].青海社会科学,2019(3):132-141.

[7]管清友,张奥平.科创板:创新驱动和科技强国的重大举措[J].金融经济,2019(3):11-14.

[8]郭琳.新股发行制度的历史变迁——兼评科创板新股发行规则[J].公共财政研究,2019(4):89-96.

[9]郭施亮.科创板来了,中国版纳斯达克离我们还远吗?[J].金融经

济,2018(23):33 - 34.

[10]贺强. 资本市场热点问题探讨[J]. 价格理论与实践,2019(3):8 - 11.

[11]黄登仕,王辉. 科创板:一种新的制度供给[J]. 理论探讨,2019(5):117 - 122.

[12]李永华,孙庭阳,周琦. 科创板定位:服务关键核心技术创新[J]. 中国经济周刊,2019(6):16 - 18.

[13]李正全. 科创板实践与资本市场改革[J]. 清华金融评论,2019(6):31 - 33.

[14]李湛. 科创板增量改革带动资本市场存量改革[J]. 中国金融,2019(3):59 - 60.

[15]陆磊,李策. 货币政策面临新命题 科创板关键是容错[J]. 中国中小企业,2019(4):39 - 41.

[16]鲁桐. 科创板是资本市场变革的实验田[J]. 中国金融,2019(14):76 - 77.

[17]吕红兵,朱奕奕. 证券市场参与者的监管职责审视与重构——以上海科创板注册制试点为背景[J]. 北京行政学院学报,2019(2):92 - 100.

[18]吕随启. 科创板的推出与股市未来[J]. 中国金融,2019(9):57 - 58.

[19]米晓文. 我国科创板运行风险分析及国际经验借鉴[J]. 中国证券期货,2019(4):65 - 71.

[20]潘颖. 特别表决权制度在科创板的实践——兼评《科创板股票上市规则》“表决权差异安排”节[J]. 吉林金融研究,2019(06):1 - 7.

[21]王春雨,孙英隽. 美国纳斯达克风险控制对我国科创板的启示[J]. 经济研究导刊,2019(17):52 - 154.

[22]王大贤,蔡宾.红筹企业科创板上市的影响与挑战[J].新理财,2019(9):28-31.

[23]王汀汀,姜瑜.完善上市公司退市制度的思考[J].中国国情国力,2016(10):57-60.

[24]王汀汀,杜惠芬,季仙华.中国证券市场发展研究[M].北京:人民出版社,2019.

[25]夏东霞,范晓.科创板注册制背景下对中介机构“看门人”角色的再思考[J].财经法学,2019(3):131-147.

[26]徐帆.科创板强制退市制度反思与完善路径[J].浙江金融,2019(11):33-40.

[27]杨文尧天,何海锋.科创板中的差异化股权结构与投资者权利保护[J].金融市场研究,2019(2):69-72.

[28]尹中立.理性包容看待科创板落地[J].证券市场导报,2019(8):1.

[29]张萍.我国科创板注册制改革下信息披露制度研究[J].海南金融,2019(5):43-50.

[30]张群辉.科创板双重股权结构制度研究——基于投资者保护的视角[J].上海金融,2019(9):17-22.

[31]资本市场改革课题组.创新驱动高质量发展要深化资本市场改革——兼谈科创板赋能创新发展[J].经济学动态,2019(10):93-100.

# 索 引


**B**

表决权差异 59

**C**

超额配售选择权 95

成长性 6

持续监管 45

**D**

大宗交易 147

独角兽 8

多层次资本市场 4

**F**

风险揭示书 42

服务实体经济 3

**G**

个人投资者门槛 182

公募基金 25

**H**

核准制 8

红筹架构 227

回拨机制 96

**I**

IPO 定价 53

IPO 配售 112

J

金融供给侧结构性改革　3

绝对估值法　203

K

科技创新　3

科技创新能力　6

N

纳斯达克　19

P

盘后固定价格交易　24

R

融资融券　42

S

上市标准多元化　224

上市条件　13

实物期权　206

市场效率　274

T

投资者适当性　98

退市制度　23

脱虚向实　288

X

相对估值法　203

新经济　8

信息披露　25

Y

异常交易　42

Z

在研管线　206

战略新兴板　31

涨跌幅限制　148

中国制造 2025　3

注册制　8

资源整合　259